Fuck les complexes

MALIKA MÉNARD

#FUCK LES COMPLEXES

S'accepter et s'aimer au-delà
du filtre des réseaux sociaux

Avec notamment les témoignages de
@babpravi @camillecerf @claramarz @coucoulesgirls
@elsamakeup @douzefevrier @lacrazyrevolution
@louise.parent @bartolimarion @mybetterself
@vaimalamachavesoff...

bōld

Ce livre est dédié…

À toutes celles qui doutent, qui ont peur, qui ne croient pas en elles, qui ne s'acceptent pas…

À toutes celles qui ont confiance en elles, qui partagent leur philosophie, rassurent et aiment…

À nous, celles que nous sommes, que nous pouvons, que nous voulons être et allons devenir…

Malika Ménard

Journaliste et animatrice

Influenceuse

14 juillet 1987 : naissance de Malika à Rennes, en Bretagne.

5 décembre 2009 : Malika est couronnée Miss France 2010.

Janvier 2011 : à la fin de son année de Miss, elle fait ses premiers pas en tant qu'animatrice sur France 3 Normandie.

Janvier 2013 : elle sort diplômée du CFPJ, école de journalisme, et collabore avec différentes rédactions.

Février 2015 : Malika lance un blog mode et développe son Instagram.

Suivez Malika :
sur Instagram : **@malikamenard14**
sur Facebook : **@MalikaMenardOfficiel**
sur Twitter : **@MenardMalika**
sur son site web : **www.malikamenard.fr**

SOMMAIRE

PARTIE 3
Le regard des experts

AVANT-PROPOS

« Malika Ménard ! »
Réunion éditoriale chez Amphora, brainstorming, réflexion sur les prochains projets à initier pour l'année suivante… Tandis que nous discutons des personnes avec qui nous aimerions publier un livre, un nom fuse : « Malika Ménard ! ».
Pourquoi ? Nous ne savons pas vraiment. Mais cette idée est validée par tous. À l'unanimité.
Pour un ouvrage *lifestyle*, mode, fitness ? Nous verrons bien… Nous savons une seule chose : nous souhaiterions collaborer avec elle en raison de l'image humble, classe et positive qu'elle véhicule.
Nous obtenons ses coordonnées et Lynda, son agent, nous recontacte.
Premier rendez-vous dans nos bureaux.
Nous faisons connaissance, apprenons à nous connaître…
Alors… Quel ouvrage pourrions-nous envisager de publier ensemble ? Est-ce qu'une idée en particulier la motiverait ?
Malika, qui est devenue journaliste, nous annonce alors qu'elle réfléchit depuis longtemps à écrire un livre sur les complexes…

« Un livre sur les complexes ? Une ancienne Miss France ?! Ben voyons ! Une femme qui incarne la beauté et le charme à la française, qui passe son temps en représentation, pour nous parler de complexes ? Super crédible ! »
Et puis nous discutons, nous échangeons et allons au-delà de l'image visible par tous.
Nous découvrons une femme extrêmement sensible, fragile et humble, discrète, encore complexée et qui se cherche.
Nous sommes étonnés par l'écart entre l'image que nous avions d'elle en tant que personnalité publique et la personne qu'elle est réellement.
La sincérité de nos échanges suffit à nous convaincre de la pertinence de cette idée.
Bien que Malika dévoile parfois cette sensibilité et brise l'armure sur son compte Instagram, nous réalisons qu'écrire ce livre est pour elle un véritable engagement personnel, une volonté de faire évoluer les choses et d'aider les autres, le prolongement d'un travail qu'elle a commencé à réaliser avec elle-même.
Donc, oui, Malika, ex-Miss France, est évidemment légitime pour nous parler de complexes !
Un très beau paradoxe...

Renaud Dubois

Directeur Général des éditions Amphora

S'aimer soi-même est le début d'une histoire d'amour qui durera toute une vie.

◇◇◇◇◇◇

OSCAR WILDE

INTRODUCTION

« Est-ce que tu te trouves belle ? » Voilà LA question que je pose inlassablement à des dizaines de femmes depuis 6 mois et le début de l'écriture de cet ouvrage. Et c'est avec la même curiosité que j'écoute attentivement leur réponse.

Lors des premières affirmations définitives et assurées – « Oui, je me trouve belle » – que j'ai reçues, je reconnais avoir été surprise, voire envieuse. La pudeur, associée au désamour de soi, m'aurait sincèrement, au moment où je recueillais ces témoignages, rendue incapable de répondre positivement à cette interrogation. Et puis, les retours en ce sens se sont multipliés ; j'ai fini par m'habituer à la confiance de mes interlocutrices et par désirer acquérir la même. J'ai surtout compris qu'il y avait d'autres manières de se regarder, de s'apprivoiser, et que tant que je ne serai pas en mesure de porter sur moi un regard doux et bienveillant, j'aurai toujours autant de difficultés à appréhender l'avenir, surtout dans une ère où les réseaux sociaux nous « challengent » quotidiennement.

Mais, avant tout, il me semblait important de commencer ce livre par une histoire que je connais bien, un témoignage qui sans nul doute s'inscrit naturellement dans ce projet. Cette histoire, c'est la mienne. La raconter ne va pas être facile. Certains découvriront des choses qu'ils ignoraient de moi, d'autres seront confrontés à un passé qu'ils pensaient enterré, brûlé. Quant à moi, j'ai dû de nouveau affronter les vieux démons de ma jeunesse, ceux-là mêmes qui continuent chaque nuit de me réveiller comme un rendez-vous impossible à annuler. Mais comment demander à d'autres de se dévoiler dans leur intimité si je n'ai pas le courage de donner l'exemple ? Dépasser la pudeur, sortir du silence, ouvrir les portes verrouillées à triple tour...

Il est temps de libérer cette mémoire enfouie. Il est temps de libérer la parole étouffée. Je ne dis pas que cela ne me fait pas peur. Mais je suis prête, moi aussi.

Il faut reconnaître que je suis un vaste chantier. En avoir conscience, je crois que c'est déjà avancer. Et c'était le but : aller au-delà de la prise de conscience en trouvant des outils de remise en question, mais aussi de bien-être. J'avais déjà évidemment cherché ces outils au travers d'une ou deux psychothérapies classiques. Je suis encore au début de la guérison, aux prémices d'une réflexion. Je pense, et surtout j'espère que si ces rencontres, ces idées nouvelles et les recherches effectuées pour écrire cet ouvrage m'ont aidée et laissée entrevoir d'autres horizons, elles pourront également encourager d'autres femmes à s'aimer, se trouver et faire connaissance avec elle-même. C'est un peu notre quête à toutes et à tous. Formulé ainsi, cela peut sembler un peu prétentieux. Il n'en est rien ; il s'agit simplement de se sentir moins seule, d'entraide et de solidarité féminine… ou, du moins, tel est le souhait que je nourris. Je ne fais pas la promesse de solution miracle, juste celle d'une réflexion sur un sujet au cœur même de notre être.

Aujourd'hui, une grande partie de mon activité se joue sur les réseaux sociaux (Facebook, Twitter et Instagram où je suis suivie par près de 800 000 abonnées tous supports confondus) et sur lesquels je me mets très clairement en avant. Difficile donc, au regard des clichés glamour que je poste, de concevoir que je suis une personne complexée. J'ai bien conscience du paradoxe. Il en était déjà ainsi quand je suis devenue Miss France. Pourquoi une jeune femme qui a du mal à s'accepter aurait-elle envie de s'exposer au jugement du public ? Qu'il s'agisse du concours de beauté ou d'Instagram, je crois que la réponse est sensiblement similaire : un besoin de reconnaissance, une recherche d'amour. Mais cela ne résout pas tout, et même si j'ai eu la chance d'être plutôt récompensée dans ces démarches, les problèmes de fond sont toujours présents. Les réseaux sociaux et le principe même de dépendance au *like* qui en découle ont finalement tendance à amoindrir une confiance en soi déjà fragile. Et, surtout, ils conditionnent par l'autre l'estime que l'on doit se porter à soi-même. Or, cette démarche sera toujours vaine. Le cheminement pour s'aimer doit venir de nous, de moi. À moi d'être proactive et de ne pas laisser aux autres cette tâche délicate.

Pour l'anecdote, c'est au cours de l'été, l'an dernier, que j'ai envisagé sérieusement pour la première fois le projet de cet écrit. Je suis en week-end dans le sud de la France avec mon frère. Nous passons un bon moment en famille et je décide de partager un cliché de cet instant fraternel en bord de mer avec ma « communauté ». Pour Raphaël, c'est un effort pour lui qui est totalement « déconnecté » et se désintéresse des réseaux sociaux. Il accepte de se prêter au jeu et de prendre la pose à mes côtés pour me faire plaisir. Nous lisons ensemble les commentaires que je reçois. Ils sont bienveillants, comme 70 % de ce que l'on m'envoie quotidiennement. Mais nous découvrons néanmoins – enfin, surtout mon frère – quelques remarques négatives au milieu d'une centaine de messages affectueux, systématiquement portées sur mon physique. « Tu as le cul flasque », « Tu n'as jamais pensé à te faire une petite chirurgie du nez ? Tu es bien

comme ça, mais si tu le faisais, ton visage deviendrait waouh », « C'est étrange de faire de la pub pour une salle de sport quand on est aussi peu musclée, avec un cul aussi plat », « Tu as pris un sacré coup de vieux », ou encore « Je l'ai vue en vrai, elle a les pores dilatés et des rides. Vive Photoshop ! »...

Sans la stupéfaction de mon petit frère, je crois que je n'aurai pas pris conscience de la violence quotidienne que j'ai consenti à recevoir en me connectant plusieurs fois par jour à ces applications, et ce depuis près de 10 ans. « Tu devrais collectionner toutes ces remarques et les partager pour montrer le revers de la médaille de la médiatisation », me propose-t-il. Je lui explique alors que j'ai pris le réflexe de ne pas m'attarder sur ces commentaires haineux et de ne concentrer mon attention que sur les messages d'affection. J'essaye de me convaincre que ce genre de messages ne parvient pas à affecter mon moral.

En vérité, il est absurde de considérer que ces remarques ne nous déstabilisent pas. Et je sais la chance que j'ai de recevoir beaucoup d'amour de la part d'un public acquis par « Miss France », qui vient contrebalancer cette négativité. Mais qu'en est-il pour les autres ? Comment s'aimer lorsque les photos des *it girls* que nous suivons sont toutes retouchées ? Comment se construire dans une société de l'omniprésence des réseaux ? L'approche de la beauté ne s'y fait, *a priori*, qu'au travers du prisme du physique, offrant alors la possibilité de critiquer des détails isolés, oubliant que la beauté est un tout, une harmonie…

Pour tenter de trouver une réponse à ces questions, je vous invite à partager ma « thérapie » en partant ensemble à la rencontre de personnalités, de spécialistes et d'influenceuses qui vous feront profiter de leur expérience. L'idée n'étant pas de diaboliser les réseaux sociaux, mais de comprendre leurs déviances, et d'en faire un meilleur usage pour réussir – enfin – à s'accepter.

PARTIE 1

Itinéraire d'une quête d'amour

Chapitre 1

MAL-ÊTRE EN CONSTRUCTION

« L'amour reçu est à la source de l'estime de soi : les enfants privés de l'amour maternel ne parviennent pas à entretenir la confiance minimale requise pour s'aimer eux-mêmes, pour croire que les autres vont les aimer ou, tout simplement, pour aimer la vie. »

◇◇◇◇◇◇

IRVIN D. YALOM

Parler d'acceptation physique est, sans conteste, indissociable d'acceptation de caractère. Avoir confiance en soi, rayonner, se trouver belle et se débarrasser de ses complexes, c'est évidemment avoir confiance en son intérieur.

Pour comprendre comment à 32 ans et après avoir remporté un titre de Miss France j'ai toujours plus de facilités à me détester qu'à m'adorer, il me semble essentiel de revenir aux bases.

Je n'ai pas le souvenir, enfant, à l'âge où tout se joue, d'avoir jamais été sûre de moi, tant dans ce que je renvoyais comme image plastique qu'intellectuelle. Je ne me rappelle pas non plus avoir été complimentée par ma mère qui nous élevait seule avec mon petit frère. Mes parents ont divorcé l'année de mes 5 ans. Mon père a quitté la Normandie pour s'installer à Paris et mener durant plusieurs années une vie dont je ne connais aujourd'hui encore que très peu de choses. Seule certitude : il s'agissait d'une existence dans laquelle il n'y avait plus d'enfants. Il est parti pour des raisons qui lui sont propres et qui n'ont certainement rien à voir avec nous ou avec moi, mais inconsciemment, la petite fille abandonnée par son papa que j'étais ne s'est pas sentie à la hauteur de l'amour de ce dernier, pas digne de mériter son attention.

Nous avons alors formé un clan à trois avec mon petit frère de trois ans mon cadet et ma maman, une jeune femme qui devait apprendre à tenir debout après avoir dû renoncer à la seule histoire d'amour qu'elle ait vécue jusqu'à présent. Elle travaillait beaucoup, partait tôt à son cabinet dentaire le matin et rentrait tard le soir. Nous étions très souvent chez la nourrice. Ma mère nous y déposait à l'aube avant l'école et nous

récupérait après le dîner. Nous avions par conséquent peu de temps à cette époque pour échanger avec elle. Communiquer avec nous était de toute façon un peu compliqué pour cette triste maman. Divorcer ne faisait pas partie de ses plans. Elle avait pris un engagement pour la vie et n'avait visiblement pas étudié l'hypothèse selon laquelle celui-ci ne serait pas tenu. Son cœur broyé était dans l'incapacité, je crois, de donner un peu d'amour. Matériellement, elle remplissait son devoir de mère. Nous ne manquions de rien, comme on dit, mais de dialogue, si. Enfin moi, oui.

« Difficile de concevoir que je suis une personne complexée, j'ai bien conscience du paradoxe. »

Raphaël et moi étions donc 6 jours sur 7 (le dimanche était notre unique journée à trois) immergés dans une famille qui n'était pas la nôtre, celle de « Mamie Balou », la nourrice. D'autres enfants étaient parfois gardés en même temps que nous, mais c'était assez rare. Hors de l'école, nous passions la majeure partie de notre temps chez cette femme. Mon frère et moi voyions peu son mari qui, quand il rentrait du travail, se rendait aussitôt dans son garage pour bricoler. En revanche, leur fils d'une trentaine d'années vivait toujours chez eux et se joignait souvent à nos activités. L'une de ses occupations favorites consistait, dès qu'il y avait d'autres enfants en garde ou le petit-fils de Madame Balou à la maison (c'est-à-dire tous les mercredis après-midi), à railler mon apparence : tout y passait, des cheveux aux vêtements. Rien n'allait. J'étais juste bonne à être tournée en ridicule. Uniquement moi. Pas les autres. Jamais. J'étais visiblement toujours la seule à disposer de particularités physiques disgracieuses. Cela le faisait beaucoup rire ou, du moins, était-ce le message qu'il voulait transmettre à son jeune public. Le voyant s'esclaffer, les autres bambins rigolaient eux aussi par mimétisme. Et comme nous étions tous dans la même école, ils reprenaient, sans la présence de leur instigateur, ces moqueries dans la cour de récréation.

Dès que les occasions de se retrouver seul avec moi se présentaient, son comportement changeait : il n'était plus question de quolibets. Il n'était plus question de parler tout court. Ses gestes étaient déplacés. J'avais 5 ans. Aucune notion alors de ce qu'être une fille signifie, mais, ce dont j'étais convaincue, c'est qu'à chaque fois qu'il posait ses mains sur mon corps, un corps que je connaissais mal, que je n'avais pas encore eu le temps d'apprivoiser, cela m'était insupportable. Pendant un an, j'ai essayé d'en discuter en vain avec ma nourrice. J'étais confrontée au silence. Obligée de continuer à subir les humiliations publiques, puis intimes.

Ce n'est que lorsque je suis en CP que je finis par m'en ouvrir à ma mère. C'était un samedi après-midi, après qu'elle nous ait récupérés comme chaque semaine à la sortie de son travail chez cette dame. Alors que, le matin même, j'avais une nouvelle fois dû subir les écarts du fils de notre nourrice, ma mère les invite à déjeuner le lendemain chez nous, dans notre « château fort ». L'idée de devoir le gérer dans notre espace m'est inconcevable. Je raconte alors à ma mère la scène qui a eu lieu quelques heures avant. Uniquement cette scène. Elle ne me questionne pas davantage. Pas ce jour-là. Pas après. Ma maman ne s'exprime pas. Elle agit : elle nous retire évidemment sans attendre de cette nourrice et nous change d'école. Mais je ne me rappelle pas que personne n'ait jamais pris un moment pour m'expliquer ce qui venait de se passer. Alors que je n'avais pas encore eu le temps de rencontrer mon corps, de l'analyser dans un miroir, il appartenait déjà à quelqu'un d'autre.

Nouvelle école, nouvelle vie. Je ne veux plus être une fille. J'ai 6 ans et, pour moi, être une femme, c'est être faible, vulnérable. Je veux être un garçon. Je me fais couper les cheveux très courts et je ne veux plus porter que des jeans, des joggings et des baskets. Et ça marche ! Cette fois-ci, les sarcasmes de mes nouveaux camarades tournent autour du fait que je ne ressemble pas à une fille : « Malika, on dirait un garçon avec des bouchons aux oreilles » (en référence aux petites boucles d'oreille que ma mère ne souhaite pas que j'enlève). Touchée, mais pas coulée. Puisqu'un garçon, c'est ce que je veux être justement. Je ne veux plus que mon apparence me renvoie à ma féminité.

Quelques années plus tard, papa revient. « Je n'ai plus qu'eux », l'ai-je entendu souffler à ma mère. Mais, nous, nous ne t'avons pas. Je ne sais pas qui est cet homme. La dernière fois qu'on a évoqué son nom dans une discussion, on l'attendait avec mon frère notre valise à la main devant la porte de notre maison… Des heures durant… Jusqu'à ce que nous réalisions qu'il ne viendrait plus.

Et puis, il y a ce jour où je me suis ouvert la cuisse avec une paire de ciseaux. Un après-midi au cours duquel la baby-sitter qui s'occupait de nous m'a déposée en urgence au cabinet médical de ma mère pour que l'un des médecins qui y exerçaient me recouse. Le cabinet de kinésithérapie de mon père était situé juste à côté. Il se trouvait à 100 mètres de moi. Quelqu'un m'a dit : « C'est ton père. » Mais il n'est pas venu me parler. Il ne s'est pas inquiété pour ma blessure. Deux inconnus…

Il invoque des souvenirs : « Je te portais sur mes épaules au marché de Caen, sur le port, tous les dimanches. »

Désolée, je ne m'en rappelle pas. J'ai envie de me remémorer ces souvenirs. Je cherche dans ma mémoire. Sans succès. Et pourtant, ses descriptions sont si précises qu'avec le temps, elles ont même fini par s'inscrire dans ma tête. Mais, sur l'instant, c'est le vide. Ouvrir notre cercle fermé à une quatrième personne est difficile à envisager. Pendant toute mon enfance, ma famille s'est limitée à deux individus : mon frère et ma mère. Elle s'étendait parfois à quatre quand mes grands-parents maternels s'occupaient de nous durant les vacances scolaires. Nous nous redécouvrons progressivement : un après-midi, puis une journée… pour finir par un week-end par mois, son droit de garde effectif. Il essaye de combler le manque. Il court après le temps. Mais s'il existe bien une chose si précieuse dont nous devons jauger avec justesse l'usage que nous en faisons, c'est bien le temps. Pas de seconde chance avec le temps qui passe.

Mon papa compense : beaucoup d'affection, et surtout beaucoup d'éloges à tous les niveaux (physique, intellectuel, sportif, émotionnel). Il extériorise, explique, encourage, communique… de la même façon qu'on l'a éduqué. Cela tranche avec la froideur de ma mère. J'ai le sentiment que cela me fait du bien, même si je doute toujours de moi et de ma valeur. J'ai énormément de mal à croire en la véracité de ses propos. Il y a continuellement cette petite voix dans ma tête qui répète en boucle: « Si j'étais si jolie, si brillante, comment a-t-il bien pu vivre sans moi ? »

Aujourd'hui encore, mon père reste l'homme qui m'offre les plus beaux compliments, celui qui a certainement le plus conscience de mon manque de confiance en moi et qui ne compte pas ses heures pour essayer de me comprendre, de me montrer comment être tendre avec moi-même.

Le retrouver impliquait de renouer avec le reste de notre famille paternelle. Faute de place dans son appartement parisien, Papa nous emmenait souvent en week-end à Cherbourg, chez sa maman, Mamie Colette, ou à Granville, chez mon arrière-grand-mère. Comme il avait tenté de le faire précédemment, elles aussi essayaient de « rattraper le temps perdu ». On rejoue ainsi la même scène: à 10 ans passés, me voilà en train de faire connaissance avec des êtres qui sont censés m'être chers. Comment s'aimer tout de suite et de manière inconditionnelle quand on a pu vivre une dizaine d'années en « niant » l'existence de l'autre ? Mamie Colette était la championne de l'extériorisation des sentiments… positifs ! Elle avait eu la chance d'être la mère d'enfants parfaits et la grand-mère de petits-enfants qui les égalaient. Elle nous le répétait régulièrement et l'affirmait à toute personne disposée à l'écouter. Chaque décision que je prenais était la meilleure, parce que c'était la mienne et qu'ELLE, elle croyait en moi. Mais, toujours, irrémédiablement, la petite voix en moi refusait d'adhérer totalement à ses propos. Systématiquement le même blocage sur le rejet. Si tu ne t'es pas battue pour me voir, Mamie, c'est que je ne devais pas être une enfant si merveilleuse. Elle nous a quittés il y a de cela 2 ans. En rangeant sa maison, je suis tombée sur des lettres écrites à ma mère dans lesquelles Mamie Colette l'implore de rencontrer ses petits-enfants. Depuis ce jour, je ne doute plus de son amour et de la sincérité de ses déclarations.

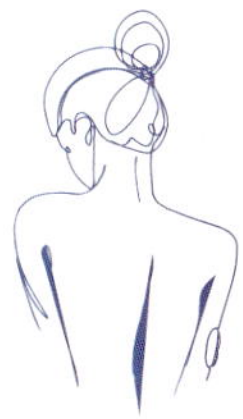

Chapitre 2

NOUVELLES RÈGLES DU JEU
À FLEUR DE PEAU

« Tu vaudras aux yeux des autres ce que tu vaudras à tes yeux. »

PROVERBE LATIN

Après ces retrouvailles, je passe par la case collège : dès la 6e, la superficialité devient la clef de voûte des rapports entre élèves. Bienvenue dans un monde où les apparences sont au centre des relations sociales : avoir les dernières baskets de marque, la plus belle coupe de cheveux… Ne surtout pas être trop grande ou trop petite, trop enrobée ou trop maigre… Plus que tout, ne pas être « trop » ! L'angoisse ultime étant d'être prise pour cible par les plus grands, les 3e. Ne pas devenir l'objet du rire des autres.

À l'école primaire, je me démarquais par mes bons résultats scolaires. Être dans le haut du classement suffisait à m'assurer une forme de respect de la part de mes camarades. Ma mère en nourrissait une petite fierté lors des réunions parents/professeurs. Je n'allais pas me priver de mon unique compliment de l'année: « On entend des choses agréables pour une maman au cours de ces échanges. » Je me disais que, grâce à moi, son ego était flatté et que, ainsi, nous nous rapprochions l'une de l'autre l'espace d'un instant. Cette performance était la seule à me donner confiance en moi enfant. Une note ne peut pas être débattue. Difficile de faire plus objectif: soit tu as travaillé et tu as les capacités pour ça, soit tu ne les as pas.

Au collège, les règles du jeu changent: être le premier de la classe est mal vu par le reste des élèves. L'important, c'est l'extérieur, l'image que l'on renvoie, certainement pas son moi profond. Il faut avoir l'air cool et tendance. Je ne cherche donc plus à avoir les meilleures notes. Je n'apprends plus mes leçons avec la même dévotion. Ma préparation pour aller en cours ne réside que dans le choix de la tenue du lendemain. Je laisse le superficiel prendre le pas sur l'intellect.

Je m'intéresse aux garçons. Je suis en quête d'amour en dehors de la famille. En 5e, je m'amourache d'un jeune footballeur de mon âge. Nous n'avons jamais échangé un mot. Il est dans une autre classe que la mienne. Je l'aperçois au loin lors des récréations ou sur le banc situé dans le hall de l'établissement qu'il monopolise avec les élèves de la section « Sport-études foot ». Le banc de la terreur. Le longer signifie s'exposer à leurs regards et, souvent, à leurs jugements parfois formulés à voix haute.

Je le trouve très beau. Grand, athlétique, les yeux bleus et des mèches blondes dans la chevelure. Je me lance. Sur un papier à lettres Diddle (classe jusqu'au bout, je sais !), je lui ouvre mon cœur… Ce qui doit se résumer à quelque chose de cet acabit : « Benoit, veux-tu sortir avec moi ? Oui/Non (Entoure la bonne réponse.) » Il ne prend même pas la peine de me répondre et préfère déchirer la lettre devant tous ses copains, au milieu du terrain de basket du collège. Il doit définitivement manquer quelque chose chez moi. Je désire juste aimer et être aimée. Mais je n'ai visiblement jamais la bonne méthode.

Au cours de cette période, je n'ai plus qu'une pensée obsédante en tête : personne ne m'aime, ni ma mère, ni mon père, ni les garçons et même plus les professeurs eu égard à mes résultats scolaires en baisse. Je ne sais pas m'aimer. Je ne comprends pas que cela passe d'abord par moi. Je veux qu'on m'aime. J'en crève. Un jour, j'entends ma maman au téléphone avec la mère d'une de mes copines ironiser : « Malika, c'est un vrai Calimero, elle se sent toujours mal aimée. » Ce n'est pas drôle, maman. Je te mets au défi de te sentir bien dans ta peau quand tu ancres jour après jour dans ton esprit que tu es incapable de susciter la moindre étincelle d'amour chez celle qui t'a mise au monde.

« Je ne sais pas m'aimer. Je ne comprends pas que cela passe d'abord par moi. »

Celui que je rêvais en sauveur affectif devient « mon bourreau ». Benoit ne pense qu'au ballon rond, domaine dans lequel il est déjà remarqué et surclassé. Montrer à ses potes qu'une fille lui plaît l'aurait rendu défaillant. Déchirer la lettre n'a pas été assez symbolique. Pas un jour de mon année de 5e je n'ai pu échapper au sobriquet de « sucette » que ses copains et lui m'avaient attribué en raison de ma minceur de l'époque. Mon corps était sans formes, comme un bâton de sucette à leurs yeux. Passer devant leur banc devient un supplice. Quand ils sont très remontés, ils me jettent des pièces de monnaie au visage: « Tiens, Sucette, achète-toi à manger, tu fais pitié. » Quand j'explique à ma mère la situation et que je lui demande de me retirer de cet établissement, elle rétorque: « Ce n'est rien de méchant. Un petit surnom comme ça. Il vaut mieux ça qu'être traitée de grosse. » En effet, vu ainsi…

Je ne suis bien nulle part: ni au collège ni chez moi. Je ne trouve mon répit que lors du chemin qui me mène à l'école le matin et que je réemprunte l'après-midi en direction de la maison. Je fais ce trajet à pied, toujours accompagnée d'une bonne amie. Je quitte systématiquement un « tortionnaire » pour un autre. Et celui qui m'attend à notre appartement est bien plus vicieux… Il s'agit de mon beau-père. Après une première tentative peu fructueuse de cohabitation avec un nouvel amour à la suite du divorce, Maman se lie à un deuxième homme. Deux mois à peine après leur rencontre, il s'impose chez nous. Nous ne le connaissons pas. Et elle non plus finalement. Au début, il teste mon petit frère, tente de le vanner. Sur lui, les remarques glissent. Pas de réaction. Et Raphaël est réputé pour être calme et facile à vivre, tandis que je suis l'adolescente à fleur de peau, l'hypersensible torturée qui dérange. La proie est toute trouvée !

J'habite sous le même toit qu'un homme dont je suis le terrain de jeu préféré. Me provoquer devient son passe-temps quotidien. D'abord les regards noirs, défiants ou condescendants partout, tout le temps, dans le couloir, au hasard d'une pièce. Pour être sûr que je ne les loupe pas, il décide de dîner face à moi chaque soir pendant les sept années qui vont suivre. Une fois que nous sommes ainsi installés, je sens toujours les mêmes yeux pesants constamment sur moi. Je prends donc l'habitude de fixer mon assiette.

Puis viennent les mots. Chaque discussion qu'il lance a pour but de me faire réagir. Il prend un certain plaisir à tourner en dérision ce qui me tient à cœur : un ami, une idole, une cause, un film, une série... Je me tends. Je veux défendre avec conviction mes goûts, bien que personne ne le demande, parce que je ne supporte pas d'entendre railler ce que j'aime, ce qui me constitue. En face règne le silence de ma mère et de mon frère, qui partage évidemment le même repas que nous. Pour lui, ils n'ont pas d'importance. Ils font partie du décor. Il est proche du but : je finis systématiquement par quitter la table en pleurs, sans attendre l'autorisation de me lever. Je m'enferme dans ma chambre. Et puis, j'espère. Toujours avec le même espoir, celui que ma mère vienne me consoler ou, au moins, me parler. Ne pas nier ce qui vient de se passer. Et, chaque soir, j'entends ses pas devant ma porte, mais elle ne s'y arrête pas, elle va retrouver sa chambre. Pleurer sans réconfort. Et toujours ce sentiment de désamour...

J'ai maintenant peur de rentrer chez moi. Je sais qu'il m'aura tendu un piège : en mon absence, il va dans ma chambre, change mes objets de place, les jette, les casse, les tache... À Noël, chez mes grands-parents, il s'amuse à m'offrir comme cadeau des livres autour de la thématique « Comment accepter son beau-père ? » Comment se priver du luxe de m'agacer devant un public encore plus large ? Et je réagis, surréagis.

Pourquoi suis-je dans l'incapacité de me contrôler ? Pourquoi tous ces sentiments au fond de moi doivent-ils venir exploser au grand jour ? Je sais que je perds la partie quand je cède à ces penchants. Mais je n'ai pas la moindre maîtrise sur ce qui m'anime. C'est simple, pourtant, Malika. Tu connais son fonctionnement. Pourquoi plonges-tu de la sorte ? Tu sais bien que personne ne viendra te sauver et que tu ne pourras pas te détacher du jugement de ceux qui sont spectateurs à leur insu de ce manège. Je ne m'aime pas. Et personne ne m'aime à ma place. À l'interrogation « Ça va ? », j'avais pour coutume de répondre : « Tu veux la vérité ? Ça ne va pas bien. Mais il ne s'agit que d'une formule de politesse… »

En 4e, j'ai la surprise d'être acceptée sans véritables efforts en classe européenne. Cette distinction est valorisée au sein de ma famille. Et je me souviens que je peux être très bonne élève. Je m'accroche à ça jusqu'au baccalauréat. Ce sera les félicitations ou rien. Je doute toujours de moi, de mes capacités, mais je ne ramènerai plus, dès lors, que d'excellentes notes à la maison. Mon père est fier, mon beau-père agacé. Ça me donne de la force.

Mon corps change, se féminise. Mon beau-père le fait remarquer. Et, pour une fois, je ne crois pas déceler de moqueries dans ses paroles d'ordinaire acerbes. Pour ma part, je ne sais pas trop quoi penser de ce corps entre deux états. Je ne suis plus un enfant, mais pas vraiment une femme.

Je me promène avec ma mère. Il arrive que nous nous fassions arrêter en pleine rue pour recevoir des compliments. Certains la poussent à me lancer dans le mannequinat. « Je ne sais pas. Si vous le dites… ». Maman n'y parvient pas. Me valoriser et se valoriser, elle ne sait pas faire. Ce ne sont pas des choses qu'elle a apprises.

Au lycée, je ne pleure plus. Je ne surréagis plus. Je deviens très timide. Je ne m'intéresse plus aux garçons. Plus qu'aux études. Être la meilleure. Flatter l'ego de ma mère, lui arracher le seul compliment qu'elle arrive à formuler. Mon beau-père nous quitte… enfin !

Chapitre 3

ACCEPTER D'ÊTRE AIMÉE

N'ayez pas peur d'être heureux, c'est juste un bon moment à passer.

◇◇◇◇◇◇
ROMAIN GARY

En terminale, la vie est enfin douce : j'ai plaisir à m'instruire, je découvre la philosophie enseignée par une professeur pédagogue, mon beau-père s'est retiré de notre foyer et Benoit a réapparu dans mon quotidien. Je l'ai d'abord maintenu à distance quelques mois : en donnant un mauvais numéro de téléphone, en n'honorant pas notre premier rendez-vous… Test de persévérance réussi haut la main : j'accepte de lui faire de la place dans mon cœur.

Je reste toujours concentrée sur mon objectif baccalauréat avec mention. Il demeure intact depuis mon entrée au lycée. J'étais d'ailleurs tellement obnubilée par mes cours et si réservée que je n'avais jusqu'alors pas connu une seule idylle. Pour faire simple, je n'avais pas eu de « mec » et je n'avais été la « meuf » de personne. J'ignore tout des codes de la séduction et de ceux d'un couple. Benoit aussi. Si c'était à refaire, je ne changerais pas un seul instant de notre histoire. Dix ans après la fin de notre romance, je sais que si je n'avais pas eu la chance d'avoir comme premier amour un homme généreux et bienveillant, l'avenir aurait été bien plus sombre.

Pendant 5 ans, il a pansé mes blessures, voulu réparer les erreurs de son adolescence. Il a donné, donné pour que je sois heureuse, que je sois apaisée. Il s'est oublié de manière à ce que je me sente aimée, pour compenser le manque des adultes. De l'amour, il en avait reçu beaucoup enfant. Il a partagé jusqu'au dernier sentiment avec moi, même si ce n'était jamais suffisant.

Quand tu es convaincue depuis 17 ans que tu n'es pas digne d'être regardée, considérée, il faut faire preuve d'une extrême patience pour déprogrammer et reprogrammer la machine interne. De la patience, il en a usé à mes côtés: m'écouter dénigrer mon corps (prise de poids imaginaire, oreilles décollées, mollets disproportionnés...), prendre conscience que ce corps ne me plaisait pas et que je n'avais pas l'air décidée à laisser quelqu'un d'autre l'aimer pour moi... Jusqu'à présent, j'avais déposé dans un coffre-fort rangé dans la dernière chambre du dernier étage fermé à double tour de la maison de ma tête l'épisode de la nourrice. Les premiers gestes amoureux ravivent ce que le temps n'a pas encore réparé. Il est alors bien compliqué d'accepter que quelqu'un d'autre que moi me touche, s'approprie ce qui m'appartient. C'est mon corps, le mien seulement, seulement le mien… Là encore, mon soigneur attend, écoute et rassure.

J'aurai éternellement de la gratitude pour la vie de m'avoir offert ce premier amour, celui qui arrive à te faire sentir digne d'aimer et surtout d'être aimée. Celui qui trouve que tout est beau chez toi, sans exception, même ce qui horripile le reste du monde. Celui qui te porte et qui cherche à te comprendre, qui ne te dévoile jamais s'il doute ou s'il a peur. Celui sur lequel tu sais que tu peux te reposer, qui ne te juge jamais, qui te pardonne avant que tu t'excuses. Celui qui à 17 ans est plus mature que certains petits garçons de 40. Celui qui te réconcilie avec les hommes, celui qui essaye de te montrer qu'ils ne sont pas que l'incarnation du rejet ou de l'abandon. Merci Benoit de m'avoir aimée pour tous ceux qui n'avaient pas réussi à le faire avant toi.

En cours d'histoire-géographie, je suis assise à côté de Sophie. Au fil des semaines, nous devenons amies. Entre deux leçons sur Staline et Hitler, elle me fait part d'une révélation qu'elle a eue à mon égard : « Il faut que tu te présentes à Miss France. J'ai bien étudié l'émission et tu ne peux que remporter le concours. » C'est sûr que le sujet de discussion est un peu plus « glamour » que la Seconde Guerre mondiale. Elle en fait un *running gag* dans notre groupe d'amies.

Juillet 2005. Le baccalauréat en poche, je m'apprête à entrer en classe préparatoire lettres. S'ensuit un été de doutes. En suis-je capable ? Vais-je supporter la pression ? Et Benoit, quand pourrai-je le voir ? Mon histoire d'amour est-elle en danger ? Il paraît qu'en prépa, on n'a plus une minute à soi, que les révisions s'étalent de jour comme de nuit. « Minou », lui, est déjà dans la vie active, sous contrat avec le Stade Malherbe Caen depuis un an. Nous avons des rythmes très différents l'un de l'autre. La pression a raison de moi et je ne crois plus du tout en mes facultés de réussite scolaire. Je me retrouve, par défaut, en fac de droit. Je suis de fait plus disponible, mais je ne m'y épanouis pas. Je perds même totalement confiance en moi. De bonne élève, je passe à étudiante sans intérêt, à la traîne. Je suis encore plus timide qu'avant. Les professeurs entendent rarement le son de ma voix. Je suis discrète. Je me noie dans la masse d'aspirants juristes. Je passe le plus clair de mon temps la tête baissée et les yeux cachés par une frange. Je rase les murs. Pourvu qu'on ne me remarque pas ! Je ne rentre pas dans le moule bourgeois de l'étudiant en droit. Je dénote. Je ne m'habille pas comme les autres. Nous sommes dans une petite ville, mon copain voit s'ouvrir devant lui une carrière sportive prometteuse. Je suis la petite amie d'un « footeux ». Les cases, ça rassure. Je redouble. Échec. Celui-là n'était pas prévu. Et bim, un uppercut de plus dans ma fragile confiance. Je suis complexée. Je ne me sens pas à ma place. Benoit me dépose chaque matin à la faculté, déjeune chaque midi avec moi et me récupère chaque fin de journée devant ma salle de cours.

« Je ne supporte pas de deviner le regard des autres sur moi. Je préfère qu'on fasse comme si je n'existais pas. »

Soir de match. Tribune première du stade Michel-d'Ornano : je suis assise à côté du père de Benoit. Nous entendons devant nous une voix qui ne cesse de répéter : « Mais c'est quoi, ce gardien-remplaçant ? Il ne vaut rien ! » Je m'avance pour tenter d'apercevoir l'individu... Je croise le regard de mon ancien beau-père, satisfait par son éternelle provocation. « Ça te dirait de la fermer, ta gueule ? », lui lance le père de mon amoureux. Pas de réponse du principal intéressé.

Mais que c'est bon quand il se tait enfin... Défendre son enfant, c'est à ça que ça doit ressembler.

Benoit manque de temps de jeu à Caen. Il rêve de percer dans son club formateur, mais la carrière d'un joueur est courte et il faut prendre des décisions rapidement. Un soir, à la fin d'une rencontre à domicile, il me prévient qu'il va être prêté à Vannes une saison pour gagner du temps de jeu. Ce n'est pas une discussion. C'est un fait. Je ne fais pas vraiment partie de l'équation. Enfin si, mais à distance...

Sans lui, je m'enlise encore un peu plus à l'université. Ma timidité devient maladive. Seule, je me sens même incapable de rentrer dans la bibliothèque pour travailler quand il y a trop de monde. Je conditionne le choix d'un restaurant au nombre de personnes présentes à l'intérieur. J'attends deux heures pour aller voir mes résultats sur le tableau d'examen pour être certaine de ne croiser aucun étudiant. Je ne supporte pas de deviner le regard des autres sur moi. Je préfère qu'on fasse comme si je n'existais pas. En parallèle des cours, je travaille pour une agence d'hôtesses. Je me charge d'accueillir et de diriger les gens sur des événements prestigieux de la région. Je présente bien, mais le simple fait de saluer des inconnus devient une montagne quasi insurmontable. Je suis une « handicapée » de la parole. J'ai des choses à dire pourtant, mais tout est bloqué à l'intérieur.

Un midi d'octobre, je rentre d'un séjour à Paris et Sophie l'a décidé : c'est le grand jour. Le début de son « plan Miss France ». Elle a entendu que le concours Miss Calvados se tenait dans un grand magasin de notre ville. Elle me récupère à la gare et nous filons sur le lieu de l'élection. Je suis en retard. Aujourd'hui, il serait impossible pour une candidate d'envisager de participer à cet événement dans ces conditions. Les règles se sont durcies : il faut au préalable envoyer un dossier avec une lettre de motivation, un C.V., mais également passer un casting, prévoir sa robe de soirée... Nous sommes encore sous l'ère Geneviève de Fontenay. Le délégué régional Bernard Pichard me regarde et se tourne vers mon amie : « Nous allons faire une petite exception. » Pas de temps pour le make up ou la coiffure, et surtout pas le temps pour réfléchir, analyser et se poser trop de questions. La soirée passe très vite et la « stratégie » de Sophie suit son cours. Je suis Miss Calvados.

Je rentre à la maison. J'annonce ma victoire à ma mère et à mon frère. C'est la stupéfaction. N'ayant jamais évoqué ce dessein avec eux, ils ne savent pas trop quoi répondre. Pour maman, on va faire simple... Rien. Au moins, ça évite les mauvaises réactions. Raphaël, une fois la surprise dépassée, m'adresse ses félicitations : « Maintenant que tu nous as foutu la honte, tu vas aller jusqu'au bout et tu vas devenir Miss France. Nous allons tout faire pour ! »

Étape suivante : le concours Miss Normandie qui se déroule trois semaines plus tard. Cette fois-ci, je ne le cache plus. Mamie Colette, maman, Rafi et mes copines font le déplacement pour me soutenir. En coulisses, je découvre un nouveau monde : celui de la féminité et de la compétition. Je n'ai pas la bonne robe, pas les bonnes chaussures. On me maquille. Je pleure quand je me regarde dans le miroir avant de monter sur scène. Chloé, la Miss France en titre, qui est si jolie, si charismatique et semble si confiante, me rassure.

« Je suis une "handicapée" de la parole. J'ai des choses à dire pourtant, mais tout est bloqué à l'intérieur. »

Je deviens Miss Normandie. Madame de Fontenay me congratule et m'ordonne de laisser pousser ma mèche : « Cessez de vous cacher derrière cette frange. Vous avez un beau visage. On doit le voir ! » Il me reste trois semaines pour préparer le concours national qui sera diffusé sur TF1. Je ne vais quasiment plus en cours. Traverser l'amphithéâtre a toujours été une tâche complexe. Elle l'est davantage depuis que je suis médiatisée localement et que je véhicule une image superficielle dans un milieu qui se veut intellectuel. Je n'ai pas le courage de faire abstraction des échanges dont je suis l'objet lorsque je passe entre les rangées.

Une amie d'enfance, avec qui j'ai été à l'école primaire, au collège, au lycée, puis à la faculté, me confie : « Mais, Malika, c'est ridicule comme idée. Tu devrais te retirer tout de suite avant de le regretter. » Si ma copine de toujours ne cautionne pas la direction que je prends, j'imagine aisément ce que le reste de ma promotion doit penser. Mais j'ai besoin de nouveauté. Et même si je doute, même si je ne suis pas certaine de vouloir m'enfermer dans la case de la Miss à vie, je dois respirer pour de vrai !

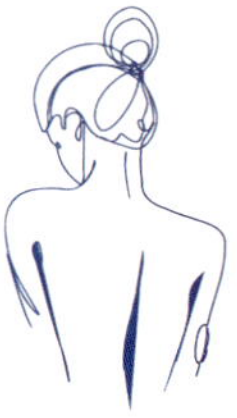

Chapitre 4

UN DÉFI DE TAILLE NATIONALE

Croyez en vos rêves et ils se réaliseront peut-être. Croyez en vous et ils se réaliseront sûrement.

◇◇◇◇◇◇

MARTIN LUTHER KING

Novembre 2009. J'ai rendez-vous avec une trentaine d'autres jeunes femmes dans le hall d'un hôtel 4 étoiles pour préparer le *prime time* auquel nous allons participer dans quelques semaines sur TF1. Au programme : un mois de shooting photo et, surtout, de répétitions de chorégraphies en vue d'offrir un concours de qualité pour la plus grande chaîne télévisée d'Europe.

Le staff de la société Miss France nous reçoit. Tous les membres rivalisent d'allure et de style. Parmi eux, figurent notamment deux anciennes dauphines de détentrices du titre suprême : ce sont des femmes d'élégance qui dégagent le charisme conféré par les années d'expérience. Elles m'intimident tout autant que les autres candidates qui sont apprêtées pour faire bonne impression dès le premier jour de l'aventure.

J'ai déjà fait connaissance avec quelques-unes d'entre elles. Nous nous sommes rencontrées peu de temps auparavant, à l'occasion du tournage des portraits vidéo qui seront diffusés en début d'émission. Ce moment avait d'ailleurs vivement brusqué la timide que j'étais. Au programme : séances de coiffure, maquillage, stylisme et… jeu devant la caméra. J'ai eu la chance d'être bien encadrée pour cette grande première. Pour tout le monde, j'apparaissais comme trop réservée. Pour moi, j'avais accompli un exploit énorme. J'avais réussi à accepter d'avoir toute l'attention dirigée sur moi l'espace d'un après-midi, moment au cours duquel le physique prime sur tout le reste.

Les candidates s'observent, se jaugent. Des pronostics s'établissent déjà. Et, inévitablement, les complexes se font plus présents que jamais. Je pense qu'à ce moment précis – mais aussi à d'autres tout au long du mois de préparation –, chaque miss régionale éprouve même brièvement ce genre de ressenti. Évidemment, il existe dans chaque promotion une ou deux super « *warriors* » qui ne doutent jamais (ou n'en laissent rien paraître). Mais, à 20 ans, se retrouver en situation de concurrence face à une trentaine de jeunes femmes élancées au visage angélique est forcément déstabilisant. Nous avons à peine réalisé la puissance de la beauté d'un corps de femme que nous le soumettons à la comparaison. Pour moi, eu égard à mon passif, c'est assez violent. En même temps, je l'ai décidé. C'est mon choix de vouloir être reconnue comme étant la plus jolie femme de France. Finalement, le combat se déroule contre moi-même : me battre pour me convaincre que je suis belle. Comme souvent, quand le manque de confiance occupe tout l'espace de mes pensées, je me referme sur moi-même et me mets en retrait. Dès qu'il y a une caméra ou que nous devons nous présenter pour une photo de groupe, je suis systématiquement derrière. Et je le suis d'autant plus quand nous devons poser en maillot. Nul besoin que le public voie mon corps, je reste persuadée que cela peut plus me faire perdre des points qu'autre chose. Je ne me « bagarre » pas avec les autres candidates pour me mettre en avant. Je sais que c'est recommandé pour « exister » dans cette compétition, mais j'en suis incapable. Je suis parmi les finalistes et, pour moi, c'est déjà beaucoup.

Parfois, je réussis aussi à oublier qu'il s'agit d'un concours de beauté. Je me suis constitué une « team » de copines : Bourgogne, Mayotte ou encore Lorraine...

Ces compagnes d'aventure sont devenues par la suite des amies pour la vie. Nous sommes en colonie de vacances, au soleil en plein mois de décembre. Nous nous amusons et profitons de la chance de voyager en mode princesses en Martinique. Nous découvrons ensemble l'univers des médias. Nous échangeons sur notre quotidien dans nos régions respectives et sur nos histoires de cœur, évidemment... et nous nous soutenons mutuellement. Je crois qu'une forme de reconnaissance opère entre nous. Les deux super compétitrices de l'aventure sont seules. Difficile de sympathiser avec les autres quand le désir de gagner à tout prix efface tout le reste. Dans mon groupe d'amies, la sensibilité est reine et aucune de nous ne pense remporter le titre de Miss France, même si nous ne voulons pas nous « ridiculiser » le soir du *prime*.

Après le voyage aux Caraïbes, destiné à capturer des clichés glamour des candidates, nous arrivons à Nice, ville qui accueille le concours, pour trois semaines de répétition. Fin des vacances. Nous devons apprendre cinq tableaux pour l'émission qui se déroulera en direct. Je ne sais pas danser. Enfin, je n'ai jamais vraiment essayé. Je suis bien sortie en boîte de nuit aux planches de Deauville avec mes copines, mais je n'osais pas m'aventurer sur la piste, à part quelques timides bras en l'air lors du passage de grands DJ house de l'époque. Et cette première rencontre avec la discipline s'avère bien compliquée : je n'ai pas le sens du rythme et, surtout, je ne suis pas à l'aise avec mon corps. Je n'ose pas l'investir pleinement et l'assumer. Je deviens la « tête de Turc » de la chorégraphe : « Normandie, c'est nul », « Tu es une catastrophe. Si tu continues comme ça, je te bute ! », « Normandie, je m'opposerai moi-même à ce que tu sois sélectionnée parmi les 12 demi-finalistes. » Sachant l'importance que revêt la chorégraphie (c'est-à-dire faible) dans une année de Miss France, était-ce bien utile d'être si sévère avec les danseuses en herbe que nous étions ? Plus elle me sermonne devant tout le monde, moins j'écoute et plus je suis dans la contre-performance. Je suis perfectionniste. Si je vois que je ne peux pas exceller, je préfère ne même pas tenter. Je laisse tomber la danse. Mes moments de détente au cours de ce séjour se réduisent au petit-déjeuner et au dîner que nous prenons à l'hôtel. Je me régale et je ris en compagnie de mes amies. Nous vivons en vase clos depuis plusieurs semaines. Nous devenons nos seuls repères. Dès que je monte dans le bus qui nous conduit à la salle de répétitions, je sais que c'est la fin du plaisir et que je vais me faire lyncher.

Les premiers sondages Internet tombent sur le site de TF1 après la diffusion des photos et des vidéos tournées à Paris et en Martinique : je suis en tête des votes ! Ce qui agace profondément la chorégraphe : « Normandie se la raconte parce que les gens l'aiment bien. » Comme cela arrive parfois, ma réserve passe pour de l'arrogance. Si seulement elle savait que je ne me « la raconte » absolument pas, mais aussi comme j'ai envie de devenir invisible quand elle m'apostrophe devant tout le monde. Je ne réponds jamais. Je ne montre aucun signe de vexation, ni colère, ni tristesse. Que de l'indifférence. Enfin, c'est ce que je laisse croire. Dans le fond, je voudrais juste qu'elle m'oublie ne serait-ce que l'espace d'un instant.

Un soir, après une très longue journée de répétitions, à J-4 de l'événement, elle a encouragé une autre femme de l'organisation Miss France à me sermonner devant ma promotion. Nous sommes donc convoquées toutes ensemble et là, pendant 20 minutes interminables, nous devons écouter à quel point je suis à côté de la plaque et je vais droit dans le mur. Je me trouve aujourd'hui dans l'incapacité de retranscrire ici les propos formulés. Pas par volonté de taire ces paroles, mais parce que je crois sincèrement que j'ai arrêté très rapidement d'écouter après une comparaison hasardeuse à Paris Hilton, la *it girl* du moment. Ce dont je me souviens, en revanche, c'est que j'entendais Miss Mayotte, qui partageait ma chambre depuis bientôt un mois, sangloter. Quand je lui ai demandé pourquoi, elle m'a simplement répondu : « Malika, comment fais-tu pour supporter ça ? ».

Il faut se remettre dans le contexte : nous avions quitté nos foyers pour la plupart d'entre nous pour la première fois de notre vie, nos familles depuis plus de trois semaines, nous travaillions 10 heures par jour sous pression afin de ne pas louper une occasion unique dans une existence. Ce dont je me remémore également, c'est la solidarité dont les autres candidates ont fait preuve à mon endroit. Nous étions en compétition, mais pas à n'importe quel prix. Miss Guyane, qui faisait partie des favorites et dont je n'étais pas spécialement proche durant l'aventure, m'a prise à l'écart juste après cette scène et m'a dit : « Normandie, tu vas les laisser encore longtemps te traiter comme ça ? Tu ne veux pas leur montrer ce que tu vaux vraiment ? » Miss Bretagne m'a donné rendez-vous dans les couloirs de l'hôtel après le couvre-feu pour me faire répéter encore et encore les danses qui m'échappaient. Miss Picardie m'a aidée à me maquiller… Miss Bourgogne, qui est aujourd'hui ma meilleure amie, m'a offert de grands fous rires. Miss Mayotte et Lorraine, dont je partageais la chambre (celle de Lorraine communiquait avec la nôtre), m'ont donné beaucoup d'affection. Toutes ces femmes ont cru en moi et je leur dois une partie de la victoire qui va suivre.

H-20 : il est une heure du matin quand nous allons nous coucher, la veille du *prime time*. Avec Mayotte, nous discutons peu. Dans nos yeux, beaucoup de stress et d'excitation. Nous savons que demain marquera la fin de cette longue aventure, que nous devrons nous dire au revoir, sortir de notre bulle et que le destin de l'une d'entre nous va changer. Juste avant, au dîner, Célia du staff a expliqué à l'ensemble de la promotion 2010 ce qui allait attendre la gagnante : « Il faudra que les 30 candidates sans exception rassemblent toutes leurs affaires. La gagnante ne dormira pas à l'hôtel et sa valise devra être prête. » Comme je ne pensais pas gagner, j'ai zappé cette étape avant d'aller me coucher. Célia a ensuite détaillé le quotidien de la future lauréate à Paris : l'appartement dans le 17e arrondissement de Paris, le programme de travail… Je n'écoutais pas. Mayotte non plus. Je l'interroge en rentrant dans la chambre : « De quoi te souviens-tu du discours de Célia ? » « Pas grand-chose », m'a-t-elle avoué. Nous ne devions pas nous sentir concernées par la place de gagnante.

Bonne nuit, Mayotte. À demain…

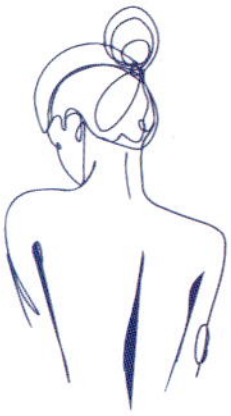

Chapitre 5

MISS FRANCE 2010 DANS LE REGARD DE L'AUTRE

J'accepte la grande aventure d'être moi-même.

◇◇◇◇◇◇

SIMONE DE BEAUVOIR

Dernier petit-déjeuner avec ma « team ». Miss Poitou-Charentes nous annonce : « J'ai un pressentiment, celle qui est appelée en numéro 6 dans les douze demi-finalistes va remporter le concours. La 6, je vous dis ! Retenez bien ce numéro ! »

Cette fois-ci, le bus ne nous emmène pas en direction de la salle de répétition, mais au Palais Nikaïa où le gigantesque plateau de TF1 est installé. Passer à la télévision pour la première fois de sa vie, c'est déjà une expérience impressionnante, mais alors en *prime time*, un samedi soir, sur la chaîne la plus regardée de l'Hexagone… C'est plus que stressant ! Heureusement, ce n'est qu'après que j'ai su que le programme était en moyenne suivi par 9 millions de téléspectateurs. Moi qui fuyais le regard des gens dans la rue, j'allais m'exposer aux yeux de toute la France. Parfois, même 10 ans après, je me demande encore comment j'ai réussi à me lancer dans un tel défi. Je n'avais pas confiance en moi, j'avais du mal à me trouver jolie, mais je pense que je cherchais une façon de continuer à croire en l'intérêt de ma vie. J'avais accumulé petits abandons et rejets qui finissaient par me faire douter de ma légitimité à exister. Je cherchais, sans en avoir pleinement conscience, un adoubement public.

Cette dernière journée file : répétitions, essayages, puis préparation avec maquillage et coiffure. J'ai peu l'habitude des mises en beauté, mais j'avoue que j'aime bien le rendu, même si je me trouve toujours mille autres défauts. Je reste ma critique la plus corrosive.

Ces 24 heures de pré-gala étaient surtout emplies d'un sentiment de nostalgie. Profiter des copines, se demander si on se reverra un jour, s'interroger sur le retour à la vie normale… et ne pas trop réfléchir à ce qui va se jouer sur scène. Si la machine du doute se met en marche dans ma tête, je suis fichue. Je me prive de repas. Le stress coupe la faim et un défilé en maillot nous attend derrière.

Une amie caennaise présente dans la salle me demande par SMS si j'ai préparé un discours... Euh non, je n'ai même pas étudié la possibilité de me retrouver parmi les cinq finalistes. « Parle de ta date de naissance, le 14 juillet. » Et voilà, deux phrases pour Jean-Pierre Foucault !

« Je cherchais, sans en avoir pleinement conscience, un adoubement public. »

Nous prenons possession de nos costumes. Nous sommes belles. Le spectacle commence dans deux minutes. Nous nous regardons avec bienveillance, angoisse et envie juste derrière le rideau qui nous sépare du public et qui est sur le point de s'ouvrir. Nous savons que nous allons toutes partager une soirée qui restera gravée dans nos têtes à jamais, nous sommes à l'aube d'un souvenir collectif exceptionnel, peu importe l'issue. C'est le fruit d'un mois de travail que nous nous apprêtons à présenter, nous, jeunes femmes de province et des DOM-TOM qui ne connaissaient rien à la télé il y a encore quelques semaines.

Les tableaux s'enchaînent. J'exécute ce que j'ai appris – ou plutôt tenter d'apprendre – en répétition. Je commets quelques petites erreurs, mais le réalisateur est là pour que la caméra évite de les voir à l'image.

Après plus de 1h30 de show vient l'annonce des douze candidates retenues par un jury de présélection pour rester dans la compétition. C'est l'objectif que je me suis fixé pour ne pas rentrer honteuse sur les bancs de la faculté. Une distinction qui fait la différence, pensons-nous toutes. Et en 6e position… « Normandie retrouve le top 12. » Et juste après me succède Miss Mayotte. Je suis fière d'être appelée et rassurée de voir celle qui ne m'a jamais quittée depuis un mois se placer à mes côtés. J'ai atteint mon objectif. Le reste ne sera que du bonus.

Vite retourner en coulisses. Défilé en maillot, puis robe de soirée et chignon. Attacher les cheveux demeure une étape compliquée, focalisée comme je suis sur mes oreilles que je juge décollées et… molles (je vous promets, c'est possible !). Je propose au coiffeur de les cacher grâce à mes cheveux. Il accepte. Première prise de parole. Question simple de l'animateur vedette de TF1, réponse courte de ma part : « Malika, 22 ans, étudiante en droit à l'université de Caen. » Parader en maillot passe encore, mais ne me demandez pas de monopoliser la parole trop longtemps !

C'est l'heure de la révélation des cinq finalistes. « Normandie est la première candidate à rejoindre le top 5 », déclame Jean-Pierre Foucault. J'avance. Et je continue de reproduire ce que l'on nous a inculqué pendant des semaines. Pas le temps de réaliser que le vilain petit canard des cours de danse est en lice pour la toute dernière étape du concours Miss France 2010.

Dans la coulisse, l'activité bat son plein plus que jamais. Il faut aller vite. Très vite. Maillot à nouveau. Robe de gala et… discours. Petite bafouille: « La qualité essentielle d'un muss… miss », un sourire timide et je place le « 14 juillet, date symbolique en France ».

Retour en backstage, je fais trois pas et je m'allonge au sol: « Je viens de me ridiculiser en à peine trois phrases et je bégaye. » L'un des régisseurs rit: « Il n'y a rien de grave. Relève-toi. Le show n'est pas terminé. »

Minuit… C'est le grand moment, celui pour lequel nous sommes réunis, candidates, staff, journalistes, depuis un mois: l'annonce d'une nouvelle reine de beauté. Nous ne sommes plus que deux, Miss Rhône-Alpes et moi. Virginie me prend la main. Arielle Dombasle, présidente du jury, s'élance: « Elles étaient toutes belles… mais la Miss France 2010 est Miss Normandie. » Je cherche Rafi et maman des yeux, au loin dans le public. J'ai envie de partager cette joie avec eux. Difficile de décrire avec précision les sentiments et émotions qui se succèdent en moi à ce moment-là. Et puis, c'est l'enchaînement: Miss France 2010 doit faire un rapide shooting pour offrir le soir même des photos officielles, un autre avec le célèbre couturier Jean-Paul Gautier qui était dans le jury pour la couverture de *Gala*… avant une conférence de presse. Je m'enfonce dans ma chaise. Faites que cela passe le plus vite possible ! Je croise mon frère en sortant de la salle d'interview : « Ce soir, tu m'as rendu fier. » Un court baiser à Mamie Colette et je dois me diriger vers le Negresco pour une autre séance photo ainsi qu'une longue interview… Il est 3 heures du matin. Mon portable a lâché pendant l'émission. J'ai à peine croisé mes proches présents sur place. Aucun moyen pour les joindre. J'appréhende seule cette victoire et ses corollaires. « Tu ne peux pas me donner autre chose ? C'est trop lisse, trop réservé tout ça ! », me lance la journaliste avec qui je suis en tête-à-tête dans la chambre du mythique palace. « Non, désolée. » Elle me laisse.

Je m'allonge sur le lit. Il me reste 3 heures pour me reposer. Sachant que je suis insomniaque depuis l'âge de 6 ans, la partie est mal engagée. J'allume la télé, zappe sur BFM. Je vois dans le récap des titres de la journée : « Miss Normandie est devenue Miss France ce soir. » Puis, les images : moi, dans ma robe verte, en train de défiler… Et je me souviens avoir pensé : « Comment fait-on si on veut rendre son titre ? »

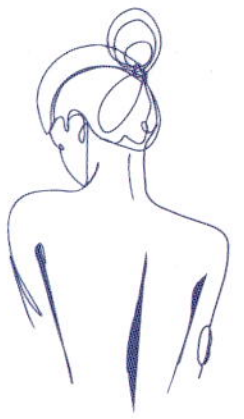

Chapitre 6

DÉBUT D'UNE NOUVELLE ÈRE

Il n'y a qu'une seule façon d'éviter les critiques : ne dis rien, ne fais rien, ne sois rien.

◇◇◇◇◇◇◇◇◇

ARISTOTE

6 heures du matin. *Premier* réveil en tant que reine de beauté. Toujours pas le temps de réaliser ce qui vient de se produire la veille : je suis attendue pour de nouvelles photos pour *Paris Match*. Je suis la *première* Miss France élue à 100 % par le public. Du coup, « on récupère la couverture du magazine perdue depuis des années », m'explique fièrement Juliette, l'attachée de presse de la société Miss France. Elle me donnera quelques jours plus tard le surnom de « Cuicui » (le petit oiseau tombé du nid).

Cet exploit pour le service de communication de la société Miss France permet d'en réaliser un second : réunir mes deux parents autour de moi l'espace d'un cliché. Beaucoup de monde nous entoure : les caméras (je suis suivie par *Sept à huit* depuis l'annonce du sacre), le staff de l'organisation du concours devient le mien, les journalistes de presse écrite et radio, les maquilleurs, coiffeurs et photographes… Aucune occasion en vue pour m'isoler et discuter un moment avec ma mère et mon frère avec lesquels je vivais encore avant de partir en stage de préparation. Nous nous étions dit au revoir sans le savoir un mois auparavant en gare de Caen.

Première télé en direct pour le JT du midi de TF1. Je suis. J'écoute ce que l'on me demande de faire. C'est quand même surréaliste. Hier encore, j'étais une étudiante en droit discrète en Normandie et je me retrouve à répondre à des interviews dont le sujet principal tourne exclusivement autour de ma personne !

Nous quittons le Negresco sans même avoir pu remercier ou apercevoir Sophie, l'amie qui m'a encouragée dans cette aventure et qui a fait le déplacement à Nice avec d'autres copines. À l'aéroport, Juliette à mes côtés, les interviews par téléphone se succèdent. Le tout toujours immortalisé par les caméras de TF1. Nous embarquons. Je ferme les yeux. J'entends Sylvie Tellier demander aux cadreurs d'arrêter de me filmer. Nous atterrissons à Paris. Je pleure... un peu. C'est le début d'une nouvelle vie. La peur, le stress de la veille, l'émotion de la victoire...

Je découvre de nuit mon appartement dans le XVIIe arrondissement de Paris. Je ne sais pas où je suis. Je ne connais que le XXe arrondissement où mon père vit et travaille. Je signe un contrat, sans le lire, qui me lie à la société Miss France avant de me retrouver seule dans mon premier chez moi. Une dizaine d'autres Miss France se sont succédé dans ces lieux avant moi. Je les imagine et j'imagine leurs pensées.

Le marathon médiatique se poursuit le lendemain. J'ai le droit à du stylisme. Une coiffeuse à domicile, un visage familier, puisque déjà rencontré lors de la préparation. Pas de shampoing disponible à l'appartement. Le liquide vaisselle hérité de ma prédécesseure fera l'affaire. Je fais le tour de plusieurs matinales radio, toujours en compagnie de Juliette et Sylvie. Nous avons également un garde du corps pour ces débuts médiatiques. Quelle folie ! Nous sommes prises en photo à chaque entrée et sortie de stations. J'ai déjà des fans qui m'attendent pour quelques autographes.

Dans la voiture, toujours des appels depuis le téléphone de Juliette. Et quand ils s'arrêtent, nous parlons un peu :

« Tu peux parler plus fort, tu sais. C'est mon métier de t'écouter. » Quand je me cache des caméras : « Inutile de les éviter, les journalistes sont là pour toi. Il n'y a plus d'autres candidates, Malika. » À moi de jouer !

« La lumière attire des gens en soif de reconnaissance. »

De plateau télé en plateau télé, je croise des personnalités que je suivais plus jeune depuis ma maison normande. Je plane, tout en me faisant la plus petite possible. Je suis dans l'incapacité de sympathiser. Comme d'habitude, les mots sont bloqués à l'intérieur. Pour eux, ma présence leur semble normale ; je suis là pour partager leurs émissions. « Hé oh, les gars, réveillez-vous ! Il y a deux jours, vous n'aviez jamais entendu parler de la petite Normande apprentie juriste », me dis-je.

Ce sont précisément ces tout premiers jours qui font perdre pied : peu de contact avec les proches, vous voilà propulsée dans une sphère qui peut éblouir, et vous êtes surtout médiatisée du jour au lendemain. La lumière attire des gens en soif de reconnaissance. Devenir le chéri de Miss France, peu importe qui elle est vraiment, est aussi prestigieux que remporter le titre pour certains.

L'été précédant le concours, j'avais rencontré un jeune homme un peu plus âgé que moi lors de vacances à Djerba. Nous avions discuté, sans plus, avant de nous ajouter mutuellement sur Facebook. Quelques échanges sans profondeur ont suivi. Puis, je suis devenue Miss Calvados et Miss Normandie. Les réseaux permettent de s'informer de ce genre d'évolution. Il a alors repris contact de manière plus poussée avec moi. Je faisais à l'époque des allers-retours à Paris le week-end pour voir mon père ou mes amis. Nous avons dû boire un ou deux verres ensemble avant que je m'envole pour la Martinique et le concours. Il gardait le lien avec moi à distance, m'encourageait... Lorsque j'ai remporté le titre, il m'a naturellement félicitée et a demandé à ce que l'on se voie. Nous avons commencé à flirter le temps de mes premiers jours parisiens de médiatisation.

Les vacances de Noël marquent le grand retour de la Miss dans sa région. Avec Geneviève de Fontenay, nous sommes accueillies en grande pompe sur le parvis de l'hôtel de ville de Caen. J'ai droit à deux semaines de coupure en Normandie auprès des miens. Mon « copain » me propose de venir le retrouver à Deauville pour une promenade. Je l'y rejoins. Nous allons déjeuner. J'aperçois un paparazzi. J'ai le réflexe immédiat de me couvrir le visage, tandis que mon compagnon ne cherche absolument pas à fuir l'objectif... Évidemment, puisque c'est lui qui en est à l'origine !

Perturbée par son comportement, je le laisse à Deauville et rentre dans ma famille à 30 minutes de là. Je préviens l'attachée de presse de la société Miss France de ce qui vient de se passer. « La fiancée des Français » serait déjà amoureuse. Me voilà devenue infidèle trois semaines après mon élection à ceux qui ont voté pour moi. Compliqué à gérer. Et mes pensées se tournent immédiatement vers Benoît. Lui qui est déjà en train de digérer notre récente rupture, tout en voyant ma tête un peu partout dans les kiosques et à la télévision... Une pensée aussi pour mes parents qui ne connaissent pas cet homme... puisque c'est quasiment un inconnu pour moi aussi.

Fin des vacances. Je rentre à Paris. Des amis de ce garçon croisés en soirée me mettent en garde : « Tu as l'air si naïve. » Je le suis certainement si cela signifie qu'il ne me viendrait pas à l'idée de prétendre aimer quelqu'un pour se servir de lui. Je n'ai connu qu'une histoire d'amour dans ma vie, qu'un seul homme, et il fait partie de l'espèce des « vrais gentils ». Je n'avais pas pratiqué les « super connards »... pas encore. J'apprends par la suite qu'il avait négocié 10 000 euros pour apparaître en une d'un magazine people avec la nouvelle reine de beauté fraîchement titrée. Je ne suis, à nouveau, visiblement pas capable d'être aimée... Et je découvre désormais qu'en plus de l'abandon, il existe aussi le profit. Je constate surtout que, dorénavant, et plus que jamais, je suis une image. Il est possible de feindre les sentiments pour de l'argent ou un peu de visibilité. Ne suis-je pas assez aimable pour ce que je suis vraiment en dehors de ce que je représente ? Je ne laisse plus aucun garçon entrer dans ma vie pour le reste de cette année de Miss…

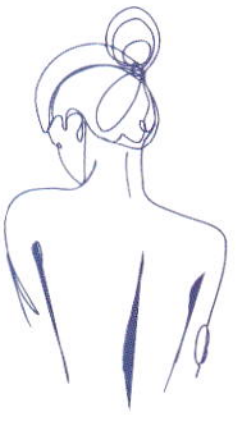

Chapitre 7

365 JOURS DE MISS FRANCE

Vous autant que n'importe qui dans cet univers méritez votre amour et votre affection.

◇◇◇◇◇◇

BOUDDHA

Après m'être présentée aux Français par écrans interposés, je pars à la rencontre de ceux qui ont voté pour moi à travers l'Hexagone. D'abord pour des séances de dédicaces, accompagnée d'Olivier, mon chaperon, qui me suivra toute cette année, ou de Célia, également membre du staff Miss France. Je leur donne pas mal de fil à retordre avec mes retards, ma tête dans la lune, mon inaptitude à faire semblant… Mais ils sont bienveillants.

Les trajets aux quatre coins de la France sont l'occasion de créer des accointances. J'aime bien l'idée d'avoir des gens fiables pour prendre soin de moi (hors relation amoureuse évidemment). C'est inédit pour moi et c'est une sensation agréable et rassurante (et ressentir cette impression, ça aussi, c'est nouveau).

La première séance de dédicaces se déroule dans le froid lorrain et me bouleverse. Je ne cesse de m'interroger du début à la fin de cet événement. Qu'ai-je donc fait pour mériter qu'une foule attende en plein hiver, pour échanger un sourire ou prendre une photo à mes côtés ? Je reçois énormément d'amour. Ces vagues de tendresse viennent remplir les zones désertées de mon être. Miss France, c'est aussi ça : la chance de recueillir des démonstrations d'affection de parfaits inconnus pour un simple passage sur TF1. Je suis félicitée pour ma victoire, complimentée copieusement sur mon physique, mais pas que... Mon caractère, ma timidité attendrissent. Bref, je prends tout ça, j'en redemande et je viens combler comme je peux les manques du passé.

Hors prestation Miss France, les gens sont parfois moins tendres : « Elle est moins jolie en vrai, tu as vu, chéri ?! » Très bien, je suis peut-être moins jolie, mais je ne suis pas sourde pour autant ! J'accepte tacitement cette règle du jeu : j'ai participé à un concours de beauté, je consens à être soumise en permanence au jugement des autres sur ma plastique. Si la situation apparaît un peu bizarre, je n'en lâche pas moins prise rapidement sur ce sujet. En revanche, je sais que cela heurte toujours mon entourage. Je pense notamment à mon amie Nalou qui, quand elle assiste à ce genre de scène, est systématiquement à deux doigts d'intervenir pour expliquer à mon juge du jour que je suis aussi un être humain...

Après l'élection et malgré le titre de reine de beauté, certains complexes font leur apparition. Toutefois, ceux que je nourrissais avant mon élection, comme mes oreilles « décollées », à tel point que je ne laissais pas une seule mèche de cheveux les dévoiler, ou mes jambes « trop grosses », me forçant à ne porter que des pantalons, ont disparu après ce plébiscite, tenue de reine de beauté oblige (chignon et robe). Les nouveaux complexes qui font leur entrée dans mon quotidien se sont nourris des commentaires glanés sur des forums people. En 2010, les réseaux sociaux se limitaient à Facebook, m'épargnant un monde de critiques acerbes. Sur ces forums, je découvre que mon nez est « trop long », « pas assez petit », quand il n'est pas qualifié comme étant digne d'une « sorcière ». Dans les recherches associées à mes nom et prénom sur Google, je retrouve... mon nez. En revanche, mes oreilles et mes cuisses, rien à foutre !

Je me questionne sur cet appendice. Je le regarde plus que de coutume dans le miroir, le prends en photo sous différents profils (c'était apparemment mon profil qui posait problème). Après réflexion, ne m'adresser aux gens que de face pour leur dissimuler le terrible museau dont je suis dotée s'avère une tâche bien délicate. Je ne « réussis » pas vraiment à nourrir de véritables complexes à propos de mon nez. Pour une fois, mon esprit a résisté à la solution facile de détestation de ma personne dans laquelle il tombe à tous les coups. Mon père, ma mère, mon frère, ma grand-mère arborent tous cette forme de nez et je les considère tous beaux. Je n'avais pas de problèmes avec lui avant, je n'ai pas réussi à m'en trouver après. J'ai juste appris qu'il ne correspondait pas aux « critères de beauté universelle ».

L'un des épisodes notables de l'année d'une Miss, c'est le concours de Miss Univers. Sept mois après l'obtention du titre en France, direction Las Vegas pour aller se frotter aux plus belles femmes de la planète. Limousine, casino, hôtel XXL... Le bon goût façon Donald Trump, à qui appartenait le concours à l'époque, est réuni. Je passe un mois sur place au cours duquel je découvre la culture américaine. Elle est fidèle à l'image que les séries télé avaient imprimée dans ma tête. Timide et peu confiante sur mon anglais, la socialisation avec les autres s'avère une tâche alambiquée. Je partage ma chambre avec une francophone, Miss Belgique. Mais l'ambiance n'est pas à la rigolade, elle est là pour la compét'! Pas d'amitié possible, la couronne à tout prix! Quand elle ne souhaite pas dialoguer avec moi, elle me répond en flamand. Rien à voir avec le climat instauré par Miss Mayotte.

« Me faire remarquer n'est vraiment pas un exercice dans lequel j'excelle et devoir m'exprimer dans une autre langue que la mienne achève de me maintenir dans ma réserve. »

Nous finissons naturellement par nous rapprocher entre miss du même continent: Allemagne, Géorgie, Danemark, Croatie… Je retrouve une petite team façon Miss France, sauf que ce ne sont plus mes blagues qui les font rire, mais mon accent. « *Please France, speak english, I like your accent. It's so… cute.* » Je ne crois pas du tout au « *cute* », mais je n'ai certainement pas le vocable et la confiance pour débattre. Les pronostics vont bon train et, cette fois-ci, sur près de cent filles, c'est toujours la même jeune femme que nous voyons toutes sans exception en gagnante… Miss Mexique. Elle n'est pas la plus grande, mais elle est magnétique. Je suis entourée de femmes sublimissimes aux mensurations parfaites et au visage de biche. Néanmoins, je n'en vois qu'une seule l'emporter sur la centaine que nous sommes… Mejico ! Naturellement, elle est dans un groupe constitué de Latino-Américaines. Je n'ai que peu souvent l'occasion de lui adresser la parole.

Les Françaises font partie des très rares candidates pour lesquelles la chirurgie esthétique est interdite. Cela nous confère une place un peu particulière, un regard plus doux. Il faut dire que c'est la grande différence entre Miss France et Miss Univers. Sinon le principe est le même : trois semaines de préparation avec photos et répétitions pour produire un show d'exception multidiffusé. Je crois n'avoir jamais aperçu autant de poitrines refaites réunies dans une même pièce lorsque nous nous changeons. Les lèvres sont pulpeuses et les nez (nous y revoilà !) petits et fins. Bon, il semblerait que je ne rentre pas vraiment dans les cases. En revanche, je suis bronzée avec les yeux bleus et cela peut plaire au jury. Je ne suis toujours pas décidée à me mettre en avant lors des différentes manifestations auxquelles nous participons. Me faire remarquer n'est vraiment pas un exercice dans lequel j'excelle et devoir m'exprimer dans une autre langue que la mienne achève de me maintenir dans ma réserve. D'autant qu'ici, les candidates ne font pas dans la discrétion : ça brille, ça claque, ça crie que ça s'adore…

J'ai pris un peu de poids que je n'arrive pas à perdre pour le grand jour. Il faut dire qu'une pièce remplie de sucreries est ouverte H24 pour les moments où nous n'aurions pas eu le temps de nous alimenter. Je pars en repérage. Je ne connais pas les pâtisseries américaines. Je suis en pleine investigation : beurre de cacahuètes, cheesecake, carrot cake, doughnuts, cookies'n'cream… Je deviens une véritable experte. Et ça ne pardonne pas lors de l'épreuve du maillot de bain ! Mais, je ne suis pas stressée : je ne joue rien. Impensable pour moi de rivaliser avec les filles parfaites qui m'entourent. Je profite du dépaysement, de la richesse de côtoyer d'autres Miss issues de tous les pays du monde.

Avant le grand soir, il y a une étape importante. Nous avons été prévenues… Donald Trump doit faire son arrivée. Ce jour-là, nous devons toutes porter la même robe extrêmement ajustée, nous maquiller, nous coiffer par nous-mêmes et nous aligner sur la scène. Il est 10 heures du matin, nous sommes apprêtées comme pour partir en soirée et le futur président des États-Unis déambule devant chaque Miss, nous jauge et se recule après avoir vu cinq candidates pour faire un point avec les membres de l'organisation Miss Univers. Il est en fait en train de sélectionner les cinq femmes qu'il veut impérativement voir figurer dans le top 15 du concours. Nous jouons donc à cet instant, un pass direct pour les premières marches de la compétition. Et cent filles à examiner… c'est terriblement long ! La France vient assez vite dans l'ordre alphabétique. Certaines sont terrifiées : « Je n'ai pas "catché" son regard. Je suis hors service ! ». Moi, ça va. Je n'ai pas réussi à faire des yeux de « pétasse », comme cela a été conseillé un peu plus tôt. Néanmoins, nous nous sommes salués. Rien n'est perdu !

Jour J. Même principe que Miss France : des danses, des discours, des défilés en maillot… avec une diffusion internationale. Tout le monde s'affaire autour de Miss Mexico. Jimena est la future gagnante. C'est une évidence. Moins de stress pour ma part. Objectif top 15 pour rentrer en France avec une distinction. C'est ce que je fais. Je me hisse à la 12e position, juste devant Miss Belgique… Et la candidate mexicaine remporte la couronne. S'ensuit une fête mémorable en compagnie de Miss Allemagne.

Retour en métropole. Je repars sur les routes pour des galas, à la recherche des futures Miss régionales. Parmi elles se trouve celle qui me succédera. Lors de ces élections, je dois danser sur scène entre les défilés des candidates. C'est encore un grand succès. Outre mon absence de rythme, j'ai un peu honte de me présenter aux gens en maillot de bain avec un poids différent de celui de mon élection. Je suis accompagnée de Rachel et de Cindy, deux anciennes Miss France qui assurent pour moi. « Fais comme tu peux niveau chorégraphie, on s'adapte », tente de me convaincre Cindy. Rachel, elle, s'occupe de la partie *after show*. Nous découvrons donc les plus belles discothèques de France. Nous nous amusons beaucoup et nous nous créons ces souvenirs que nous aurons plaisir à évoquer dans 30 ans.

En Bretagne, c'est Laury qui est élue. Je place sa main dans la mienne pour la conduire au bout du proscenium pour saluer le public. Son aisance me surprend. Je sais qu'on n'a pas fini d'entendre parler d'elle.

La fin de mon « règne » se profile. J'ai des décisions à prendre en grande quantité: les études, l'appartement... Quel sens donner à ma vie après cette parenthèse d'un an? Qui suis-je désormais? Comment redevenir la maîtresse de sa vie quand on l'a confiée à d'autres pendant une année?

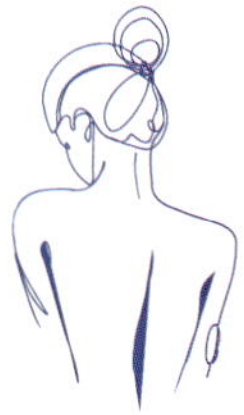

Chapitre 8

FIERTÉ MATERNELLE

Ne t'entoure pas de personnes qui te rabaissent, et suis ton instinct.

◇◇◇◇◇◇

MICHELLE OBAMA

4 décembre 2010 au Zénith de Caen. Je vais rendre mon écharpe dans ma ville, celle que j'ai quittée un an auparavant, laissant derrière moi une autre vie. Dans un lieu qui m'est familier pour y avoir travaillé comme hôtesse et où l'on me connaît aussi comme une jeune femme discrète.

Depuis plusieurs jours, j'ai constamment les larmes au bord des yeux. J'ai du mal à canaliser cette peur de « l'après ». Ma plus grande appréhension réside dans le fait que je vais devoir laisser partir le clan qui veille sur moi depuis 12 mois et accepter qu'il prenne désormais soin d'une autre. L'éternel abandon… J'avais déjà dû subir le départ fracassant de Geneviève de Fontenay au cours de mon « règne ». Et, maintenant, c'est une petite famille que je dois laisser partir. En plein *prime*, le réalisateur Fred m'offre une émouvante surprise: une vidéo dans laquelle Sophie, Rafi, Mamie Colette et maman s'expriment pour me dire à quel point ils sont fiers de moi. Il aura fallu attendre 23 ans et une émission sur TF1 pour entendre ma mère me faire ce genre de confidences. Et tant pis si cette déclaration ne s'est jamais reproduite par la suite. Elle est enregistrée pour toujours et 9 millions de personnes peuvent en témoigner.

L'élection file comme c'est le cas quand on la traverse depuis les coulisses et se solde par la victoire sans surprise de Laury Thilleman, Miss Bretagne, permettant à la couronne de rester dans l'ouest de la France. Mon angoisse de l'abandon ressurgit. Ceux qui m'ont guidée il y a un an doivent désormais s'occuper d'une nouvelle reine de beauté, tandis que ceux que j'ai « abandonnés » au même moment me tendent de nouveau la main. Julie, qui a étudié le droit avec moi et est spectatrice d'un soir, m'aide à quitter la scène et Gaël, qui a été mon patron quand j'étais hôtesse, me raccompagne à ma voiture. Je crois que cela se déroule ainsi quand une parenthèse se referme...

Chapitre 9

S'ABANDONNER À SOI

J'avais peur à une certaine époque que les gens disent : « Pour qui se prend-elle ? » Maintenant, j'ai le courage de me lever et de dire : « Voici qui je suis. »

◇◇◇◇◇◇

OPRAH WINFREY

Dimanche 5 décembre 2010. Je me réveille à Caen, dans l'appartement familial où je n'ai finalement que peu de bons souvenirs.

Mon père vient me rendre visite. Nous discutons quelques brèves minutes en bas de l'immeuble où il nous a récupérés de si nombreuses fois pour nous emmener en week-end : « Retourne à l'école, Malika. »

Je suis son conseil et me renseigne sur les formations de journalisme. Ce métier a toujours été mon rêve d'enfant. Par chance, le CFPJ lance une nouvelle session de deux ans en février prochain. Pas besoin d'attendre la rentrée de septembre et de rester inactive plusieurs mois.

Je m'enferme dans mon petit appartement parisien choisi sans réflexion, mais situé sur une artère parallèle à la rue de Rivoli qui incarne à ce moment-là ma vision de la capitale. J'ai quatre semaines pour préparer le concours d'entrée. Je me nourris essentiellement de gâteaux. Je ne quitte plus mon nouveau domicile que je n'ai pas vraiment pris la peine d'aménager et je rattrape toute l'actualité de l'année 2010 qui vient de s'écouler, au cours de laquelle j'ai été un peu déconnectée. Ma grand-mère maternelle m'a envoyé un an d'exemplaires du *Monde*. Je lis. Je prends des notes…

Concours : OK. J'intègre la promotion option presse écrite. Il faut désormais trouver un média avec qui m'engager pour une alternance de deux ans. Je me dirige vers le *Figaro* et le service du *TV Mag* qui a l'habitude de couvrir le voyage des Miss régionales.

Au début, mon maître de stage ne me considère pas spécialement. Pas vraiment la fibre de la transmission et puis, plus qu'à l'école où je suis facilement acceptée par mes camarades, je sens que je dois faire mes preuves, démontrer que je ne suis pas qu'une belle plante. Et ce n'est que le début de cette longue période d'explication de ma légitimité. J'ai 23 ans. Je suis étudiante en école de journalisme, mais je dois justifier que j'ai le droit d'être ici.

En cours, ce sont les professeurs qui sont parfois agacés par mon statut, tandis que le reste de la classe a dépassé ça depuis bien longtemps. À peine trois ou quatre questions en début d'année et nous n'en parlerons plus. Nous nous retrouvons autour de ce qui nous unit dans cette formation. Je redécouvre le plaisir d'apprendre, perdu en faculté de droit. Je goûte surtout à nouveau à une vie normale. Les anciennes Miss France m'interrogent. Aucune n'avait encore jamais vraiment osé ou eu envie de reprendre ses études. Les générations suivantes n'auront plus cette réserve.

Dans le même temps, je continue de parcourir l'Hexagone le week-end pour les galas : tenues de princesse les week-ends, jean et baskets en semaine. Le mix me plaît. Ne plus être seulement une image est jouissif et enlève la pression de devoir toujours être parfaitement apprêtée. Je débute également comme animatrice sur France 3 Paris, aux commandes d'une émission de découverte que je conserverai trois ans. Là encore, c'est un autre rapport à son esthétique, il faut que je parvienne à m'accepter via le prisme de la télé, dépasser ma timidité pour présenter un programme. L'expérience est agréable, mais pas toujours facile. Je la prolongerai dans les années à venir sur diverses chaînes, avec plus ou moins de réussite.

Au magazine, je suis discrète. Mon rédacteur en chef m'en félicite : « J'avais peur qu'avec ton statut différent, tu ne t'intègres pas. » Jean-Marc, Nicolas ou Damien deviennent des maîtres de stage de substitution et j'apprends doucement le métier.

Chapitre 10

CIAO AMORE

Personne ne peut vous faire sentir inférieur sans votre consentement.

◇◇◇◇◇◇

ELEANOR ROOSEVELT

Je n'ai pas perdu les kilos en trop acquis à la fin d'une année de Miss France, entre stress et dégustations régionales. Cela me complexe, mais je n'ai plus à défiler en bikini ni à porter de robes, alors je n'en fais pas une priorité.

Lors du voyage d'intégration de Laury à l'île Maurice, nous nous retrouverons entre anciennes Miss France pour faire connaissance avec la « petite dernière ». Je supporte un peu moins bien ce « surplus » que je juge disgracieux. Je demande à ne pas figurer sur les photos en maillot de bain. C'était sans compter sur la présence de paparazzis qui me shootent au cours d'une baignade sans caméras. J'apparais dans les pages des magazines people avec des légendes du style : « Elle se fait plaisir après avoir rendu son écharpe. » En gros, elle a bien mangé à la cantine… Sept jours à tenir et les canards disparaîtront de la vente. Et puis, surtout, je tombe amoureuse. Être désirée très fort par un seul être suffit à réhabiliter un corps qui vient de subir une semaine de critiques. Il a le double de mon âge. Je m'amusais de mon entourage à l'époque, qui insinuait que je cherchais le père qui m'avait manqué enfant. Avec le recul, il y avait du vrai. Il m'apprend à planifier, à reprendre confiance en mes capacités intellectuelles, à réfléchir à la direction que je veux emprunter dans mon existence, au chemin que j'ambitionne de tracer, à m'organiser, à prioriser mon sommeil… et je suis initiée à un amour différent, addictif, moins pur, plus vicieux, aussi rassurant qu'effrayant. Je découvre que je ne peux pas lutter avec l'expérience que je ne possède pas.

La Malika que je suis aujourd'hui aurait toléré moins de choses que ce à quoi j'ai pu consentir au cours de cette période. Mais celle que je suis désormais a eu le cœur trop de fois cassé pour y croire avec la même détermination et le même espoir qu'à ce moment-là. Je me sens à nouveau indigne d'être aimée, rejetée et je souffre. J'ai la sensation que je ne peux pas davantage souffrir : qu'on arrache ce cœur à ma poitrine, qu'on le fasse brûler et qu'on en parle plus. Ne plus rien ressentir. Plus rien du tout, c'est mon souhait. Je m'éduque aux premières vraies peines de cœur, celles qui donnent envie de vomir, de fuir, de haïr, de mourir…

Cette première chute n'aura finalement pas été suffisante pour me dissuader des histoires passionnelles… Au contraire. J'en redemande. C'est comme une drogue. Même principe de la dépendance et du manque. J'ai l'impression qu'il n'y a qu'ainsi que je peux aimer et être aimée. Mais plus les sentiments sont puissants, plus la redescente est violente et je finis irrémédiablement par me détester encore et encore. Je pars battue d'avance : mon éternelle peur de l'abandon fragilise chacune de mes relations. Elles sont accompagnées de beaucoup de jalousie. Je me compare à une fille, dans la rue, au restaurant, à la plage ou sur les réseaux sociaux… Partout et tout le temps… Je crois si peu en moi que je suis dans l'angoisse permanente de perdre l'objet de mon amour, qui ne pourra que finir par se rendre compte que je ne suis pas assez bien. Sans compter que je vis dans le doute perpétuel quant à la raison initiale qui l'a fait se diriger vers moi. Me trouve-t-il jolie parce que je le suis ou parce que j'ai gagné un concours « décrétant » que je le suis ?

Il a fallu que je m'impose un *break* avec l'amour pour que je réalise la spirale infernale et insoluble dans laquelle je me trouvais. J'ai envoyé un SMS à Madame Love : « Laisse-moi souffler un peu. Oublie-moi ! Et je reviendrai pour te donner le meilleur de moi-même ! » Plus je cherchais à être aimée, plus je finissais par me détester. Comprendre que l'autre ne peut rien pour toi tant que tu ne le veux pas, toi, du plus profond de tout ton être... Arrêter de remettre ma vie pleine et entière à une tierce personne. J'incarne à moi seule la solution.

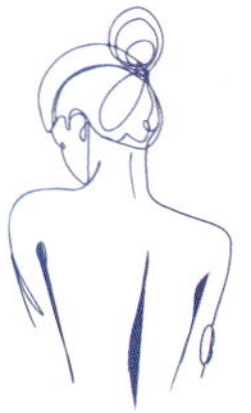

Chapitre 11

RECHERCHE, COMMENTAIRES, LIKE ET VUES

L'estime de soi vient en étant capable de définir le monde dans vos propres termes et en refusant de se conformer aux jugements des autres.

◇◇◇◇◇◇

OPRAH WINFREY

Pas d'Instagram au cours de mon année de Miss France. Twitter est apparu l'année suivante. Il n'y avait que Facebook et je n'avais pas le temps de m'en occuper. Mon frère gérait pour moi le compte fan. En fait, c'était surtout mes proches qui me rapportaient ce qu'ils pouvaient y lire et ce qui avait pu les flatter ou les attrister.

Après avoir rendu mon titre, j'ai eu tout le loisir de me pencher davantage sur ce que les gens pensaient de moi, ce qu'ils avaient envie d'exprimer publiquement à mon sujet. Sur Facebook, peu de méchanceté gratuite, essentiellement de la bienveillance.

Et Twitter a fait son arrivée par la grande porte. Laury m'y a initiée. Si, au début, j'y suis vite devenue « accro », j'ai fini par trouver ce réseau très violent. Il me suffisait de taper mon nom dans le moteur de recherche, et aucune critique formulée à mon endroit ne pouvait m'échapper. Certes, le physique y passe, mais les choses ne s'arrêtent pas là. On y juge l'intellect également. Et, c'est bien connu, une miss n'est jamais bien futée (version gentille de « débile » ou de « plante verte »). À l'époque où j'étais journaliste dans des rédactions sportives, je n'avais déjà pas confiance en ma légitimité à l'antenne et, au lieu de travailler davantage pour pallier mon stress, j'allais consulter les commentaires Twitter… Un petit massacre.

Puis, Instagram est venu « tuer le *game* » (eh oui, je fais du jeunisme, c'est mon livre et je me fais kiffer !). Cette nouveauté s'est rapidement installée et professionnalisée. Au début, je trouvais que c'était une noble façon d'entretenir une relation avec sa « communauté », une manière de partager son quotidien et de se raconter dans une direction différente de ce qui peut filtrer dans les médias. Pour moi, c'était l'occasion de prouver que je n'étais pas lisse et que je ne me résumais pas à ma timidité. Je pouvais m'y montrer rigolote et sensible, comme dans « la vraie vie ». Je pense que ça m'a véritablement permis de me rapprocher et de consolider les liens existants avec mes abonnés. Instagram offrait la possibilité de devenir son propre média et de contrôler sa communication sans attaché de presse.

Et puis, il y a eu la course à la photo parfaite, toujours être jolie et impeccable. Enfin, telle est la pression que je m'infligeais. Avec la montée de l'influence sur les réseaux, nous devenons ce que nous partageons et non plus ce que nous sommes. Après m'être comparée aux mannequins des magazines, je suis désormais confrontée aux profils d'autres *it girls* des réseaux sociaux. Se comparer avant d'exister… des parallèles incessants dans lesquels je finis par me perdre.

Je me dénigre et je fais saigner les oreilles de mes proches : « Je suis dégueulasse… » Tout y passe : mes cernes, le grain de ma peau, ma cellulite, mon nez… « Est-ce que tu penses que tu tiendrais le même langage si tu parlais d'une de tes meilleures amies ? », me questionne un jour Nalou. Non, évidemment !

Davantage que les critiques négatives, la comparaison est sans doute ce qui déstabilise le plus. Les utilisateurs des réseaux ont été bien encouragés dans cette démarche, des applications permettant non seulement de retoucher la colorimétrie d'un cliché, mais aussi le visage ou le corps qui y figure.

Lors de la rédaction de ce livre, je me suis pliée à une brève recherche sur le sujet : Facetune, FaceApp, Perfect Me, Body Tune… Pas moins de cinquante applications sont disponibles au téléchargement pour iOS et Android, afin de modifier son physique comme bon nous semble. En un claquement de doigts, les dents sont toujours plus blanches, le nez toujours plus petit, la taille toujours plus fine… Sur TikTok, où le public est très jeune (autour de 16 ans), il existe même une fonction « Beauté améliorée », rendant possible le changement instantané, de la taille de la mâchoire à la délicatesse du grain de peau… Comment ne pas aboutir à une baisse de l'estime de soi et, surtout, à une vision altérée de ses propres défauts ?

À trop me comparer, je ne pouvais non seulement pas m'accepter, mais, de surcroît, j'ai fini par me nier totalement. Je me suis perdue. J'avais besoin de retrouver un chemin qui me ressemble, d'effectuer un retour à moi-même. Les femmes que j'ai rencontrées pour écrire cet ouvrage m'ont appris à transformer mon regard sur la beauté et sur ma propre beauté. Elles m'ont ouvert la voie vers un amour réel à mon encontre pour construire un destin dans lequel je me respecte et où je vais essayer de me faire confiance… pour de vrai.

J'ai raconté mon histoire. Chaque femme a la sienne. L'existence de toutes et de tous est jalonnée d'aventures incroyables. Les réseaux sociaux peuvent nous aider. Mais ils ne sont qu'un outil. Ce qui aura de l'impact, c'est ce que nous en faisons ! Et cela passe aussi par l'apprentissage, celui de savoir se déconnecter pour se retrouver seule avec soi-même. Nous avons toute une vie à traverser ensemble, avec nous-mêmes. Autant rendre la cohabitation la plus agréable possible.

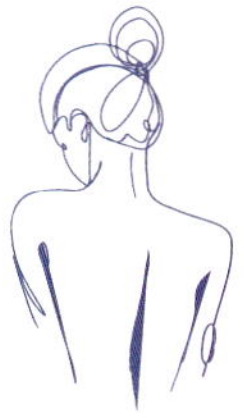

PARTIE 2

Ces femmes remarquables et inspirantes

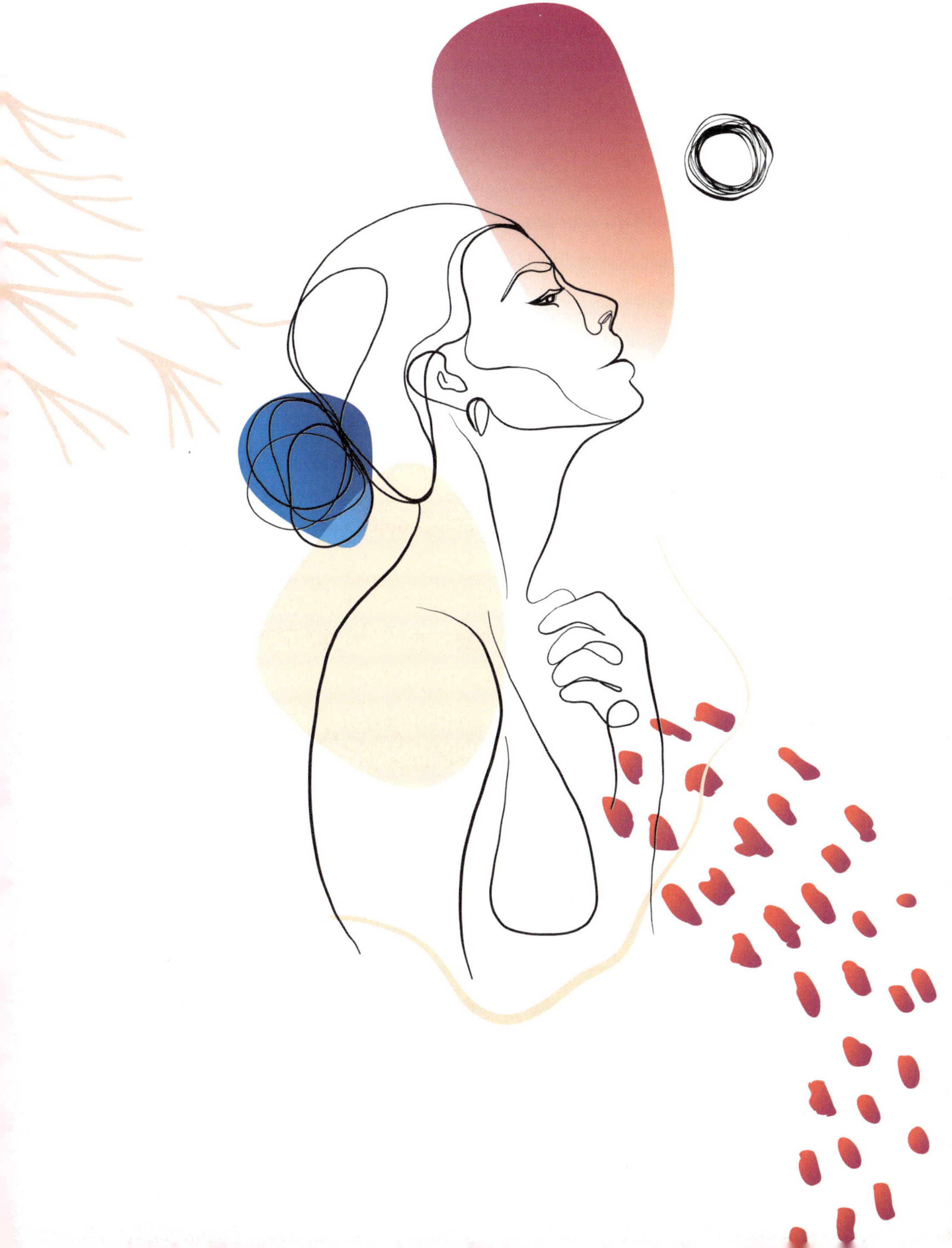

Aurélie Dotremont

Sa crinière blond platine et son franc-parler ont fait d'Aurélie Dotremont une candidate emblématique de la téléréalité en France. Sensible, la starlette du petit écran devenue par la suite influenceuse, comme beaucoup de ses « consœurs », est passée par des phases très compliquées. Aujourd'hui, elle a pris un peu de recul sur le milieu et se livre sans filtre.

Te définis-tu comme influenceuse ou comme personnage de télévision ?

Comme influenceuse ! Je gagne essentiellement ma vie grâce aux placements de produits. C'est plus rémunérateur que la télévision. Et, avant l'émergence des réseaux sociaux, c'était les « *bookings* en night-club » qui constituaient de gros bonus. Mais, maintenant, j'ai arrêté. J'ai 30 ans et je n'ai plus envie d'être en boîte tous les week-ends. D'autant que moi, je suis plutôt « olé olé ». Toutes les bêtises possibles, je les ai faites. Mais je me suis calmée depuis !

Ah oui ! Comment l'expliques-tu ?

J'ai pris de l'âge et de la maturité. Je me suis stabilisée dans un couple. On vit ensemble depuis 8 mois avec mon chéri qui n'a rien à voir avec l'univers de la télé. Il possède des restaurants avec ses parents. Je ne veux plus être avec une personne de cet univers-là. Je ne suis plus du tout intéressée par les garçons qui font attention à leur image. Je ne surjoue pas. Je ne voudrais pas d'un copain qui agisse de la sorte.

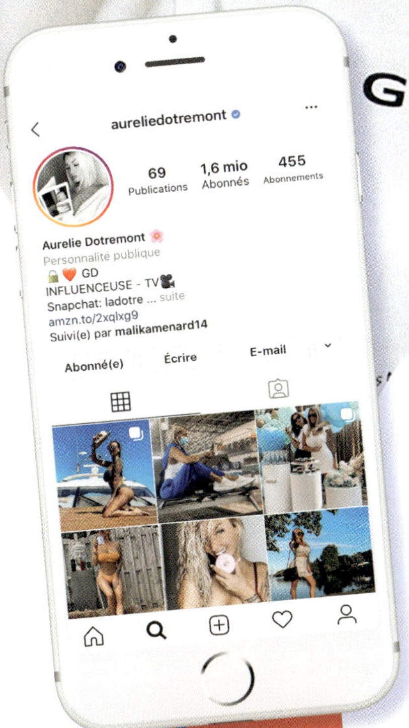

Née le 12 décembre 1990 en Belgique

Influenceuse

2010 : la jeune femme participe à sa première émission de téléréalité, *L'Île des vérités 2*.

2010-2019 : la Belge enchaîne les programmes, à l'instar de *Carré Viiip*, *Les Princes et les Princesses de l'amour*, *Les Anges*, *Les Marseillais vs le reste du monde*…

2019 : elle sort son autobiographie, *Tu finiras dans une vitrine*, dans lequel elle se livre sans fard sur sa vie et ses moments sombres : troubles alimentaires, drogue, envies suicidaires…

Suivez Aurélie
sur Instagram : **@aureliedotremont**

Est-ce qu'il y a des passages télé que tu regrettes ?

Les montages ne m'ont pas toujours aidée et ma dernière émission, *Les Anges*, m'a carrément dégoûtée. J'ai mis un temps certain à m'en remettre. Quand je me regardais sur le petit écran, j'en arrivais même à me détester moi-même.

C'était fatigant de devoir se défendre sur les réseaux sociaux suite à ça. J'ai essayé de m'expliquer une bonne fois pour toutes dans mon livre.

As-tu craqué après cette dernière émission ?

Mentalement, oui. Pendant la diffusion des *Anges*, je ne recevais que des insultes sous chaque photo que je postais. Habituellement, j'essaye de ne pas regarder. Mais là, c'était trop, je ne pouvais pas passer à côté.

Mais qu'est-ce qui t'était reproché exactement ?

On critiquait mon physique. J'avais rasé ma tête à cause des colorations qui ont fragilisé mes cheveux et de troubles alimentaires qui les ont fait tomber. Du coup, je portais une perruque. On me faisait essentiellement des reproches par rapport à ça. Là, ça touchait à la maladie, ça m'a blessée.

Je me souviens également de ce moment… Mon arrière-grand-mère venait de mourir et les gens écrivaient : « Va la rejoindre » sous une photo que j'avais publiée d'elle.

Pendant une certaine période, je suis beaucoup sortie, j'ai beaucoup bu et je me suis droguée. Au lieu de « sale boulimique », j'ai été qualifiée de « sale alcoolique » ou de « droguée ». Cet acharnement a fini par blesser ma mère et là, ça m'a vraiment fait mal.

Comment as-tu réussi à prendre du recul ?

On sait très bien que les *haters* sont souvent des gamins qui se défoulent derrière leur écran. J'envisage mon activité à la télévision comme un travail. Je retrouve ma vie quand les caméras ne tournent plus. Je ne vais pas boire un verre chez les copines de téléréalité. Je refuse les interviews, parce que tout part de là. Pour faire le buzz, les candidats sont dans la surenchère d'informations dans les médias. Je prends tout au dixième degré et, heureusement pour moi, parce que sinon, cela ferait bien longtemps que je me serais suicidée. Je suis complètement détachée. Quand je croise les gens dans la rue, ils sont gentils, alors que, sur les réseaux, ils m'insultent.

Mais, avant d'en arriver là, cela a quand même eu une influence sur l'amour que tu te portais…

Physiquement, après ma première télé, j'ai pris une claque dans ma confiance en moi. J'étais très plate. On me le faisait souvent remarquer et j'ai fini par me faire refaire la poitrine il y a deux ans. J'ai fait toutes les opérations d'un coup. On me répétait : « Tu n'as pas de fesses, pas de cul », et après, quand je me regardais à la télé, je me mettais à penser : « Je n'ai pas de corps. » En un seul passage sur la table d'opération, j'ai fait grossir mes seins et mes fesses en Tunisie. J'ai eu tellement mal !!! Les fesses me faisaient tellement souffrir que j'en oubliais que j'avais aussi mal à la poitrine. J'ai souffert pendant deux semaines et j'étais couverte de bleus, mais je ne regrette pas. Je me préfère telle que je suis maintenant.

N'as-tu pas peur de devenir addict à la chirurgie esthétique ?

Si… un peu. Ça devient vite une addiction. Je suis toujours à la recherche de la perfection. Après, j'ai eu envie de toucher au visage avec du botox. Mais je veux que ça reste naturel et bien fait.

Alors, désormais, est-ce que tu te trouves belle ?

Oui. Je ne suis pas quelqu'un de moche, je le sais, mais j'ai beaucoup de mal à m'accepter à cause de ma maladie. Je suis boulimique depuis que j'ai 11 ou 12 ans. Je fais près de dix crises par jour, ça joue sur mon humeur, je perds des bouts de dents et mes cheveux. J'ingurgite énormément de nourriture d'un coup et après je vais aux toilettes.

Quand j'avais un tournage télé, tout le monde savait que j'étais malade et c'était accepté. Je n'ai toujours pas trouvé la solution à ce problème. J'essaye parfois de ne pas manger du tout pour ne pas avoir à me faire vomir.

Mais, aujourd'hui, je peux quand même affirmer que je me sens plus femme. Ça reste toujours difficile de dire : « Oui, je suis belle. » Cependant, je sais que « je passe ».

As-tu des complexes ?

Non, pas vraiment. Peut-être que je trouve mes bras trop gros ou que je n'ai pas assez de hanches. Je ne vais plus me refaire faire quoi que ce soit en revanche.

Quel bilan tires-tu de l'usage des réseaux sociaux quant à l'acceptation de soi ?

Sur l'acceptation de soi, il est plus que négatif. Par exemple, quand j'étais sans forme, on me disait que j'étais une planche à pain. Maintenant que je suis refaite, on me dit que je suis trop… refaite. C'est un cercle sans fin.

Est-ce que, parfois, tu as envie de faire des breaks avec Instagram ?
J'y pense tous les jours, mais les placements produits me font vivre, c'est donc inenvisageable.

Je trouve que les followers des stars de la téléréalité sont très violents avec leurs idoles et que vous semblez finalement tous tolérer ça...
On est un peu tous masos ! [Rires.] En gros, quand je n'ai pas été insultée de la journée, c'est qu'il y a quelque chose qui cloche. Mais c'est la même chose lorsque nous passons sur des chaînes de télé, dans des émissions comme *TPMP* ; on est tournés en dérision, on nous prend pour les débiles de service. On a tous appris à faire abstraction. Cela fait partie du jeu.

Réponds-tu aux haters ?
Non, ça ne sert à rien, et puis j'ai la flemme de prendre ce temps-là. Je me concentre sur la gentillesse des gens que je croise dans la rue. Bizarrement, dans la vraie vie, ils ne te crachent pas dessus et ne te jettent pas de « caca » (sic) au visage.

Est-ce que tu as le sentiment de devoir justifier chacune de tes actions auprès de ta communauté ?
Oui, je dois me justifier pour tout. Avant, cela se limitait aux posts. Maintenant, je dois aussi me justifier quant à mes stories. La dernière fois, je faisais mes soins beauté à la maison et les gens ne comprenaient pas que je n'aille pas en institut vu l'argent que je gagne (dans leur imaginaire). Je suis devenue casanière. Je n'aime plus le monde.

Est-ce que tu as l'impression que toutes les stars de téléréalité doivent se ressembler ? Dans le style, dans le physique ?

En fait, tout va bien si tu as les formes et que tu n'as pas ta grande gueule, ou si tu as une forte personnalité, mais pas de formes. Après, c'est vrai que quand tu vois les bombes avec les corps de fou, tu te dis que, toi aussi, tu vas devoir y passer…

Ressens-tu une concurrence entre vous ?

Moi, je ne me compare pas. Je ne suis pas envieuse de base. Si une fille est belle, je lui dis. Après, la télévision, ce n'est pas éternel et il y a des petites nouvelles toutes fraîches qui arrivent constamment. La nouvelle génération chasse l'ancienne.

Quel conseil donnerais-tu à une jeune femme qui a du mal à s'accepter ?

Je suis quelqu'un de relativement complexé. Alors, qui suis-je pour donner des conseils ? Malgré tout, je pourrais conseiller de ne pas trop se regarder dans une glace, ne pas trop s'analyser, d'arrêter de focaliser sur un complexe.

Quelle est ta définition de la beauté ?

Il n'y a pas de définition de la beauté. Pour moi, c'est intérieur. C'est le charme de la personne.

Et des complexes ?

Ce qui se crée parce que tu te fixes dessus.

Comment dit-on fuck les complexes ?

En aimant ses complexes !

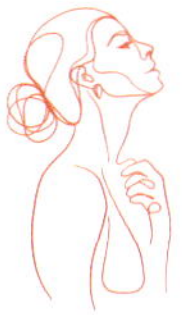

Barbara Pravi

Autrice, compositrice, chanteuse et interprète… À 26 ans, la jeune femme d'origine iranienne et serbe respire, mange, pense, dort musique ! C'est grâce à une reprise très engagée d'une chanson d'Orelsan que Barbara Pravi s'est fait connaître d'un public plus large sur YouTube.

Le 8 mars 2019, à l'occasion de la Journée internationale des droits de la femme, tu as fait le buzz avec ta version féministe de « Notes pour trop tard » d'Orelsan. Comment définirais-tu ce morceau ? Est-ce un hymne au féminisme ?

Quand j'ai repris cette chanson, je ne pensais pas à l'adresser à quelqu'un. Je n'avais pas la sensation de porter un message. J'étais dans une période de ma vie très difficile : je venais de me séparer de tout mon entourage personnel et professionnel. Le réalisateur de mon disque était mon compagnon. Les deux sphères étaient quelque peu mélangées. J'ai réalisé que j'étais entourée de gens qui ne me portaient pas, mais qui me réduisaient. J'ai eu plusieurs décisions très désagréables à prendre. Ils n'arrêtaient pas de me répéter : « Tu es une merde, sans nous, tu n'arriveras à rien. » Autant dire que je repartais avec une confiance en moi niveau zéro. J'avais vraiment fini par me persuader que sans eux, je ne serais rien. Je m'étais préparée à arrêter la musique pour pouvoir opérer la séparation d'avec cet entourage toxique. C'est sous cette impulsion-là que j'ai réécrit « Notes pour trop tard ». J'en avais conçu la nécessité, mais

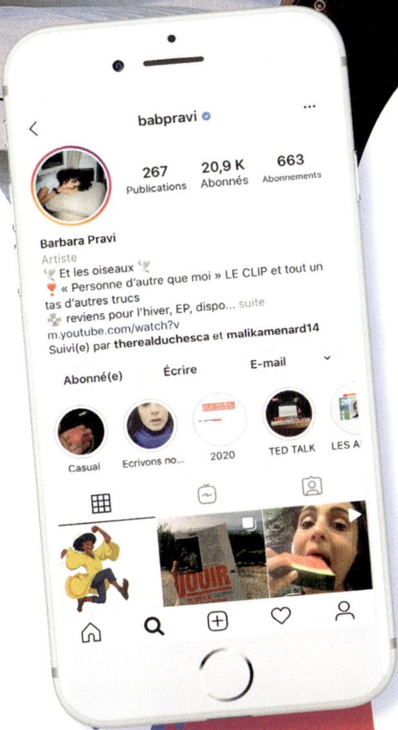

Née le 10 avril 1993

Chanteuse

Novembre 2016 : Barbara Pravi intègre la comédie musicale *Un été 44*, avec un livret musical signé notamment par Charles Aznavour et Jean-Jacques Goldman.

2018 : Elle sort son premier EP et assure notamment la première partie de Florent Pagny.

Mars 2019 : Elle reprend le titre « *Notes pour trop tard* » d'Orelsan, rebaptisé « *Notes pour trop tard x Le Malamour* » à l'occasion de la Journée internationale des droits de la femme. Son clip devient viral et comptabilise plus de 2,5 millions de vues sur YouTube.

Mars 2020 : Sortie de son dernier EP intitulé « Reviens pour l'hiver », écrit et composé (en collaboration avec Stan Neff pour la composition) par ses soins.

Suivez Barbara
sur son site officiel : **barbarapravi.com**
sur YouTube : **@Barbara Pravi**
sur Instagram : **@babpravi**
sur Twitter : **@Babpravi**
sur Facebook : **@barbarapravimusic**

c'était plus un mantra qui m'était destiné. Pour que je puisse me le répéter, pour me donner de la force. Il fallait que je comprenne que personne ne m'empêchera jamais d'être ce que je veux être. Je m'encourageais : « Tu as trop de caractère, tu es trop forte pour accepter ça. » Bref, je me souviens quand le clip a été uploadé sur YouTube, j'étais dans mon lit, devant mon ordi et je pensais : « Mais pourquoi tu as fait ça ? Que vont penser les gens ? C'est hyper égotique de publier un truc pareil ! »

Et finalement, plus de 2,5 millions de vues…

Ça m'a complètement dépassée ! Nous sommes nombreuses à avoir pris conscience qu'il y a encore beaucoup de chemins à faire pour que les femmes s'aiment.

Ce n'est pas seulement ce message, pas seulement un message qui changera les choses. On doit toutes se poser la question. On doit toutes travailler sur nous-mêmes et j'encourage chaque femme à le faire.

Après, concernant ma carrière professionnelle, je me rends bien compte que ça a changé ma vie dans le sens où mon message est devenu important. Il a commencé à exister pour de vrai. En revanche, d'un point de vue personnel, je suis restée la même.

Peux-tu redéfinir le message que tu as voulu faire passer de manière concise ?

À la base, cette chanson est un mantra de confiance en soi !

Est-ce que tu as l'impression que cela a fait de toi une porte-parole du féminisme ?

J'ai senti que ma parole avait plus de poids. En revanche, je ne pense pas et surtout, je ne veux pas être porte-parole. Vraiment pas !

Le plus important pour moi, c'est de sortir des messages qui soient des témoignages. Il y a deux ans, le mot « féministe » me faisait très peur. J'ai appris à l'accepter et surtout à comprendre ce qu'il voulait dire, quel était son sens profond. Je me suis beaucoup renseignée. J'ai lu beaucoup de livres féministes. J'ai compris la portée, la nécessité et l'importance de ce terme.

Quelle serait ta définition du féminisme ?

Pour moi, ça rejoint la phrase « On ne naît pas femme, on le devient » de Simone de Beauvoir dans le *Deuxième sexe*. Selon moi, on ne naît pas féministe, on le devient. On finit par se rendre compte qu'on l'est toutes. De la même façon que l'on est une femme, on est féministe. C'est systématique. C'est un mot « clivant », parce qu'il renferme beaucoup de peurs – surtout des peurs masculines d'ailleurs – que l'on a bien voulu prêter à ce mot-là.

Il y a des années, je me souviens avoir confié à une amie : « Je ne suis pas féministe, parce que les féministes me font penser à des chiennes de garde. » Elle m'avait répondu : « Barbara, il va falloir que tu fasses très attention à ce que tu dis. Il va falloir que tu te renseignes, parce que c'est à cause de gens comme toi que ce mot n'est pas à la place qu'il devrait avoir. »

J'ai compris plus tard qu'elle avait raison : être féministe, c'est juste être une femme, se rendre compte qu'il y a des inégalités entre les hommes et les femmes et qu'il y a encore beaucoup de droits à acquérir pour ces dernières.

Tu as également participé à une conférence TED sur la confiance en soi. De là à dire que ça devient ton domaine de prédilection…

Pas du tout. Et j'espère que je ne dirais jamais que je suis une experte en quoi que ce soit. En revanche, ce qui est sûr, c'est que j'ai des points de compréhension très clairs qui me sont utiles pour mieux me comprendre moi-même. Je doute beaucoup, je ne suis donc pas certaine d'avoir réellement confiance en moi. Je me pose tout le temps plein de questions sur mes chansons, mes compositions. Ce qui est sûr, c'est que, maintenant, je n'ai plus peur d'affirmer ce que je suis !

Qui es-tu alors ?

Je suis une grande gueule ! [Rires.] Je n'ai plus peur d'avoir une multitude de facettes qui se mélangent toutes. Je n'ai pas peur de ne pas être qu'une seule femme. Je peux être une vraie gamine et, en même temps, être une vraie femme, tout en ayant un « rythme de mamie ».

Avant, j'avais l'impression qu'il ne fallait être qu'une chose à la fois. Je réservais certains aspects de ma personnalité pour les uns et des différents pour les autres. Je ne suis plus du tout là-dedans.

Je suis absolument entière dans tout ! Ça, c'est quand même un grand bonheur ! Je ne fais plus le choix entre ce que je suis et ce que les autres veulent que je sois.

Comment es-tu arrivée à cet état de bien-être ?

C'est un processus qui s'est fait en plusieurs étapes, mais je dois avant tout dire que j'ai eu beaucoup de chance. J'étais tellement mal entourée. Le propre des pervers narcissiques, c'est qu'ils t'empêchent d'avoir accès à toi. Tout est secret et tout est caché.

Ils te donnent l'impression qu'il n'y a qu'eux et que tu ne peux avoir confiance qu'en eux ! Tu finis par te couper de toi-même du reste du monde.
Comme je travaillais avec mon ex-compagnon, nous nous retrouvions également en tournée tous les deux. Ma manageuse de l'époque, qui était là et qui nous a vus évoluer ensemble, m'a fait prendre conscience de la situation : « Il te traite mal, il te regarde mal, il te parle mal. » C'était la première personne à avoir accès à notre intimité. C'était une femme très juste qui m'aimait beaucoup. Elle avait beaucoup de bienveillance à mon endroit, j'avais donc confiance en ce qu'elle me disait. Ça a été le déclic !
Avant, je passais mon temps à me remettre en question, à me dire qu'il avait raison, que j'étais une « merde » (sic), pas assez généreuse avec mon public (ce qui est ma plus grosse hantise). Quand on fait un métier de scène, on a toujours peur de se perdre. Être entourée et conseillée est donc essentiel. La seule personne en qui j'avais remis toute ma confiance, c'était lui ! Je ne voyais presque plus mes parents. Et lui, il me répétait : « Le public n'est pas là pour toi. Tu ne vaux rien. » Je le croyais et ça me rendait dingue. J'étais persuadée que s'il me le disait, c'est qu'il avait raison. En fait, quand tu n'as plus confiance en toi, tu n'as plus grand-chose.

Ton manque de confiance est-il uniquement lié à cet homme ?

Non, évidemment. Par exemple, j'ai avorté à l'âge de 17 ans. J'ai réalisé que j'étais tombée enceinte, mais je ne pouvais le confier à personne. Ma mère est iranienne et ce n'est pas quelque chose qu'elle aurait bien accueilli. Je me suis évidemment organisée toute seule. Mon compagnon de l'époque n'est pas venu avec moi. Je me suis fait insulter par l'une des personnes du planning familial. Je me suis sentie jugée à la fois dans ma volonté de ne pas

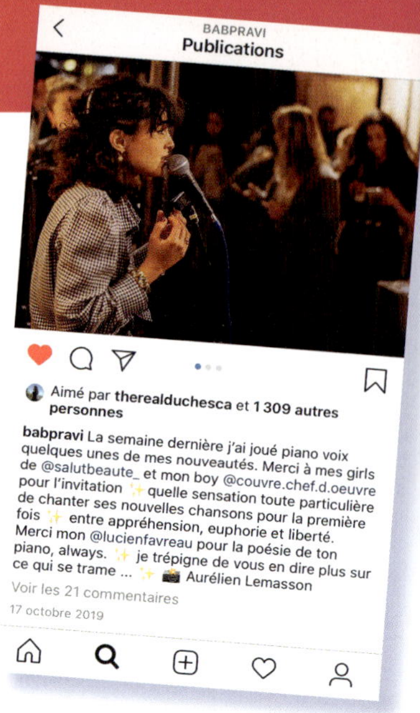

poursuivre une grossesse, mais aussi pour ne pas avoir pris les « précautions nécessaires ». J'en ai nourri une image assez négative de moi-même. Pour moi, ça a commencé ici. C'est la première fois où je me rappelle avoir eu la sensation d'être une « merde ». Ensuite, ce mec-là s'est mis à me taper dessus. Double rapport compliqué. Je n'apprenais ni à me respecter ni à me considérer. Et le corps et l'esprit sont liés. Si on ne respecte pas mon corps, on ne respecte pas non plus mon esprit. Après, je pense que je me détestais tellement que je me mettais moi-même dans des situations compliquées avec des garçons violents, soit physiquement, soit par la parole. Et quand j'ai mis un terme à ma dernière histoire, celle où mon compagnon travaillait avec moi, j'ai senti que c'était la fin de cette ère, que mon existence allait connaître un renouveau. Mais il m'a fallu traverser tout cela pour en arriver là ! Je suis allée au bout de cette violence.

Et physiquement, est-ce que cela t'a aidé à t'aimer ?

Je ne me regarde pas beaucoup, mais je crois néanmoins que je me plais assez.

Par exemple, quand j'étais plus jeune, je ne supportais pas le fait d'être toute petite. Je fais moins de 1,60 m et ce n'est pas toujours facile au quotidien. Aujourd'hui, je l'accepte totalement ! J'adore aussi mes cheveux. Je les ai rasés il y a 5 ans parce qu'ils étaient très abîmés. Ils ont repoussé bouclés ; ça a été la plus belle découverte de ma vie. Je les adore ! Au final, je peux dire que je m'entends assez bien avec moi-même.

Est-ce que le fait d'être exposée sur les réseaux sociaux a des conséquences sur l'acceptation de son physique ?

J'imagine que oui. De mon côté, j'essaye de faire hyper attention, parce que je me rends compte que ça amène à se poser de mauvaises questions sur soi. Ça place le curseur au mauvais endroit, celui où je me demande si une photo est assez bien, si je suis suffisamment jolie dessus. Mais je n'ai pas envie de me poser ces questions !

Du coup, je prends le parti de ne pas poster grand-chose et de me contenter de ce qui a une véritable importance à mes yeux. Quant aux photos de moi qui me plaisent, je les envoie à mon mec !

Qui plus est, je ne surfe que sur Instagram. Twitter et compagnie, je n'ai pas. Et surtout, j'essaye de prendre ça comme un travail. Je ne me vois pas poster autre chose que ma musique.

Reçois-tu des critiques sur les réseaux ?

Alors, je lis les commentaires sur Instagram et je dois avouer que c'est très bienveillant. Je ne regarde jamais les critiques sur YouTube. Vraiment jamais ! Je regarde uniquement les commentaires de ce que j'écris pour les autres.

Je préfère que le retour sur ma musique vienne de mes amis. C'est la seule critique que j'accepte. Je ne vois pas l'intérêt de ceux qui déposent des commentaires négatifs sur YouTube.

Quels messages extrêmement positifs as-tu pu recevoir au travers des réseaux ?

Ce sont essentiellement des femmes qui m'envoient des messages et c'est très souvent des choses très belles. C'est vraiment très inspirant : « Tes mots ont une grande importance. » J'ai une fascination pour les mots depuis toujours, je suis une espèce de « grande malade » de la langue française. Par conséquent, il n'y a rien qui ne me touche plus que quand une personne me dit que les mots que j'utilise lui parviennent.

Te moques-tu de ce que l'on peut dire quant à ton physique ?

Oui. Il n'y a que cette anecdote qui me revient à l'esprit…

Mon grand-père est serbe et très drôle. C'est un vieux monsieur un peu macho, drôle et gentil. Il m'a appelée et il m'a confié : « Barbara, je suis très ému par ta vidéo. Avant, les gens te regardaient parce que tu es belle, mais maintenant, ils te regardent et ils t'écoutent. »

Est-ce que tu as déjà utilisé un filtre sur les réseaux ou retouché tes photos ?

Non et non ! Je ne sais même pas utiliser les logiciels de retouche.

As-tu déjà pensé à quitter les réseaux sociaux ?

À une certaine période, oui. J'y ai pensé juste avant de sortir « Notes pour trop tard ».

En fait, quand je n'ai pas envie d'y aller, je n'y vais pas. Je pense que j'ai un rapport très sain avec les réseaux sociaux. Du coup, je ne me pose même plus la question de les quitter ou pas.

Quand je n'ai rien à dire, je n'y vais pas et quand j'ai envie de parler, ça peut m'éclater ! Je fais même des *lives* où je parle avec les gens. Ça m'amuse. C'est uniquement dans cette démarche.

De la même façon que j'adore être avec les gens et que j'adore parler. Je suis quelqu'un de très sociable.

Est-ce que tu as le sentiment que ça a modifié indirectement ton comportement ?

Oui, après ma vidéo qui a fait le buzz, je suis passée de 3 000 abonnés à 10 000. Quand j'ai passé la barre des 10 k, j'ai ressenti comme un moment de panique. Il se passait quelque chose de vraiment énorme. Je peux remplir un Olympia avec 10 000 personnes !
Je n'avais aucune idée de ce que j'allais faire après cette vidéo, je me demandais ce que j'allais « leur donner à manger ». J'ai soudain eu très peur. Peut-être que mes mots sont importants. Il va falloir que je fasse attention à la personne que je suis et à ce que je dis ! Et en fait… non ! Petite frousse de base et finalement, je ne trouve pas que ça change grand-chose.
Sans compter que j'ai le sentiment que la communauté qui me suit est vraiment bienveillante. Ces personnes me suivent parce qu'elles m'écoutent, pas parce qu'elles me trouvent jolie. Je sens bien que ce n'est pas ça ! Mais bon, 10 k, ça reste au final un petit nombre d'abonnés.

Est-ce que tu as le souvenir d'un commentaire particulièrement désagréable ?

Au moment de « Notes pour trop tard », j'ai le souvenir que ma mère m'avait rapporté des commentaires : « Pour qui elle se prend… Connasse, elle aurait pu citer Orelsan. », « Elle a volé la chanson d'Orelsan ! » Si je n'ai pas cité Orelsan, c'est que je n'en avais pas le droit, sinon je l'aurais crédité, bien évidemment.
Son manager a adoré la reprise, mais Orelsan ne m'a fait aucun retour dessus. Comme c'est une réécriture totale, j'ai été obligée de demander son accord auprès de son staff.

Les critiques que tu as reçues sont-elles allées jusqu'à te donner des idées noires ?

Non, pas du tout. Ce qui me donne des idées noires, ce sont plutôt les questionnements quant au sens profond de ce que je fais. Je me demande si je suis droite dans ce que je réalise. Bref, ce sont les questions existentielles que l'on se pose tous !

Ça me rendrait tellement malheureuse si j'avais cette dépendance aux critiques. Je suis sincèrement reconnaissante de ne pas être sensible à tout ça.

En revanche, je me rends compte que je ressens quand même ce besoin d'être aimée. Mon compagnon m'a déjà fait la réflexion. Par exemple, il va me demander comment s'est passée l'interview. Je vais systématiquement répondre quelque chose comme: « Ça s'est super bien passé, je crois qu'ils m'aiment bien ! ». Je n'en fais pas exprès, mais mon réflexe, c'est ça, c'est utiliser le verbe aimer.

Est-ce que tu as le souvenir d'un commentaire extrêmement positif auquel tu repenses quotidiennement ?

Pour le coup, c'est plutôt quelque chose que j'ai vécu en *live*. Lors de la conférence TED, il y a eu des rencontres, les gens pouvaient venir échanger avec nous. Et il y a un garçon qui est venu me voir. Il était en larmes, et il m'a avoué: « Mon frère est à l'hôpital parce qu'il a des troubles psychiatriques. Je me suis toujours tenu à l'écart de lui. Je l'ai beaucoup jugé, je le pensais jaloux de moi. Je pensais qu'il faisait de la comédie, mais quand je vois ton parcours et quand je vois comment toi, tu as réussi à aller au-delà de ce que les autres pouvaient penser de toi, ça me donne envie d'aller voir mon frère et de le serrer dans mes bras, de lui dire que je l'aime. » Ça n'a rien à voir avec mon histoire, mais il a pris mes mots pour se les approprier. C'est incroyable !

Est-ce que, finalement, les réseaux sociaux ne peuvent pas être utilisés comme un exutoire pour s'assumer pleinement physiquement ? Assumer et revendiquer son complexe et/ou sa différence ?
Ma confiance vient de mes amis, de ma famille.

Quel conseil donnerais-tu à une personne qui a du mal à s'accepter ?
Je pense que, quand on est bien dans sa tête, ça aide physiquement. Je lui dirais d'essayer de ne pas se fabriquer de faux modèles, de se poser au maximum des questions sur ce qu'elle est, sur les choses qui lui plaisent, de trouver son identité dans la masse d'informations qu'on nous donne aujourd'hui sur ce qu'il faut être et comment sont les femmes et ce que doit être une femme... Rien de tout cela n'est très vrai et la vérité se trouve à l'intérieur de chacune. Après, sur les réseaux sociaux, il y a beaucoup de négativité, mais il y a également une chance à y saisir. Il y a de plus en plus de figures qui n'étaient pas là et qui arrivent sur le devant de la scène. Toute la diversité humaine et féminine est exposée. Il y a des comptes qui vont montrer des femmes avec des taches partout sur la peau, de l'acné... Ce sont des messages importants qui sont dispensés. J'ai l'impression qu'avec une certaine forme de volonté, tu peux chercher tes modèles à des endroits qui te correspondent.

Combien de temps consacres-tu par jour aux réseaux sociaux ?
Ça dépend. Là, par exemple, je viens de poster une vidéo. Donc, forcément, je suis en train de regarder comment elle est perçue et qui a aimé. Mais si je pars en week-end par exemple, je peux totalement occulter mon téléphone. La semaine, c'est quand même mon travail, ne serait-ce que pour regarder la production des autres artistes.

Quand je n'avais pas confiance en moi, j'étais tout le temps sur mon téléphone. On est éduqués à être en concurrence et ça génère de la frustration. Je ne suis plus du tout là-dedans. Ma consommation « voyeuriste » d'Instagram est bel et bien terminée. Donc forcément, ça enlève les trois quarts de son utilité.

Est-ce que tu es du genre à taper ton nom sur Google pour voir ce que l'on dit de toi ?

Oui, ça m'est déjà arrivé. Et il n'y a que des photos de moi atroces. Je ne me trouve pas photogénique. Il m'arrive souvent de réactualiser pour voir s'il n'y a pas de photos plus actuelles et plus flatteuses disponibles.

Comment définirais-tu la beauté ?

Elle est multiple. Elle réside en plein de gens, plein de choses. Un exemple parmi d'autres : Serge Gainsbourg n'avait rien de physiquement attirant. Je pense que tout résidait dans son charme. La beauté, c'est tout et rien. C'est très subjectif. Ça peut naître dans une délicatesse, une façon de bouger les mains… Ce n'est que du détail. Ça dépend de ce que dégage la personne. Et, évidemment, c'est une parole. Je suis très attirée par les gens qui s'expriment bien.

Comment dis-tu fuck aux complexes ?

On va aux toilettes et on tire la chasse. C'est le travail d'une vie. Je pense que le fait de se dire qu'on est prêt ou prête à dire fuck aux complexes, c'est déjà une très belle étape de franchie !

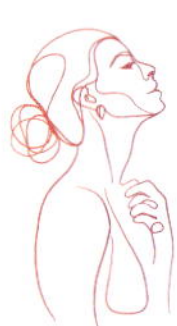

Un TED sur la confiance en soi

Les conférences TED (*Technology, Entertainment and Design*) sont des événements internationaux développés par The Slaping Fondation depuis 1984. Elles ont pour mission – ambitieuse – de changer le monde avec la puissance des idées en quelques dizaines de minutes. Fortes de leurs succès, ces conférences ont été tenues par de grandes personnalités, à l'instar de Bill Clinton, Bono (U2) ou encore Al Gore, Prix Nobel de la Paix. Ces interventions sont disponibles gratuitement en ligne et permettent le partage des idées et l'évolution des mentalités.
Toujours avide de challenge, Barbara Pravi a participé à l'une d'entre elles, organisée en partenariat avec l'École de Management de Lyon en novembre 2019. La jeune chanteuse y parle de confiance en soi, d'affirmation de soi, de féminité et d'amour. Elle se livre sans filtre, comme elle l'a fait dans cette interview. Sa conférence a reçu un bel accueil, surtout de la part de la gent féminine.
Sa prestation est toujours disponible en ligne sur le site TED si jamais vous avez envie de profiter de l'énergie qu'elle insuffle: https://www.ted.com/talks/barbara_pravi_a_tous_ceux_qui_comme_moi

Camille Cerf

Reine de beauté très suivie sur les réseaux sociaux, Camille Cerf bénéficie toujours aujourd'hui de la même cote de popularité que lors de son sacre de Miss France en 2015. Elle a depuis pris quelques petits kilos que ses abonnés n'ont pas manqué de relever et de lui notifier. Elle a décidé d'assumer cette légère prise de poids et de décomplexer ses followers.

Tu parles ouvertement de ta « prise de poids » sur Instagram. Pourquoi as-tu ressenti le besoin d'en parler à ta communauté ?

Il y a 3 ans, j'ai participé à l'émission *The Island* sur M6. J'étais loin d'être en surpoids. J'avais 5 kg en trop par rapport à mon poids habituel. Et j'ai pu lire sur Twitter : « Son cul, c'est un mètre cube. » Ça m'a touchée parce que je me trouvais jolie dans ce programme. Et à chaque fois que je postais une photo ou que je faisais des stories, les gens me faisaient remarquer cette prise de poids. J'ai donc décidé, plutôt que de les laisser déposer ce genre de commentaires, de l'assumer et d'en parler. C'est quand même dommage qu'en 2017, une femme ne puisse pas prendre quelques kilos sans être harcelée de messages lui soulignant qu'elle a grossi. Ça donne le sentiment que c'est dramatique alors que moi, je me sentais toujours aussi bien dans mon corps.

Les critiques physiques ont-elles alors cessé ?

Je n'ai pas arrêté pour autant de recevoir des messages négatifs, mais ils se sont faits moins nombreux et je les ai surtout relativisés.

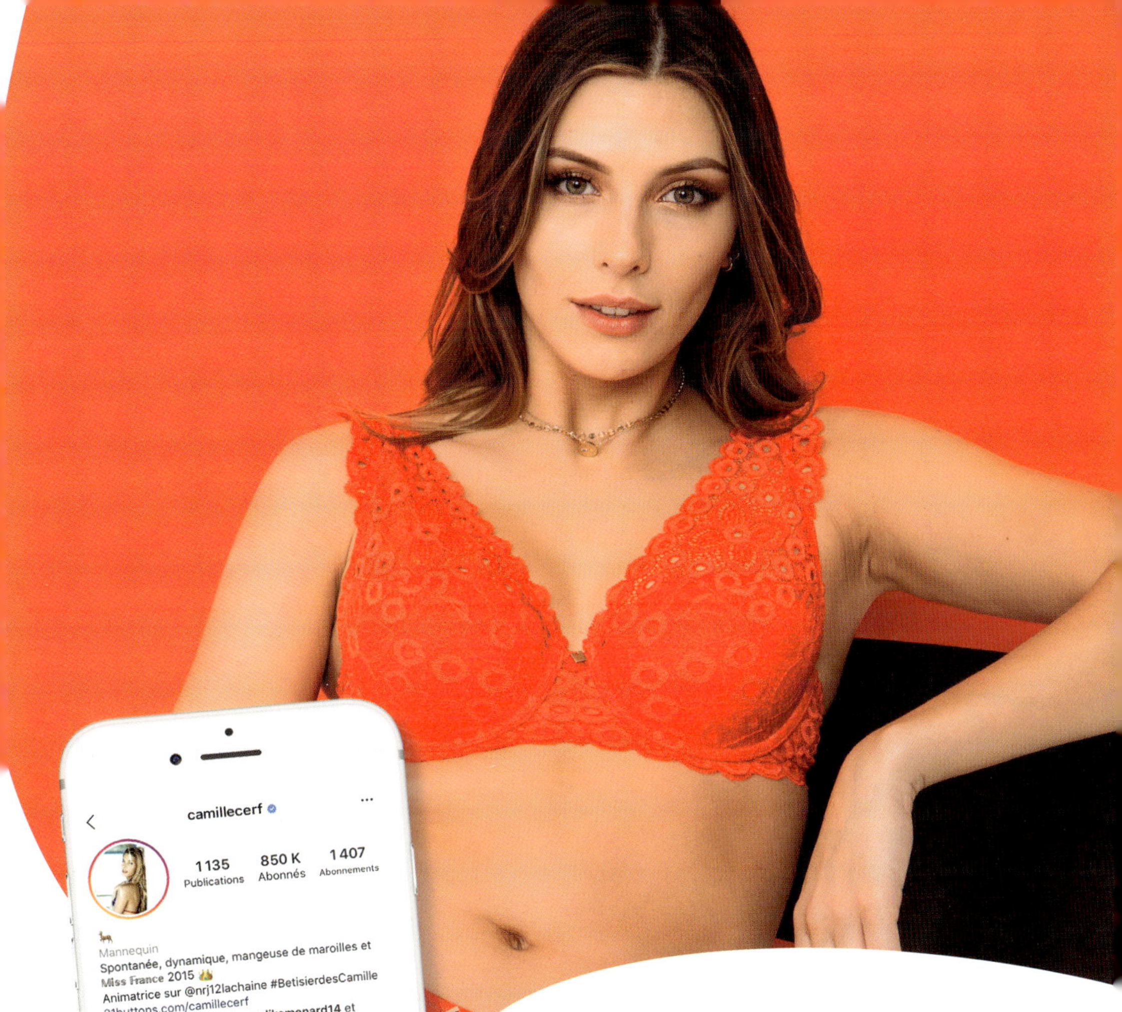

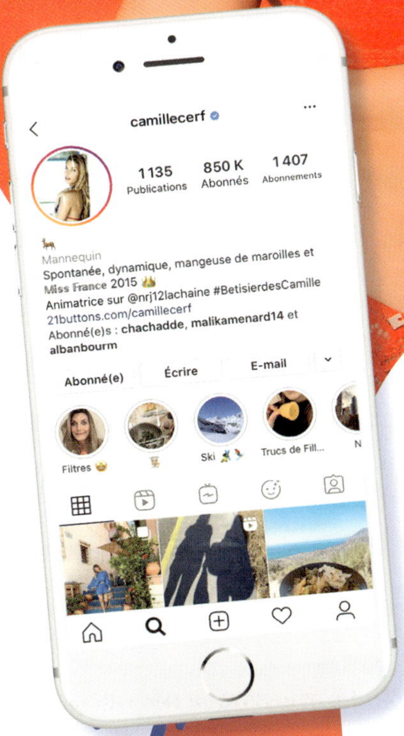

Née le 9 décembre 1994 à Calais

Mannequin et animatrice

6 décembre 2014 : Camille est sacrée Miss France 2015.

Février 2015 : elle représente la France au concours Miss Univers et se hisse dans le top 15 des plus belles femmes de l'univers.

2019 : lancement de sa première collection capsule avec la marque de lingerie Pomm'Poire destinée à toutes les femmes et toutes les morphologies.

Suivez Camille Cerf
sur Instagram : **@camillecerf**
sur Twitter : **@CamilleCerfOff**

Est-ce qu'être Miss France signifie nécessairement être très mince ?

J'entends parfois dire que le concours Miss France est grossophobe, mais ce n'est pas le concours qui l'est, ce sont les gens devant leur poste de télévision qui ne sont pas prêts à accepter une femme ronde. Pour passer sur TF1 et participer à cette élection, il faut d'abord être sélectionnée en région. Et, en région, c'est le public présent dans la salle qui vote. Quand Sylvie Tellier (directrice de la société Miss France) était enceinte de son dernier enfant, je l'ai remplacée lors de la tournée des galas dans toute la France pour élire les miss régionales. Je me battais pour mettre en avant des filles moins filiformes. Et je peux affirmer que ce n'était pas simple. Vaimalama Chaves, Miss France 2019, est considérée comme une Miss France ronde. Je pense que si elle n'avait pas été à Tahiti et qu'elle avait vécu en métropole, elle n'aurait peut-être pas passé les sélections, alors que c'est l'une des plus belles Miss France que l'on ait eues.

Est-ce que le fait de porter ce titre de beauté t'a rendue plus dure vis-à-vis de toi-même ?

Forcément, aujourd'hui, je ne suis plus simplement Camille Cerf, je suis Miss France, je me dois de respecter certains critères. Au début, je faisais de mon mieux pour être le plus parfaite possible. Puis, au fur et à mesure de l'année de règne, je me suis libérée de cette idée et ça m'a rendue moins ordinaire, pour finalement me rapprocher du public.

Considères-tu désormais avoir totalement lâché prise ?

Non... Pas vraiment. La notoriété met quand même une certaine pression. En tant que figure publique, j'ai toujours ce sentiment de devoir être exemplaire. Mais, dans ma vie personnelle, je suis totalement moi-même et épanouie.

Est-ce que l'on peut dire que tu fais partie du mouvement body positive ?

Oui, on peut le dire. En tout cas, j'en ai envie et je compte bien en faire partie !

C'est un peu l'idée de la campagne de ta collection capsule avec la marque de lingerie Pomm'Poire…

Il y a eu une volonté commune de la marque et de moi-même de poser à côté de toutes ces femmes qui ne sont pas mannequins et que l'on a rencontrées via nos réseaux sociaux respectifs. Nous avons organisé un grand casting ouvert à toutes les femmes sans aucun critère d'âge ou de taille. Il n'y avait aucune condition. Nous voulions des profils différents, voire des personnalités à part entière. Pour les castings, nous demandons même aux candidates d'envoyer des lettres de motivation. Aucune retouche n'est appliquée sur les photos, nous montrons la vérité.

Si tu devais faire un bilan sur la confiance en soi et les réseaux sociaux, serait-il plutôt positif ou négatif ?

Positif ! Les réseaux sociaux permettent de rencontrer des gens qui nous ressemblent et nous donnent le courage de nous assumer. Le simple fait de se prendre en photo nous oblige à nous découvrir sous un angle différent. Cela permet de porter un œil différent sur soi. Après, il faut être dans une démarche : « Regardez, je m'assume », plutôt que : « Aimez-moi, likez-moi », qui, elle, peut être compliquée pour l'ego. Mais le fait de réaliser qu'il existe d'autres gens semblables que l'on n'a simplement pas encore rencontrés dans la vie de tous les jours permet de se sentir moins seule. Pour moi, c'est le grand point intéressant des réseaux sociaux. Par exemple, les autres Miss France ont longtemps été mes points de référence. Mais je ne me reconnaissais pas forcément dans chacune d'elles et, sur Instagram, j'ai trouvé des profils qui correspondaient davantage au mien.

Quel est ton rapport aux haters ?

Je supprime les commentaires quand je vois que ça ne sert à rien et je réponds avec humour quand je pense que je peux faire changer d'avis la personne. Disons que j'essaye d'éduquer les gens. Sur Twitter, je vais plus loin : je cherche les profils qui parlent de moi sans m'identifier (c'est d'ailleurs rarement agréable dans ce cas précis) et je leur réponds. Je demande simplement à la personne pourquoi elle a écrit ça. Ça me détend ! Qui plus est, la plupart du temps, les discussions se terminent bien.

A contrario, as-tu souvenir de messages dont tu es fière ?

Oui, je reçois souvent des témoignages de jeunes femmes qui me disent qu'elles ont enfin trouvé un modèle : « Je ne suis ni très mince ni *plus size*. Je me reconnais en toi. Grâce à toi, je sais enfin comment m'habiller et me mettre en valeur. »

Aujourd'hui, est-ce que tu te trouves belle ?

Oui, de manière générale, je me sens bien.

Plus belle que l'année de ton sacre ?

Je me trouve de plus en plus belle et je me sens de mieux en mieux en grandissant. Peut-être que, objectivement, j'étais plus belle à cette époque, mais je suis plus en phase avec moi-même maintenant.

Est-ce que tu as encore des complexes ?

Oui... Je trouve toujours que j'ai de la culotte de cheval ou le ventre pas suffisamment plat. Je travaille un peu dessus en faisant du sport, mais ce n'est pas mon objectif premier. Je concentre mon énergie sur mes objectifs professionnels et personnels.

Quel rapport entretiens-tu avec ton corps ?

J'en prends soin. J'ai des petits rituels avec lui : je ne sors jamais sans mettre de la crème hydratante. Je mets aussi de l'autobronzant. Je le regarde, je le touche... je l'apprivoise.

Un corps apprivoisé, est-ce un corps que l'on ne retouche pas ?

Je ne retouche pas les photos. C'est quelque chose que je m'interdis de faire. Je n'ai pas envie de mentir aux gens. Si, un jour, par exemple, j'ai recours à la chirurgie esthétique, je le dirai à ma communauté.

Tu sembles te sentir très liée à ta communauté. Est-ce qu'il t'arrive quand même de t'octroyer des pauses ?

Je fais régulièrement des breaks. Déjà, je fais des treks équestres de 10 jours dans des endroits perdus avec peu de connexion, c'est donc une coupure obligatoire. Je ne suis pas accro. Je peux ne pas poster pendant une semaine. Être absente des réseaux signifie perdre des abonnés. En moyenne, lorsque je ne poste rien pendant une semaine, je perds 600 abonnés. À une certaine période, ça a pu m'angoisser. On peut avoir le sentiment de disparaître, que les gens nous oublient.

Quel conseil donnerais-tu à une personne qui a du mal à s'accepter ?

De la patience : ça ne va pas venir du jour au lendemain. Il faut prendre conscience de ses qualités, prendre du recul sur sa vie. Il faut s'interroger sur ce qui fait que l'on est unique et se focaliser dessus. Regarder ses défauts, se demander ce que l'on peut faire pour les améliorer et surtout, surtout, demander à ses proches, à ceux qui nous aiment et nous regardent avec amour, ce qu'ils pensent de nous.

Quelle est ta définition de la beauté ?

Pour moi, c'est une femme qui s'assume et qui ressemble à ce qu'elle doit ressembler : être la meilleure version de soi-même.

Et celle des complexes ?

Ce sont des défauts qui ne sont vus parfois que par nous et qu'on a tendance également à amplifier.

Comment dis-tu fuck aux complexes ?

En se concentrant sur ses qualités et en se demandant : « Est-ce que je me sentirais vraiment mieux si je n'avais pas cette culotte de cheval ? »

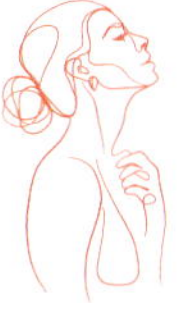

Clara Marz

800 000 abonnés sur Twitter, près de 950 000 fans sur YouTube et… 1,2 million de followers sur Insta ! La *fan base* de Clara Marz, jeune influenceuse parisienne, fait saliver les accros d'Instagram. Rencontre avec celle qui est l'un des symboles de cette génération née avec les réseaux sociaux.

Tu as lancé ta chaîne YouTube à 14 ans, sous le pseudonyme de Clara Channel. Aujourd'hui, tu es une véritable star des réseaux sociaux. Comment expliques-tu ce succès ?

C'est l'une des questions que l'on me pose le plus souvent et la réalité, c'est que je n'en ai aucune idée ! Je pense vraiment que je suis arrivée au bon moment. J'ai commencé sur YouTube. À l'époque, c'était encore bon enfant. Il n'y avait aucune monétisation. On était vraiment là pour partager sa vie : 100 % plaisir et loisirs. Et puis, un peu soudainement, YouTube a explosé et le « phénomène YouTubeur » est né. J'ai fait partie de la vague. Mais pourquoi moi ? Je n'ai même pas un tout petit début d'explication. C'est arrivé du jour au lendemain. J'avais peu de followers. Quand je voyais 55 vues, j'étais trop contente. En 6 mois, j'ai pris 100 000 abonnés et ça n'a jamais cessé de grimper. Ma communauté, composée d'adolescents comme moi, a grandi à mes côtés lorsque je suis devenue jeune femme.

Aujourd'hui, ton métier, c'est celui d'influenceuse ?

Comme il faut mettre un terme, je dis souvent influenceuse *lifestyle*,

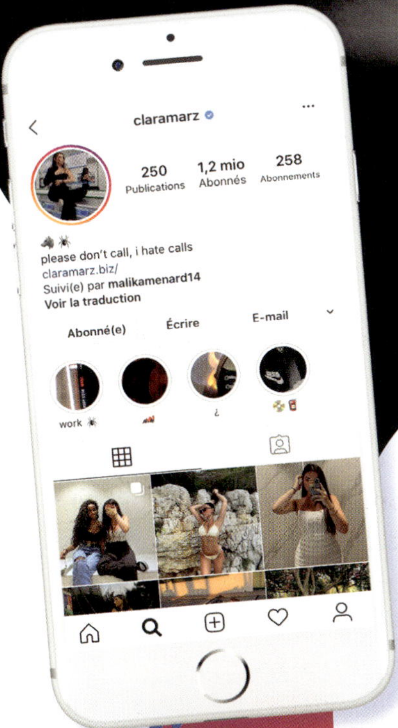

Née le 17 juin 1999

Influenceuse lifestyle, actrice et chanteuse

2013 : à 14 ans, l'adolescente crée sa chaîne YouTube sous le pseudo de Clara Channel dans laquelle elle raconte son quotidien de collégienne.

2016 : elle quitte son pseudonyme et se lance dans le même temps dans la chanson.

Suivez Clara
sur Instagram : **@claramarz**
sur Twitter : **@claramarz**
sur YouTube : **@Clara Marz**
sur son site : **www.claramarz.biz**

même si j'ai horreur de ce terme. Sur les réseaux sociaux, on est tous influenceurs à notre manière. Tout le monde influence tout le monde. Pour ma part, je trouve que je ne fais rien de particulier. Je suis une jeune femme qui partage juste sa vie et qui est un peu plus suivie que les autres. Si je n'avais pas eu autant d'abonnés, j'aurais quand même partagé mon quotidien avec mes amis, mon chien, comme tous mes potes le font. J'ajoute « *lifestyle* », parce que ça parle de la vie. Mais je suis également actrice et chanteuse.

À ton avis, pourquoi ta communauté t'est-elle restée fidèle avec les années ?

J'ai su garder leur confiance ; je n'ai pas fait n'importe quoi. Je n'ai pas accepté n'importe quelle collaboration ou fait de la publicité mensongère. J'ai toujours été reconnaissante de la chance que j'ai d'avoir autant d'abonnés. Je fais très peu de partenariats à l'année, 4 ou 5 maximum, et je les choisis bien. Je veux quelque chose qui me corresponde totalement. Je ne vais pas, par exemple, parler de thé détox à des filles de 12 ans.

Et ta vie sentimentale ?

Pour l'instant, je n'en ai pas ! Je pense que si demain, j'ai un copain, je pourrai le dire après quelques mois. Est-ce que je l'identifierais ? Je ne me pose pas encore la question, l'occasion ne s'étant pas présentée. Je ne montre pas ma famille non plus.

Si je fais un post un peu perso, c'est plutôt pour sensibiliser ma communauté ; je dénonce notamment le harcèlement scolaire.

Après 3 ans sous le pseudo Clara Channel, tu as repris ton nom de famille, Clara Marz. Pourquoi ?

À mes débuts, j'ai vraiment beaucoup buzzé. Tous les jeunes

savaient qui j'étais. Soit ils m'aimaient, soit ils me détestaient. J'étais un peu… insupportable sur les vidéos. J'avais des petites mimiques. J'étais encore adolescente, je me cherchais et… je ne me trouvais pas. J'ai connu quelques *bad buzz*. Mes vidéos étaient reprises sur les réseaux. J'ai même eu des pétitions contre moi. C'était vraiment sympa ! [Rires.]

Comment l'as-tu vécu ?

Sur le coup, je ne me rendais pas compte de ce que c'était. À l'école, ça ne se passait pas bien, à la maison non plus et sur les réseaux… non plus. C'était l'adolescence. Je me « bagarrais » avec mes parents à la maison, avec mes camarades à l'école. Je me disais : « je me suis mise sur les réseaux, je l'ai mérité. » En grandissant et avec un peu de recul, j'ai réalisé que c'était du harcèlement. J'ai déménagé, changé de ville et d'école et j'en ai profité pour changer mon image en modifiant de nom. J'en ai même profité pour assumer mon envie de chanter.

Et ça a marché, tu n'as plus reçu de messages violents ?

Oui, ça a fonctionné, mais ce n'est pas uniquement de mon fait. L'année de mes 14 ans, les réseaux sociaux étaient vraiment une bombe. 2 ans plus tard, ils se sont démocratisés, ça a aidé à calmer le jeu. De mon côté, j'étais plus affirmée et je ne me laissais plus faire.

Combien d'heures consacres-tu par jour aux réseaux sociaux ?

Je pense que c'est très grave… [Rires.] Rien que ce matin, j'ai reçu une notification pour m'indiquer que je passe 6 heures par jour sur mon téléphone. C'est ahurissant ! L'été, je passe même à 8 heures. C'est ancré dans les habitudes : tu regardes ton téléphone parce que tu as reçu un message, et tu finis par faire un tour sur tous tes réseaux. J'ai tout de même un rapport assez sain avec tout ça. Je ne me prends pas du tout la tête avec tout ce qui est statistiques et likes… C'est éphémère, et tu auras beau récolter des likes sur des photos, ça n'empêchera pas certains d'être très malheureux dans leur existence. Il faut en avoir conscience !

Est-ce que tu reçois des commentaires négatifs ?

Très peu, et ça ne me dérange pas tant que c'est constructif. Par rapport à ce que j'ai vécu quand j'avais 16 ans, ça n'a rien à voir. En revanche, je ne réponds pas aux *haters*.

Est-ce que tu utilises des filtres ?

Oui. Sur Snap et sur Instagram, j'utilise les filtres qui embellissent, pas trop exagérés, juste ceux qui lissent un peu la peau. J'avoue que c'est un automatisme. Même quand j'enregistre la photo d'un pote sur Snap, c'est presque « naturellement » que j'ajoute un filtre. Je me sens mieux, je me trouve plus jolie avec, alors je l'active aussi pour les autres.

Est-ce que tu retouches tes photos ou tu préfères le naturel ?

Je les retouche un peu. Avant non, pas du tout, juste la colorimétrie. En juillet 2018, je me retrouve à un festival. Un ami me prend en photo, la retouche et là… révélation ! « Tu as changé quoi ? » Il m'avait simplement matifié la peau.

Avant ça, je refusais tout ce qui était FaceTune et autres, c'est finalement après cet épisode que je m'y suis mise. Cependant, ce n'est pas tant moi que je retouche, mais je vais par exemple essayer de saturer la couleur d'un jean. Et je surveille toujours l'avant/après. Je fais attention à ce que ça ne soit pas un truc exagéré qui ne me ressemble pas.

Instagram voudrait interdire les filtres censés nous avantager physiquement, mais qui peuvent aussi paradoxalement décimer notre estime de nous. Qu'en penses-tu ?

Sincèrement, en créant ce genre de filtres, il était évident que tout le monde les utiliserait. Je suis la première à le faire. C'est bien de penser à supprimer ces filtres, mais il aurait été préférable de penser à ne jamais les mettre. Ça reste une bonne initiative, même si, sur les réseaux sociaux, n'importe quoi peut créer des dérives, les filtres comme les clichés d'autres personnes.
Ce qui m'effraie davantage, c'est la comparaison permanente avec les autres. Avant, ça se bornait à l'entourage, à l'école, maintenant, elle se fait sur Instagram. Heureusement, beaucoup de campagnes contre le harcèlement commencent à se mettre en place.

Est-ce que tu penses que les filtres ont changé les normes de beauté ?

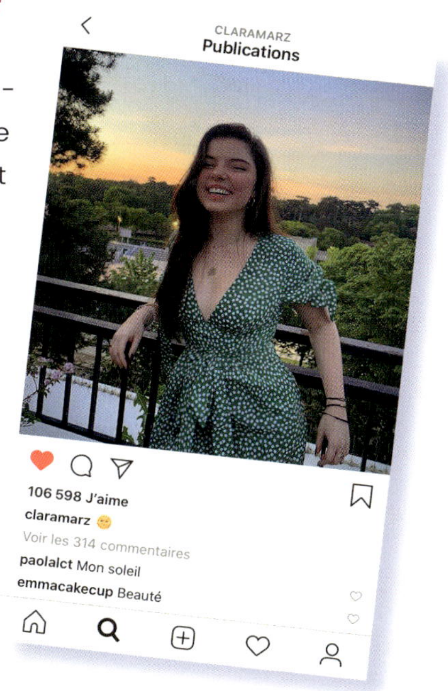

Les filtres, même « chirurgie esthétique », ne sont pas ce qui me choque le plus sur les réseaux ni ce qui me ferait perdre confiance en moi. Ce sont plus les comptes de « femmes parfaites ». Pire encore, ce sont celles et ceux qui promeuvent la chirurgie esthétique dans leurs sorties. Ces personnes en ont souvent bénéficié gracieusement, mais elles ne réalisent pas que ceux qui les regardent peuvent ensuite avoir envie de passer à l'acte. Ça a un véritable impact sur les enfants et les ados, surtout que les communautés sont de plus en plus jeunes (de 7 à 10 ans). Les commentaires les plus méchants viennent d'ailleurs de cette génération.

Est-ce que ça a pu générer des complexes chez toi ?

Oui, dans la vie de tous les jours, j'ai mes défauts et mes complexes. Et c'est vrai que quand je regarde des filles que j'admire, je me compare et cela me donne des petits coups de mou, mais c'est comme dans la vie de tous les jours, on se compare tous.

Avant, je me détestais. Pourtant, sur les réseaux, j'avais des messages comme « Comment fais-tu pour avoir confiance en toi ? » Je répondais que, justement, je n'avais pas confiance en moi. Il est important de leur faire comprendre que je suis une personne lambda, comme eux. Et si ça peut les rassurer, je ne me trouve pas toujours belle.

En revanche, en grandissant, j'ai compris que tu nais dans un corps dans lequel tu restes à vie. C'est donc préférable de s'aimer que de mener un combat contre soi.

Quel message souhaites-tu faire passer à des jeunes qui ont du mal à s'accepter ?

Les rassurer. Chacun manque de confiance en soi et tout le monde a des complexes. Vraiment tout le monde. Il faut s'apaiser et s'aimer, savoir que ça prend du temps, que ça ne vient pas du jour au lendemain.

Et pour s'aimer, il faut s'entourer des bonnes personnes, faire des activités qui nous plaisent, qui nous font du bien. Je ne parle pas, par exemple, de faire du sport pour atteindre physiquement ce que l'on a envie d'atteindre, mais pour se faire plaisir, se dépenser. Je pratique la boxe, ça me fait du bien au mental. Il faut trouver des activités qui font plaisir, être bienveillante vis-à-vis de soi-même.

Quelle est ta définition de la beauté ?

Elle vient beaucoup plus de l'intérieur que de l'extérieur. Plus on sera une bonne personne, plus la beauté en sera magnifiée. Et puis, surtout, toujours avoir le sourire aux lèvres : il n'y a rien de plus beau.

Et celle des complexes ?

C'est la vision de nos propres défauts qui font de nous une différence et, finalement, un corps unique.

Comment dis-tu fuck aux complexes ?

En s'aimant et en s'acceptant. C'est le travail d'une vie. Mais je crois qu'il n'y a rien de plus beau que d'enfin s'aimer et s'accepter comme on est. En essayant de trouver d'autres centres d'intérêt, de concentrer son énergie sur des personnes qui nous inspirent.

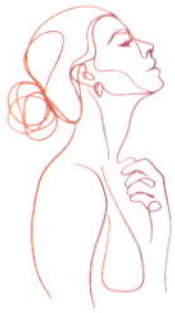

Clio Pajczer

Exposée très jeune entre ses débuts dans le mannequinat et sa carrière de chroniqueuse à la télévision, Clio Pajzcer a beaucoup vécu de son « image ». Passée la trentaine, plus sereine, elle décide de s'affranchir de ce rôle médiatique, quitte Paris pour la Provence et se consacre uniquement à son activité de professeure de yoga qu'elle prolonge sur ses réseaux sociaux 100 % dédiés au bien-être.

Quand et comment débute ton histoire d'amour avec le yoga ?

J'ai toujours aimé les sports un peu différents. À 4 ans, je faisais déjà du trapèze, par exemple. J'ai découvert le yoga grâce à une série que je regardais adolescente, *Dharma et Greg* (diffusée à partir de 1998 sur Téva). Dans cette série, l'héroïne pratiquait ce sport; j'ai eu envie de tester. J'ai suivi mon premier cours à 14 ans. Il faut se remettre dans le contexte de l'époque: ce n'était pas aussi mode, c'était plus *roots*, plus spirituel. J'ai dû avoir une quinzaine de fous rires pendant l'heure. J'ai continué pendant un an. C'est une discipline qui ressemble au cirque, acrobatique donc, ça me rappelait mon enfance. C'est ce qui me plaisait. En revanche, je n'avais pas encore compris le bien que cela pouvait faire à l'esprit. J'ai par la suite marqué une pause, mais au cours de ce *break*, j'y pensais toujours. C'est comme ça qu'à 16 ans, je me suis fait tatouer un "Om", le petit signe du yoga. Faire son premier tatouage en lien avec cette discipline, c'était une manière de me rappeler que je ne devais pas oublier ce rêve.

Née le 16 mars 1985

Professeure de yoga

1998 : à 13 ans, elle débute dans le mannequinat et pose notamment pour la marque américaine Guess.

2009 : Clio fait ses débuts dans les médias sur OM TV.

2013 : chroniqueuse dans la matinale de L'Équipe 21.

2016 : elle poursuit sa carrière de chroniqueuse sportive sur C8, dans l'émission d'Estelle Denis *Touche pas à mon sport*, puis arrive peu de temps après dans la très médiatique émission de Cyril Hanouna, *Touche pas à mon poste!*.

2018 : professeure de yoga diplômée depuis 2 ans, Clio décide de se consacrer uniquement à cette passion.

Suivez Clio
sur YouTube : **chaîne Clio Pajczer**
sur Instagram : **@cliopajczer**
sur son blog : **www.cliopajczer.com**

Et comment es-tu revenue à ce rêve, justement ?

En 2013, je travaillais comme chroniqueuse sur la chaîne L'Équipe, j'étais spécialiste des nouveaux sports. J'ai proposé de parler du yoga qui commençait à devenir très tendance. J'ai invité Clotilde Chaumet (professeure de yoga et fondatrice de *Dynamo Cycling*) dans l'émission et cela m'a tout de suite donné l'envie de m'y remettre. Deux mois plus tard, j'ai suivi sa formation pour devenir professeure et, une fois diplômée, j'ai immédiatement enseigné. À ce moment-là, j'étais dans une phase « sans émission », j'ai pu donc m'y consacrer pleinement. Et cela fait 7 ans maintenant que je suis professeure de yoga et que je donne des cours !

À côté de cela, on peut dire que tu es influenceuse bien-être…

Oui, on peut dire cela. Les deux vont ensemble. Je suis surtout devenue influenceuse à temps plein. C'est grâce à la combinaison yoga et Instagram bien-être que j'ai pris la décision d'arrêter de faire de la télévision. Je trouvais que les deux images n'allaient plus ensemble, sans compter que j'ai commencé à faire des crises d'angoisse.

J'étais consciente que j'avais de la chance d'avoir eu accès à cet univers médiatique, mais je sentais que cela ne me convenait plus, que je ne m'y reconnaissais plus. Ça aurait évidemment été différent si j'avais animé une émission autour du bien-être, mais ce projet n'a jamais vu le jour.

Mais tu ne dis pas pour autant « Plus jamais de télé » !

Aujourd'hui, ce monde ne fait plus du tout partie de mon quotidien, mais je ne suis pas fermée si un jour je reçois une proposition sur-mesure.

J'aime profondément l'univers des médias et de la télé et je sais que c'est grâce aux différentes émissions auxquelles j'ai participé que j'ai une grosse communauté sur qui me suit sur Instagram ! Mais cela ne « colle » pas avec le bien-être.

Pourquoi dis-tu cela ?

Parce que c'est un métier d'image, tout comme le fut le mannequinat. J'ai trop souffert de ne vivre que sur mon image. J'en avais marre de devoir faire perpétuellement attention aux petits kilos en trop, à être toujours bien apprêtée. À dire vrai, aujourd'hui, ça ne m'intéresse plus de m'exposer. Mon Instagram n'affiche plus de selfies. Ce qui m'importe désormais, c'est de faire du bien aux gens. Évidemment, comme beaucoup de gens, j'ai toujours envie d'être jolie, mais j'ai surtout envie de me sentir proche des gens.

Ce changement ne s'est pas opéré d'un coup, j'imagine…

Avant tout, je suis professeure de yoga. J'ai donc commencé à habituer progressivement le public qui me suit à voir des photos de yoga. À l'époque de *Touche pas à mon poste !*, je ne savais pas trop ce que voulaient les gens qui me suivaient. J'imagine qu'ils voulaient surtout voir des clichés de la jolie fille de la télé. Mais, au fur et à mesure, j'ai « recadré » mon Instagram : toujours plus de yoga, de recettes *healthy*, de conseils beauté…

Le yoga a changé totalement ma tête: j'ai compris qu'il fallait être heureuse et que l'important, c'était de nourrir l'intérieur. Je viens de fêter mes 35 ans et je réalise que la vie passe vite. J'ai très envie d'en profiter et de ne pas être bloquée sur l'image. Je veux développer le reste, et c'est ce que je partage avec mes abonnés. Je suis transparente. Le yoga équilibre le corps et l'esprit.

Est-ce ta nouvelle philosophie de vie?

Complètement! J'ai compris qu'il fallait s'aligner dans sa vie. Ça m'aide quotidiennement. C'est une philosophie, un art de vivre: je suis sur un chemin que j'ai emprunté très jeune, je marche, je grandis, je m'équilibre et je finis par devenir moi-même. Dans la pratique du yoga, quand tu es « face » à ton sport, tu ne peux pas mentir. C'est toi face à toi-même. C'est une manière d'apprendre à être honnête vis-à-vis de soi, de savoir qui on est et pourquoi on est là.

Peux-tu nous dire pourquoi tu es là?

Je n'ai pas encore toutes les réponses! Mais je sais qu'aujourd'hui, mon but, c'est de donner les clefs pour être mieux dans la vie aux gens. Je me sens enfin légitime, ce qui n'était pas le cas avant. J'étais cataloguée ex-femme de footballeur ou ex-mannequin. Je ne crois pas au hasard, et cette rencontre sur le plateau de L'Équipe m'a remise dans le droit chemin. Dans le yoga, je me sens légitime et cela me rend heureuse.

Est-ce que cela a changé le rapport que tu entretiens avec ton corps?

Bien sûr, c'est précisément ce qui a changé au moment où j'ai repris le yoga. J'étais encore dans une histoire d'image. Rapidement, j'ai ressenti l'acceptation de mon corps. Elle était due au fait que je me sentais très bien physiquement à la fin d'une séance. J'ai commencé à moins me regarder dans la glace. Chacun a une perception de soi, mais celle-ci n'est pas toujours la bonne.

Te trouves-tu belle aujourd'hui ?

Il y a des moments où je vais me trouver pas mal du tout ! [Rires.] Bon, aujourd'hui, ça tombe mal : j'ai mes règles, le ventre gonflé et des boutons sur le visage. Je suis lucide et je sais qu'il y a des jours meilleurs. Mais oui, globalement, je m'aime bien. Et je pense que je me crée les bonnes conditions pour cela. Je demande juste à mon corps de me permettre d'avancer, de faire du sport, je croise les doigts de pouvoir tomber enceinte. J'ai découvert récemment que je n'avais pas beaucoup de follicules, conséquence de l'anorexie dont j'ai souffert plus jeune. J'en reviens donc à l'importance de s'accepter, de s'aimer dès le début de notre vie. Je ne savais pas à ce moment-là que, pour être toujours plus mince, je mettais en danger la possibilité de devenir mère dans le futur.

Est-ce que tu as des complexes ?

Non, pas du tout. Jeune, je souffrais d'un gros complexe dû à mon anorexie justement : des vergetures consécutives à une importante perte de poids. Bon, adolescente, j'étais complexée de ne pas avoir d'assez grosses fesses. Pour ma meilleure amie, le physique type était celui de J.LO (Jennifer Lopez), autant dire que j'en étais un peu loin. Quant à moi, je rêvais d'avoir les bras de Jenifer Aniston, tout minces. J'étais sportive, j'avais donc des bras et des épaules assez larges. Je me trouvais trop « carrée ». Mais tout ceci est terminé ! Je connais des variations de poids, comme toutes les femmes. J'ai décidé de ne plus me peser depuis déjà des années. Voilà un conseil que je peux donner : ne vous pesez plus !

J'ai peut-être des petits complexes qui naviguent autour du yoga. Je voudrais par exemple être un peu plus forte sur les abdominaux, mais normalement, même ça, je ne devrais pas l'exprimer. C'est contraire à la philosophie de la pratique où chaque chose doit venir en son temps.

Il y a quelques mois, tu as posté un photomontage où tu apparaissais sans make up avec des boutons à côté d'une photo très maquillée. As-tu la volonté de casser « l'image parfaite » véhiculée par Instagram ?
Oui. L'idée, c'était de dire : Instagram n'est pas la réalité !
Je reçois beaucoup de messages de femmes qui ne se sentent pas bien dans leur peau. J'avais envie de leur dire : « Ne croyez pas que je me lève tous les jours avec une tête fraîche. » Nous sommes toutes pareilles. J'ai des poches sous les yeux, des boutons...
Ne complexez pas parce que vous n'avez pas la peau de Kim Kardashian : ce n'est pas sa peau, c'est un filtre !

Et toi, justement, utilises-tu des filtres sur les réseaux ?
En ce moment, j'en utilise un sur mes vidéos pour harmoniser le feed. Je n'utilise pas Photoshop ou ce genre d'outils, parce que c'est précisément ce qui a fait, qu'à l'époque du mannequinat, je ne me reconnaissais pas et je ne m'acceptais pas.
Je me regardais dans le miroir en me disant : « Ce ne sont pas mes jambes, elles sont moins grosses en photo. Et ma peau est plus lisse normalement... » Je ne touche plus du tout aux vrais filtres de retouche. À trop en avoir l'usage, on n'aime plus l'image que nous renvoie le miroir quand on se regarde le matin et c'est catastrophique pour le mental.

Toi qui parles de bien-être, comptes-tu tout de même des haters parmi tes followers ?

Non, je n'ai pas de *haters*. Je me suis d'ailleurs retirée de Twitter pour cette raison : je n'aimais pas la manière dont les gens s'adressent aux autres sur ce réseau.

À l'époque de *Touche pas à mon poste !*, c'était toujours les mêmes personnes qui venaient au quotidien lancer des remarques malveillantes. Quand je travaillais sur *Touche pas à mon sport*, Estelle Denis, qui animait l'émission, interdisait que l'on regarde notre portable pendant le direct.

Après, sincèrement, même durant cette période, il arrive un moment où cela te touche moins parce que tu finis par comprendre que c'est un moyen pour les gens de se faire remarquer. Au final, ceux qui ont un problème pour être dans ce genre de démarche, c'est eux, pas moi ! Aujourd'hui, le seul genre de remarques négatives que je reçois, c'est lorsque je n'utilise pas de produits bio dans mes cosmétiques par exemple... Ce n'est vraiment pas gênant...

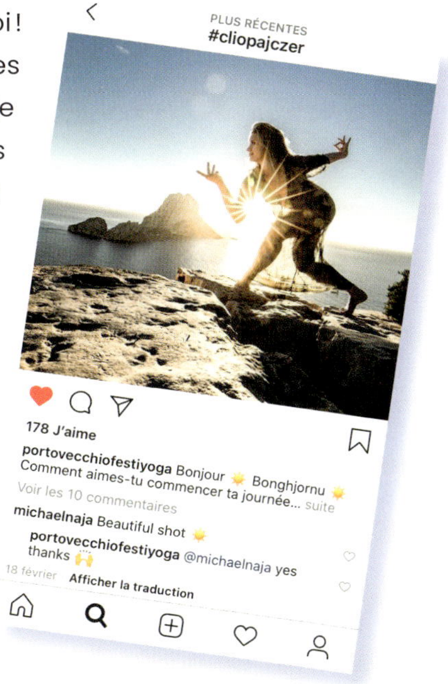

Quel conseil donnerais-tu à une personne qui a du mal à s'accepter ?

Il y a une phrase de Henri Lewis que je trouve incroyable : « L'art de vivre est un subtil mélange entre lâcher prise et tenir bon ».

Pour commencer, je dirais : « Je comprends ta peine et beaucoup l'ont ressentie. » Il faut se recentrer sur les basiques : bien manger, faire du sport, se trouver une passion. En bref, avancer dans la vie. L'action est plus importante que de se regarder.

Ta définition de la beauté ?

On a chacun un regard différent sur la beauté, mais finalement, les petits défauts font le charme : tout ce qui est imparfait est parfait.

Et ta définition des complexes ?

Quelque chose de notre corps que nous n'acceptons pas dans notre tête, que nous n'aimons pas et sur lesquels nous n'avons pas lâché prise.

Comment dis-tu fuck aux complexes ?

En leur mettant un gros coup pied dans les fesses ! [Rires.] C'est du travail… Je conseillerais à ceux qui veulent le faire de vraiment essayer de se mettre au yoga. C'est ce qui m'a sauvée et qui m'a fait comprendre que tout va bien et que tout ira bien ! Faire du yoga ou trouver « son yoga » !

Coucou Les Girls

Juliette Katz

Chanteuse, actrice ou encore autrice… À 31 ans, Juliette Katz a plus d'une corde à son arc. Mais son domaine de prédilection, celui qui l'a fait exploser, c'est le digital : d'abord sur YouTube, sur sa chaîne humoristique Coucou Les Girls où elle tourne en dérision les conseils beauté des influenceuses, puis sur Instagram où elle poursuit sur la même lignée et en profite pour dénoncer la grossophobie. Rencontre avec une femme aussi drôle que bienveillante.

En 2016, tu as enregistré tes premières vidéos dans lesquelles tu parodiais les YouTubeuses beauté… Qu'est-ce qui te dérangeait dans leur démarche ?

L'image de la femme qu'elles montraient. Toujours très bien maquillées, très lisses, avec un décor parfait, sans jamais aucune fausse note… Ça me dérange. Évidemment, chacun fait bien ce qu'il veut, mais je crois que c'est une erreur de ramener la femme à cette image toute lisse. Surtout que beaucoup d'adolescent(e)s s'identifient à ces personnes (chose que je peux comprendre), mais il en va – dans un souci de clarté pour tout le monde – de dénoncer que l'image de la femme ne peut se résumer uniquement à ça.

Comment/pourquoi as-tu décidé de venir sur les réseaux : vocation professionnelle ou personnelle, volonté de se mettre en scène, de balayer les complexes… ?

Il n'y a pas eu de réflexion pour être tout à fait honnête, j'étais en phase de changement dans ma vie personnelle et professionnelle,

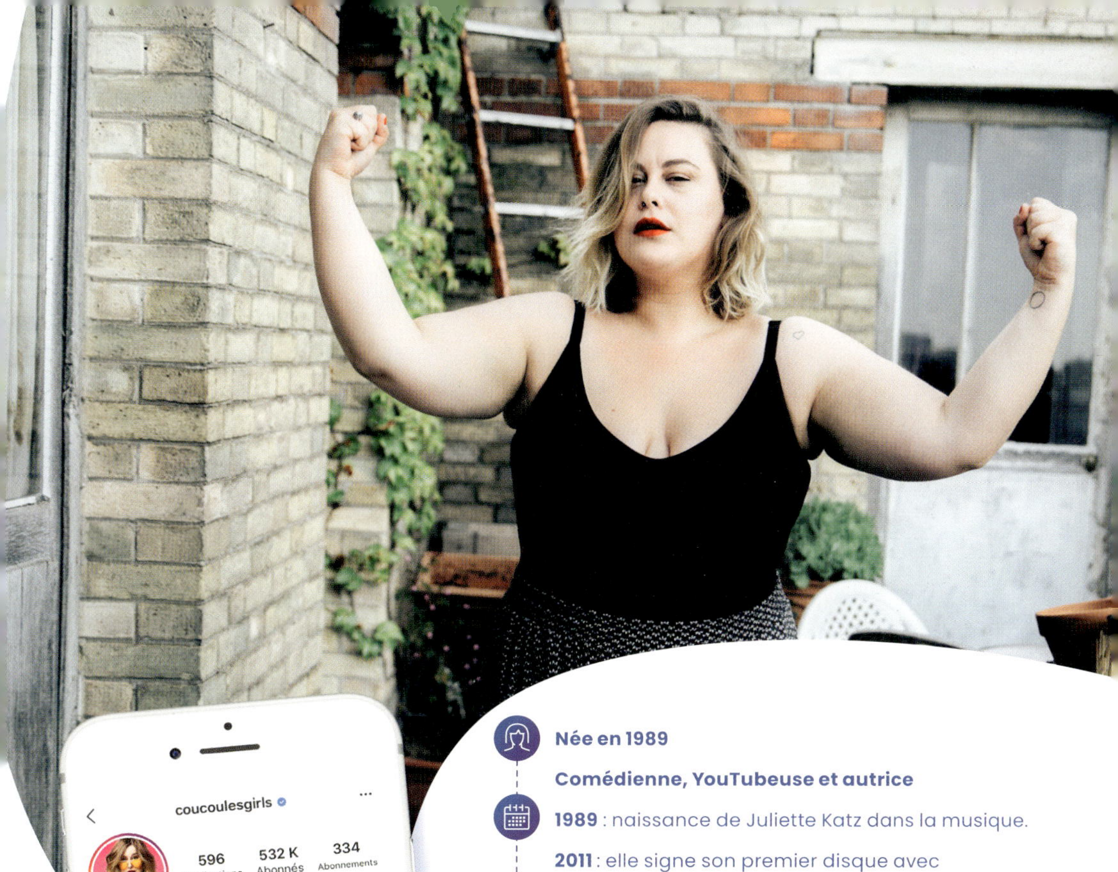

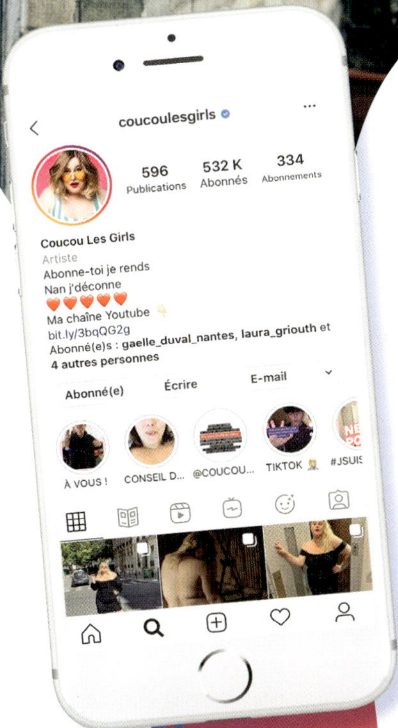

Née en 1989

Comédienne, YouTubeuse et autrice

1989 : naissance de Juliette Katz dans la musique.

2011 : elle signe son premier disque avec Universal à l'âge de 23 ans.

2016 : entre deux concerts, elle partage avec son public des anecdotes de vie comme elle le ferait avec une bande de copains. Elle troque sa guitare pour son smartphone et commence d'une manière complètement spontanée et irréfléchie à se filmer : création de Coucou Les Girls ! En cassant les codes, elle se met en scène avec beaucoup d'autodérision en montrant des instants du quotidien complètement décalés et drôles.

2019 : elle incarne le personnage principal du téléfilm *Moi, grosse* (diffusé la première fois sur France 2 en mai 2019) qui dénonce la grossophobie, ainsi que les souffrances que celle-ci inspire à celles et ceux qui en sont les victimes.

Suivez Juliette
sur YouTube : **@Coucou Les Girls**
sur Instagram : **@coucoulesgirls**
et **@coucoulescons**
sur Facebook : **@coucoulesgirls**

et les vidéos sont arrivées un peu comme ça, par spontanéité, pour faire rire mes potes sur Facebook… Une amie m'a simplement conseillé de créer une page où toutes les vidéos que je publiais seraient répertoriées. Je pensais qu'elles ne seraient regardées que par mes amis… et c'est tout !

Tu avais envie de montrer que les femmes peuvent faire autre chose que de la beauté ou de la cuisine sur YouTube ?
Exactement. Encore une fois, chacun fait bien ce qu'il veut et je ne juge en aucun cas les choix des gens. En revanche, la femme n'est pas forcément uniquement vouée à se maquiller ou à faire à manger. Et je crois qu'il est dangereux de cantonner la femme à ces « posts »-là.

On peut dire que tu es féministe ?
Évidemment, je le suis. Il n'y a pas à avoir de débat là-dessus selon moi. Le féminisme, c'est simplement vouloir l'égalité entre l'homme et la femme. Que la femme prenne sa place, tout autant qu'un homme.

L'humour est-il ton arme de « lutte » ?
Hum… Non, pas vraiment. L'humour fait partie de ma vie depuis toujours et je pense que c'est juste une bonne manière pour faire passer des messages de façon plus douce.

Toi qui te moquais des YouTubeuses beauté, est-ce que cela te dérange d'être perçue désormais comme une YouTubeuse « humoriste » ? En résumé, de te retrouver dans une case sur Internet ?
Non, je m'en fous royalement. Les gens ont ce besoin de mettre les

autres dans des cases, et ce depuis toujours. Avec ou sans Internet. Que je sois YouTubeuse pour certains, influenceuse pour d'autres, cela m'est vraiment égal. Je sais ce que je suis et ce que je fais. Si ça fait du bien aux gens, tant mieux pour eux !

Tu incarnes la femme décomplexée, dénonçant la grossophobie et prônant l'acceptation physique de soi…

C'est pareil. Si ça fait du bien aux gens de m'identifier à ça, tant mieux pour eux. Je ne crois pas personnellement m'associer à cette image de la femme décomplexée et dénonçant la grossophobie… Je suis juste une meuf, grosse de surcroît, qui essaye de se dépasser et de se challenger en faisant des photos d'elle à poil, mais pas uniquement à poil non plus ! Vraiment, ça ne va pas plus loin. Je me sers juste de ma notoriété pour faire passer des messages et soutenir des causes qui me touchent.

Tu n'as plus aucun complexe ?

Évidemment que j'en ai. Mais je crois juste être au clair avec tout ça. Des complexes, oui, mais je les assume. Je n'ai pas le choix puisqu'ils sont là et j'essaye surtout de comprendre pourquoi ça me complexe. Je ne suis pas complexée par mon poids ou par les formes de mon corps, mais plutôt par des marques qui sont apparues sur mon corps au fur et à mesure de la vie.

Tu as écrit un livre sur l'acceptation de soi,* T'es bonne bébé *! Voulais-tu y exprimer que, sans le regard malveillant des autres, les complexes n'existeraient pas ?

Non, pas tout à fait. Je trouve qu'il serait dommage de réduire mon livre à ça ! En revanche, oui, le regard des autres participe grandement aux complexes. C'est un livre introspectif qui invite les

lecteurs à se questionner sur leur manière de se regarder et de s'aimer, mais aussi pour apprendre à s'aimer…

Tu postes beaucoup de photos de toi nue. Vois-tu les réseaux sociaux comme une façon d'extérioriser, de valoriser et d'accepter la différence ?

Pas vraiment. C'est une manière, comme je le disais plus haut, de me challenger et d'inviter les gens à en faire autant.

Tu as essuyé beaucoup de critiques à la suite à ces posts. Tu as d'ailleurs créé un compte intitulé « Coucou Les Cons » compilant les pires commentaires que tu as pu recevoir. Une manière de dénoncer la méchanceté gratuite d'Instagram ?

Complètement. Ce compte est uniquement dédié à la dénonciation de la violence gratuite des gens. Une manière d'alerter sur le fait que oui, ce sont des choses qui arrivent quotidiennement. Et pas qu'à moi.

Comment le vis-tu quand tu reçois ce genre de messages ? Est-ce que ça t'atteint ou arrives-tu vraiment à passer au-dessus ?

Maintenant, ça ne me touche plus vraiment. Cela va bientôt faire 4 ans que je fais des vidéos et disons que… je suis habituée. Je me dis surtout que la tristesse doit être vraiment profonde pour ceux qui écrivent ce genre de choses.

Je sais ce que je suis et ce que je représente. Je n'ai pas besoin de l'autre pour me dire que je suis grosse.

Tu as lancé ton propre filtre Instagram appelé « No filter ». D'où l'idée t'est-elle venue ? Une volonté de dire qu'on arrête de se cacher sous les filtres ?
Tout à fait !

Tu n'en utilises jamais ?
C'est assez rare pour être honnête... Ou alors des filtres marrants, mais c'est extrêmement rare que j'en utilise pour être « plus belle ».

Retouches-tu tes photos ?
Globalement non. Je retouche la lumière, les contrastes... Mais jamais mon corps. Je demande très souvent aux photographes d'en faire autant. Parfois, c'est respecté, parfois non, parce que cela ne rentre pas dans leur direction artistique.

Tu trouves toujours que les femmes sont plus sujettes à la critique que les hommes sur YouTube et sur les réseaux sociaux en général ?
Évidemment ! Et pas que sur YouTube. Partout ! Tout le temps ! D'ailleurs, je n'ai pas à le trouver ou pas, c'est un état de fait.

Combien de temps passes-tu par jour sur les réseaux sociaux ?
Trop de temps. J'essaye de réduire ce temps-là, parce que je vois le temps qui passe et ce temps passé sur les réseaux sociaux ne me sert strictement à rien.

Est-ce que tu es du genre à taper ton nom sur les moteurs de recherche et à te soucier ce que l'on dit de toi ?
J'ai pu le faire une ou deux fois en 4 ans, mais en vrai, je m'en fous un peu.

Quel message voudrais-tu lancer aux femmes qui ont du mal à s'accepter ?
Qu'elles en parlent avec leurs amis, leurs parents, leur entourage, qu'elles osent poser des questions pour savoir comment les gens se sentent autour d'elles.
J'ai la sensation que l'origine du mal-être, c'est aussi le mutisme. Il faut en parler, s'interroger…

Ta définition de la beauté ?

Qu'on arrête de poser la question et qu'on arrête de vouloir définir la beauté. Ce serait déjà très bien.

Quelle est ta manière de dire fuck aux complexes ?

Je ne dis pas stop à mes complexes, je les accueille et j'essaye de les comprendre.

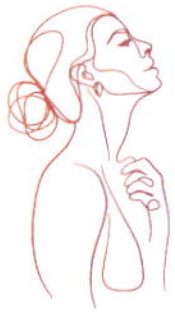

Coucou Les Cons

Victime de harcèlement virtuel, Juliette Katz, fidèle à son caractère sans langue de bois, a décidé de créer un compte pour dénoncer la violence qu'elle subit sur les réseaux sociaux.

Début janvier 2020, l'influenceuse connue sous le pseudo de Coucou Les Girls a tout naturellement intitulé son nouveau compte « Coucou Les Cons ». Elle y compile des captures d'écran du meilleur des pires commentaires haineux qu'elle reçoit chaque jour sous ses posts. « *C'est un compte de dénonciation qui témoigne de la violence (en toute impunité) de ce que je reçois quotidiennement* », explique l'influenceuse. Coucou Les Cons cumule déjà près de 30 000 abonnés sur Instagram et est également considéré comme une plateforme de soutien, pour lutter notamment contre la grossophobie dont Juliette fait l'objet quasi quotidiennement.

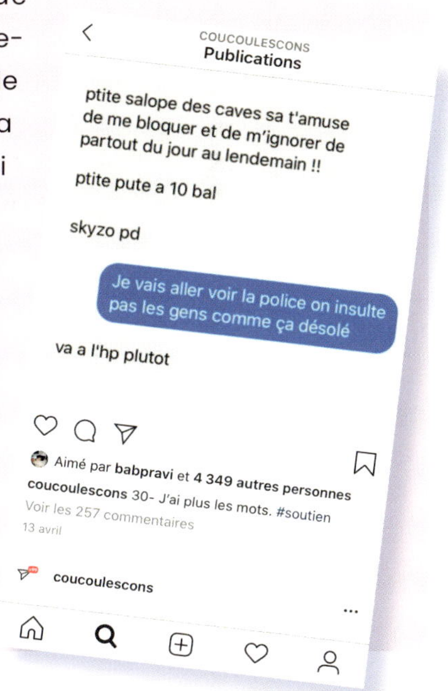

« *Va maigrir, sérieux, grosse vache* », « *Cancer, va* », « *Ta gueule salope* », « *Elle a une vie de merde, on dirait un tonneau, qu'elle crève !* » Voici un florilège de ce que l'on peut lire... C'est affligeant de méchanceté gratuite.

Daphné Bruman

En 2015, Daphné Bruman, 24 ans, participe au concours de Miss France en tant que représentante de la Normandie, la même année qu'Iris Mittenaere qui remportera l'écharpe nationale et surtout celle de Miss Univers. Malheureusement, l'expérience du concours de beauté ressemble nettement moins à un conte de fées pour la jeune Normande qui devient, le temps d'une soirée, victime de *body shaming*[1] sur Twitter.

Tu t'es décidée tardivement à participer au concours Miss France (24 ans étant l'âge limite de participation). Pourquoi ?

J'étais dans le mannequinat et, dans ce milieu, beaucoup sont un peu anti-Miss. Beaucoup de professionnels du secteur trouvent cela trop populaire, pas assez élitiste, aux antipodes du milieu de la mode. Autant dire que ce n'était vraiment pas un objectif. En revanche, mon entourage – ma grand-mère maternelle surtout – m'a poussé à plusieurs reprises à y participer… Alors, un jour, je me suis décidée à tenter le concours de Miss Calvados à Lisieux. Puis, j'ai été élue et après, l'étape suivante, c'était le concours de Miss Normandie qualificatif pour Miss France que j'ai remporté !

Est-ce que ce titre a changé ton quotidien ?

Cela m'a apporté une petite notoriété dans la région. Je n'ai pas trop vu de changements en tant que Miss Calvados. En revanche, quand tu deviens Miss Normandie, tu commences à avoir des amis qui reviennent par exemple. Dès le lendemain matin de l'élection, j'ai senti que j'avais endossé un nouveau rôle. J'avais une petite

1. Le body shaming désigne les moqueries subies par une personne en raison de son apparence physique.

Née le 28 novembre 1991

Chargée de communication
Miss Normandie 2015

2010-2014 : entre 16 et 20 ans, elle se lance dans une carrière de mannequinat. Daphné signe chez Women et multiplie les allers-retours entre Caen et Paris. « Je n'avais pas les critères et je ne me plaisais pas à Paris », confie-t-elle pour expliquer l'arrêt assez rapide de ce projet qu'elle réalisait en parallèle de ses études.

Octobre 2015 : elle remporte le concours de Miss Normandie.

Décembre 2015 : elle participe au concours Miss France en direct sur TF1 et devient la cible de commentaires moqueurs sur les réseaux sociaux.

2020 : À 28 ans, Daphné Bruman est à l'heure actuelle chargée de communication au Pôle Hippolia, le réseau national des acteurs innovants de la filière équine française.

habitude le vendredi soir, c'était de faire les courses avec mon papa dans le centre commercial de Mondeville 2. J'y vais donc, le lendemain soir de ma victoire, comme chaque semaine et on m'a arrêtée toute la soirée pour prendre des photos. C'est étrange quand ça arrive comme ça du jour au lendemain.
Après, je n'ai eu que 3 semaines devant moi avant de partir pour l'élection Miss France. Je n'ai pas vu passer les jours. Mon temps était orchestré entre les cours, mon contrat en alternance et le fait de devoir faire comprendre à ces deux organismes que je partais pour participer au concours Miss France et que je ne serai pas là pendant un bon mois. Ça a été finalement bien accepté. Je sortais un peu moins, car j'avais du mal à me faire à la notoriété de ce titre. Je me faisais un peu plus discrète.

Et puis, l'aventure Miss France a commencé…
Ça a été quelque chose d'énorme ! C'est unique dans une vie. Je savais que j'expérimenterais cela qu'une fois. En revanche, j'avais conscience que je ne serais pas Miss France.

Ah oui, mais pourquoi ça ? Tu as remporté le titre de Miss Normandie quand même !
Je n'avais ni le sourire « *ultra bright* » ni les pommettes saillantes. Il y a plein d'autres éléments qui jouent sur scène le soir de Miss Normandie. Déjà, c'est en petit comité. J'étais très souriante et je n'arrêtais pas de m'éclater. Mon amusement était communicatif pour les spectateurs dans la salle.
Miss France, c'est différent comme concours. Je partais en me disant que je n'allais pas gagner, mais que j'avais vraiment de la chance de faire partie de cette élite de jeunes femmes choisies pour concourir à cette élection.

Mais, tu te trouvais un peu jolie quand même ? Tu avais fait du mannequinat, des concours de beauté…

Je ne trouve pas que je suis une jolie fille. Le mannequinat, les miss… j'y suis venue parce que j'aimais ce monde du stylisme. À l'époque, je regardais Fashion TV en boucle. Et puis, ma grande taille (1,80 m) était une différence qu'on me faisait souvent remarquer. J'ai voulu utiliser cet atout à des fins plutôt cool. Jamais je ne me regardais dans une glace en me disant que je correspondais aux critères des concours. C'était insufflé par mon entourage qui m'a accompagnée dans le mannequinat, puis dans l'aventure Miss France.

Et puis, le samedi 19 décembre 2015, c'est le grand soir du prime sur TF1… Comment as-tu vécu cette soirée sur le moment ?

Il est 21 h, la cérémonie commence, on l'attend depuis un mois, on répète la même chorégraphie depuis 2 semaines. Je suis très concentrée à ne pas tomber, à rendre fier le chorégraphe, à assurer pour toutes les filles avec moi sur scène. Je suis très attentive. Je ne pense pas au direct, à ce qui se passe, au fait que mon image est projetée devant 8 millions de téléspectateurs. L'aventure s'arrête au bout de quelques heures.

Et après, que fais-tu ?

J'étais préparée à ne pas gagner le titre de Miss France. Je ne me sens pas déçue, je suis heureuse d'avoir vécu ce que je viens de vivre et je suis soulagée de retrouver mes parents qui m'ont beaucoup manqué. Nous n'avions jamais été séparés autant de temps. Ma première envie, une fois sortie de scène, c'est de retrouver ma famille, boire un cocktail et… manger des chocolats.
Avec ma promotion de Miss, l'organisation était très rigide avec le smartphone. On devait limiter les publications sur les réseaux et on

n'avait que très peu de temps pour aller sur son téléphone. Le soir du prime, je n'y ai pas du tout eu accès. Je ne l'ai récupéré qu'à minuit. Je prends mon téléphone quand je sors me changer. Je quitte mon costume de scène pour celui de la ville. De prime abord, je n'ai que très peu de messages désagréables, mais en allant sur Twitter, c'est l'hécatombe. C'était tellement virulent. Il est minuit et demi et là, je découvre l'acharnement dans lequel peut nous plonger la communauté des réseaux sociaux.

Le fameux effet boule de neige...

Autant, je n'avais rien sur Facebook. Enfin, disons qu'il fallait vraiment chercher pour trouver. Il n'y a pas de référencement. Cela ne marche pas de la même manière que Twitter. On regarde un fil d'actu un peu comme sur Instagram. Il y avait toutefois un peu de violence quand je tapais le hashtag #missnormandie, mais c'est tout. On ne me mentionnait pas pour se moquer de moi.

Mais, sur Twitter, quelle violence ! Il y avait des centaines de tweets parodiques avec des photomontages dans lesquels on me comparait au prince dans *Shrek*, à un requin, à Michaël Youn déguisé en fille. Il disait que je ressemblais à un homme plus qu'à une femme, que je n'avais pas de bouche...

Et là, dans ta tête, tu te dis : « Qu'est-ce que j'ai fait pour mériter ça ? Soit, je me suis exposée en faisant ce concours, mais j'étais discrète dans l'aventure. Je n'étais pas active sur les réseaux. Pourquoi me remarquent-ils plus qu'une autre ? Pourquoi fallait-il me faire comprendre qu'ils me détestaient physiquement parlant ? »

« Détester », le mot est un peu fort, non ?

Non ! Ils détestent le fait que je représente la Normandie. Les mots « moche », « horrible » sont répétés encore et encore avec, comme commentaires : « Comment peut-elle représenter la Normandie ? », « Comment une jeune fille comme ça peut participer au concours Miss France ? », etc.

À partir du moment où tu endosses ce rôle d'ambassadrice de beauté, s'ils ont décidé que tu n'étais pas à la hauteur, ils te le font comprendre. C'est vraiment comme cela que je l'ai vécu : on me détestait !

Qu'est-ce que tu as fait pour te protéger de cela ?

Je l'ai vécu difficilement. Il y avait quand même des gens qui m'envoyaient des lettres adorables, qui se prenaient d'affection pour moi. Et c'est ce qui apaise un peu, ainsi que des marques d'affection que je recevais dans la rue, des personnes que je ne connaissais pas et des justiciers sur Internet que je remercie indirectement. L'élection a eu lieu à Lille et je suis rentrée à Caen dès le lendemain. L'acharnement sur Twitter a duré pendant deux ou trois jours encore au cours desquels les gens ont continué à commenter, comparer et se moquer.

Quand j'allais quelque part, j'avais le sentiment d'être détestée. J'avais toujours des défauts : un jour, trop grosse, un autre, trop maigre ou trop carrée. Cela me faisait de la peine. J'avais fait des efforts. J'avais préparé ma mise en beauté pour bien représenter la Normandie. On me disait d'arrêter d'aller regarder ce qui se passait sur Twitter, mais c'était plus fort que moi : dès que j'étais

seule, je regardais, j'essayais de comprendre. Je n'ai jamais pris mon ordinateur pour critiquer les gens, je ne comprenais donc pas qu'on puisse faire ça.
On est dans un monde connecté. Certains ont trouvé en moi la bonne personne pour faire le buzz. Ce n'est pas ce que j'ai dit qui leur a déplu, mais mon physique. Est-ce que j'étais atypique ? Est-ce qu'il fallait en choisir une ? Est-ce que je ne répondais pas aux critères ? Je ne sais pas !

Comment as-tu fait pour surmonter cette épreuve ?

En quelques jours, le phénomène s'est éteint, le buzz a pris fin. Plus de tweets… Mais je me demandais si, un an après, à la prochaine élection de Miss Normandie, on allait reparler de moi… J'avais peur qu'on me ressorte ça tous les ans, éternellement. Mais heureusement, non !
Il m'a fallu entre 6 semaines et 2 mois, qui ont été une période très difficile, pour accepter la violence des mots, la méchanceté des gens. Le plus dur, c'est la peine que ça a générée autour de moi, à mes amis et à ma famille. Mes parents l'ont extrêmement mal vécu : ils sont discrets et ma mère aime profondément les gens. Elle était dans l'incompréhension de l'être humain. Elle ne comprenait pas comment on pouvait en venir à se comporter comme ça à l'égard de quelqu'un sans importance comme moi. Je devais aussi gérer l'empathie que les gens avaient envers moi, je devenais un petit sucre à ne pas casser.
J'ai changé mes habitudes pour ne pas croiser de personnes que je connaissais. Je suis allée dans des endroits nouveaux pour ne pas rencontrer des gens qui pourraient me reconnaître comme la fille qui était l'objet d'un *bad* buzz. J'ai quitté Caen pour passer quelques jours à Paris. Je me souviens toutefois qu'une dame m'a

reconnue dans les rues de la capitale. Ce buzz m'avait au final donné une notoriété plus forte qu'une dauphine de Miss France.

Et le retour en cours ?

Heureusement, j'ai eu 2 semaines de vacances après la fin de l'aventure Miss France. C'était donc moins frais dans la tête de chacun. Je n'ai essuyé aucune remarque. Je craignais qu'on me parle de ça. Je voulais éviter de devoir expliquer comment j'allais et comment je le vivais.

J'avais du mal à supporter une main sur mon épaule. L'empathie des gens te rappelle que tu es dans une situation compliquée. Mais je dois reconnaître que j'ai eu la chance d'être bien entourée à l'école. Le corps professionnel a fait preuve d'une grande intelligence en ne soulevant pas ce que j'avais vécu.

Et avec le comité Miss Normandie ?

Je n'ai pas abandonné mon titre Miss Normandie. J'ai continué mon année en représentante de la région, et cela s'est très bien passé. Le comité n'a jamais fait de moi le vilain petit canard. Je suis restée Miss Normandie et je continuais de monter sur scène.

Pendant 2 semaines, je me suis demandé si je voulais continuer. J'avais peur que ces gens viennent à ma rencontre. Je me disais que si je me retirais, on ne parlerait plus de moi et j'allais retourner dans ma vie sans écharpe. Sans rien. Les 2 semaines passent et finalement, on ne m'embête plus.

Ça aurait été trop bête d'arrêter tout ça… pour ça ? Si j'avais arrêté, je n'aurais rien gagné. Je n'aurais pas eu l'occasion de vivre cette belle année de rencontres et de représentations. J'ai, par exemple, effectué un baptême de voltige avec le champion d'Europe de la discipline. Sans ce titre, je n'aurais jamais fait cela autrement.

As-tu été soutenue par les camarades de ta promotion Miss France ?

Je partageais la chambre d'Iris Mitteneare. On s'entendait bien, mais nous n'avons pas gardé contact après l'aventure. Je pense qu'elle avait autre chose à faire que de m'écrire. Moi, dans ma tête, j'avais ce *bad* buzz à gérer et elle avait autre chose de bien plus grand médiatiquement parlant. Je ne suis même pas certaine qu'elle ait vu ce qui se passait. On s'est recroisées lorsque j'ai rendu mon écharpe de Miss Normandie et elle a prononcé à mon endroit un gentil discours.

Miss Midi-Pyrénées et Miss Limousin, avec qui j'avais tissé des liens forts durant l'aventure, m'ont envoyé des messages de soutien et on est, plusieurs années après, toujours en contact régulier.

Ça n'a pas créé en moi de dégoût vis-à-vis du show qu'est Miss France. J'ai distingué l'événement des réseaux sociaux. Je ne voulais pas abandonner quelque chose de sympa.

Et maintenant, je continue de regarder l'élection chaque année: c'est toujours pareil, un véritable plaisir d'assister à ce joli spectacle ! Je n'ai jamais regardé mon élection, mais j'ai le film en boucle dans ma tête. Je m'en souviens très bien.

Avec le recul, regrettes-tu ta participation au concours ?

Je n'ai aucun regret ! Plus le temps passe, plus c'est loin ! Il ne reste plus que le côté sympa de la Miss. On ne me rappelle plus jamais ce *bad* buzz. Il peut donc m'arriver d'en parler spontanément. Je me sens plus forte qu'à l'âge de Miss France. J'avais un caractère peu affirmé, assez discret. J'avais peu de répondant.

Cela m'a appris beaucoup sur l'être humain. J'ai découvert qu'il n'y a pas que le cocon familial. J'avais totalement occulté le monde extérieur à l'époque. Maintenant, j'ai un caractère plus fort:

j'affronte mieux les obstacles. Je n'ai pas de « séquelles » du mal que les gens ont pu me faire sur le moment.

As-tu ressenti le besoin de te faire suivre par un psychologue ?

Je n'ai pas eu besoin de voir un psychologue. J'avais ma maman qui est depuis devenue sophrologue. Elle était en quelque sorte ma thérapeute. Elle m'a aidée et m'a accompagnée pour aller chercher le positif au plus profond de moi. Et puis, mon père a également été d'une grande écoute et m'a beaucoup conseillée.

Et maintenant, est-ce que tu te trouves jolie ?

Oui, parce que je suis amoureuse et que j'ai un homme qui, tous les matins, dans ses yeux, me fait sentir très belle. Notre histoire dure depuis 2 ans et demi. Alors, quand tu ressens ça depuis aussi longtemps, ça aide ! Après, évidemment, il y a des jours avec et des jours sans !

As-tu des complexes ?

Un peu... mon nez. On trouvait sur les réseaux que mon nez piquait vers le bas. Ça a développé un complexe fort à un moment donné. Je ne voyais plus que ça. Quand je prenais des photos, je trouvais qu'on voyait beaucoup trop mon nez !

À la différence de toutes les autres Miss, on ne te trouve plus sur les réseaux...

Je ne suis plus sur les réseaux sociaux depuis 2 ans. J'ai conservé Facebook, mais en petit comité et Snapchat en privé. J'ai supprimé les réseaux sociaux sur lesquels j'étais exposée. Twitter, pour moi, n'est devenu que du négatif. C'est le réseau social où l'on peut facilement se lâcher, critiquer. Mais je ne l'ai pas quitté tout de suite, du

moins, je ne l'ai pas quitté pour le mal que l'on m'y a fait. Je ne me suis même pas posé la question à la base comme ça s'est calmé rapidement.
Quant à Instagram, je n'y trouvais plus mon compte. Mon copain n'est pas dessus, j'en suis donc venue à le supprimer doucement, mais sûrement. Je demande à mes amis de m'envoyer directement leurs photos. Après ce *bad* buzz, j'étais sur Instagram pour chercher de la reconnaissance physique: avec tant de likes, on va me dire que je suis bien.
Désormais, je ne cherche plus à me rassurer. J'ai commencé à me détacher de tout ça. Je me dis simplement que si le jugement n'est pas le bon quand il est négatif, pourquoi le serait-il quand il est positif?

Que dirais-tu à une jeune fille qui a du mal à s'accepter physiquement?
Je vais aussi m'adresser à la jeune fille que j'ai été: il n'y a pas de diktat. Ce sont des idées créées, des modes insufflées. Il faut aller chercher au fond de soi ce que tu attends de la vie et prendre conscience que nous sommes toutes belles chacune à notre manière. Chacune possède une beauté, son côté atypique. Il faut cultiver notre différence, être fières d'être uniques et chercher l'image que nous avons envie de renvoyer au quotidien sans s'attacher aux avis qu'on peut nous donner.

Ta définition de la beauté ?

Unique !

Et des complexes ?

Secondaires.

Quelle est ta manière de dire fuck aux complexes ?

En appréciant le reste… On peut vivre très bien avec ses complexes. On en a tous ! Cela ne sert à rien de les corriger. Il faut se concentrer à aimer deux fois le plus le reste. L'amour prendra toujours le pas sur le mal.

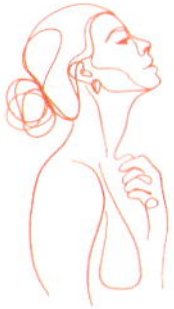

Elsa Make Up

Elsa Comblat

À presque 30 ans, Elsa est l'une des influenceuses beauté françaises les plus suivies. Si aujourd'hui, elle s'épanouit et vit de sa passion, elle n'a pas connu une trajectoire linéaire : la jeune femme originaire de Mont-de-Marsan a 14 ans lorsqu'elle se rentre au bloc opératoire pour traiter une scoliose et en ressort paraplégique. Un drame dans la vie de l'adolescente qui a toujours pu compter sur l'amour et la force de sa mère, Caroline, devenue aujourd'hui son agent. Elle est d'ailleurs présente lors de notre rencontre et ne manque pas d'intervenir par moments pour offrir, avec son joli accent du sud-ouest, des réponses franches et simples.

Ta mère est très présente sur tes réseaux sociaux. Aujourd'hui, elle t'accompagne pour notre interview… Vous êtes inséparables !

Caroline : Elle est ma tête et je suis ses jambes.

Elsa : Je pourrais en théorie me déplacer seule, mais pas à Paris. C'est la ville la moins accessible de France pour les gens en fauteuil. C'est très galère, très peu de choses sont adaptées. Rien que les trottoirs, ils sont hyper hauts partout. Les ascenseurs sont rares… Et j'en passe.

Développer ta carrière d'influenceuse dans la capitale est donc inenvisageable ?

E. : J'ai vécu toute ma vie dans la même maison avec ma maman à Mont-de-Marsan.

Née le 27 septembre 1991 à Mont-de-Marsan

Influenceuse

2010 : première vidéo make up sur YouTube.

2016 : sortie de son livre *Mes secrets* (M6 Éditions), dans lequel elle parle maquillage, mais se confie également sur son parcours.

Suivez Elsa Makeup
sur YouTube : **@elsamakeup** et **@ElsaVlog**
sur Instagram : **@elsamakeup**
et **@cookwithchouchou**
sur Twitter : **@Elsamakeup**

C. : Et on n'a pas prévu de déménager parce qu'on est bien chez nous !

E. : J'ai tout de même eu l'idée, à un moment, il y a quelques années, d'emménager à Paris pour le travail. Quand je commençais à faire beaucoup d'allers-retours, je me suis dit que cela serait plus simple, mais j'ai vite changé d'avis. La vie parisienne ne me conviendrait pas.

On te connaît sous le pseudo d'Elsa Make up. Comment l'as-tu choisi ?

Pas très sérieusement. À l'époque, je n'avais pas prévu d'en faire mon métier. D'ailleurs, quand j'ai créé ma chaîne YouTube en octobre 2010, ce métier n'existait tout simplement pas. Je n'ai donc pas trop réfléchi et j'ai un peu pris le premier que j'ai trouvé. Je voulais garder la partie maquillage. J'ai testé Elsa maquillage, mais ça ne sonnait pas bien. J'ai tenté de la jouer à l'anglophone, j'ai rajouté « Make up » et voilà ! Elsa Make up est née !

Je ne pensais même pas que les gens pourraient connaître cette chaîne un jour. Ce n'était vraiment pas pensé pour durer et le milieu n'était pas du tout professionnel. On n'avait encore aucune idée de l'ampleur que cela allait prendre.

À cette période, très peu de filles émergeaient en parlant make up. Il y en avait une qui s'appelait Julie Loves Mac. C'était une pionnière sur la beauté et elle a d'ailleurs arrêté en partie à cause de la pression générée par les réseaux.

Tu comptabilises près de 800 k sur Instagram. Comment expliques-tu ce succès dans un milieu où de nouveaux profils d'influenceuses beauté fleurissent tous les jours ?

Le naturel ! Je pense que les gens s'identifient à moi. C'est ce qui revient souvent dans les commentaires que je reçois : la façon dont j'ai abordé les problèmes de la vie que j'ai pu rencontrer les a touchés. Je pense être une fille comme tout le monde qui a eu des petites embûches sur son parcours, mais qui a réussi à aller au bout de son rêve. C'est ça… La simplicité, je crois.

Comment as-tu pris la décision, à l'automne 2010, de te lancer sur YouTube ?

J'étais au lycée et je traversais une période difficile. J'ai eu envie de trouver une manière de couper la routine. C'était très contradictoire parce qu'à l'époque, j'étais hyper timide. Je n'étais pas du tout aussi à l'aise qu'aujourd'hui. Parler et se filmer, c'est un sacré exercice. J'avais découvert Michelle Phan, une YouTubeuse américaine. En France, il n'y avait quasiment personne. C'était vraiment le début d'une nouvelle ère digitale. J'avais débuté cette aventure comme un passe-temps secret. Je ne l'ai dit à personne !

L'ignoriez-vous également, Caroline ?

C. : Je ne le savais pas. Pour moi, ça a été un choc !

E. : Quand elle m'a découverte en train de me filmer, elle a littéralement pété un câble !

C. : J'étais devant la porte de sa chambre, je l'entendais parler. Je me demandais bien ce qu'elle pouvait faire. Un jour, j'ai ouvert la porte, et là, je la vois devant une caméra. Ça a été un véritable tsunami sous mon crâne. Je pensais qu'elle postait des vidéos sexy sur le web… Je me suis fait tout un tas de films.

C'était le début, elle n'avait pas encore tourné beaucoup de vidéos et elle commençait à recevoir des cadeaux, des petits colis. Maintenant, on en reçoit tous les jours. C'est devenu classique pour une YouTubeuse. Mais, à l'époque, ce n'était pas usuel de recevoir gratuitement des produits pour les tester. Et quand ça a commencé à arriver chez moi et qu'elle me disait qu'elle n'avait pas payé pour ces produits, que c'était des dotations de la marque, je ne la croyais pas ! J'ai mis du temps à accepter la réalité de cette activité d'influenceuse. On va dire que j'ai mis 5 ans, le temps de faire des déplacements réguliers à Paris, pour réaliser que c'était le métier de ma fille. Je ne suis pas de la génération Internet, je ne pensais vraiment pas que ça puisse prendre autant d'ampleur.

À quel moment as-tu pris conscience que cela devenait ton métier à temps plein, Elsa ?

Après mon bac professionnel, j'ai eu de gros problèmes de santé. J'ai pris un an pour me reposer et c'est au cours de cette année sabbatique que j'ai développé mon activité. J'ai décidé de m'y mettre à fond. Et c'est aussi à partir de là que j'ai commencé à parler de mes problèmes pour la première fois à ma communauté.

Peux-tu revenir pour nous sur ces problèmes de santé ?

Une scoliose m'a été diagnostiquée lorsque j'avais 10 ans. À l'âge de 14 ans, en 2005, je décide de traiter ce mal de dos et je me fais opérer : le but était d'installer une tige le long de la colonne afin de la redresser et la stabiliser. Pour une raison encore inconnue, je suis sortie du bloc opératoire paraplégique et, depuis, je suis en fauteuil !

Comment est-ce que tu expliques que tu as eu besoin de temps pour parler de ce drame à tes abonnés ?

Les trois premières années, je cachais le fait d'être en fauteuil à ma communauté, même si on voyait les poignées. Je ne voulais pas être vue comme handicapée. Je voulais juste partager et échanger autour du maquillage. J'étais complexée et j'avais beaucoup de mal avec mon image.

Comment as-tu finalement décidé à communiquer dessus ?

Les mêmes questions revenaient en boucle : « Pourquoi voit-on toujours les mêmes poignées ? », « Pourquoi es-tu toujours sur un fauteuil ? », « Pourquoi est-ce que l'on ne te voit jamais debout ? ». Les gens sont assez perspicaces. Et, au bout de 3 ans, je me suis sentie prête à le dire. Je savais que ceux qui me suivaient étaient bienveillants et ils l'ont été encore plus après cette annonce.
À cette période, j'ai dû m'absenter pour une nouvelle opération. J'ai songé que c'était le bon moment pour expliquer pourquoi je n'allais plus être présente pendant quelques semaines sur les réseaux.

Comment a réagi ta communauté ?

La réponse a été incroyable : les gens ont été humains. J'avais déjà une grosse communauté, mais j'ai l'impression que cela l'a fortifiée et augmentée. Mes abonnés ont réalisé qu'on peut prendre soin de soi, être pomponnée, débrouillarde dans plein de domaines et, pour autant, avoir un handicap physique. J'ose croire que cela a un peu fait évoluer les mentalités.

Il t'aura fallu 3 ans pour t'assumer…

Oui, ce n'était pas hyper facile comme exercice. Encore aujourd'hui, je ne m'explique pas comment j'ai réussi à me montrer face à

la caméra ; j'étais tellement timide ! Je n'étais pas bien dans ma peau. Je détestais l'image que je renvoyais. Je n'aimais pas me regarder dans un miroir.
Après, sur YouTube, c'est différent : quand tu te filmes, tu n'as pas le poids du regard des gens, tu ne te rends pas compte qu'ils sont là, en train de te regarder. J'ai commencé à le réaliser quand on a commencé à m'arrêter dans la rue. Je me souviendrai toujours de la toute première dame qui m'a arrêtée dans la rue : elle avait une trentaine d'années, je ne me souviens plus précisément de ce qu'elle m'a dit, c'était en lien avec mes vidéos, mais je me souviens que j'étais super gênée. C'est là que j'ai plus ou moins réalisé que j'avais un public.

Est-ce que tu considères que tu as réussi à chasser ce complexe ?
Oui, je pense qu'il est dépassé maintenant, même si je sais que je ne serai jamais à 100 % en accord avec le fauteuil. Ce moment a néanmoins marqué un tournant : je me suis sentie acceptée par des gens et je pense que c'est ce qui m'a aidée.
Je ne changerai rien, pas même pour l'avouer avant. Il m'a fallu ces années de silence pour être prête à parler et je n'avais pas envie d'exister tout de suite comme étant différente. Je crois que j'avais besoin de ce laps de temps supplémentaire. Et après, j'ai eu la chance de recevoir une vague d'amour.

Et dans le cadre de cette acceptation de ton image, il y a aussi eu la médiatisation télé…
Par la suite, j'ai sorti un livre dans lequel je racontais mon histoire et j'ai été sollicitée par la presse. J'ai dû répondre à beaucoup d'interviews. Je me suis confrontée à un exercice supplémentaire. Je n'ai pas accepté toutes les sollicitations média. Je ne m'en sentais pas

le courage. J'ai accepté d'être filmée pour *Sept à huit* sur TF1, parce que je savais que le portrait serait bienveillant. J'avais l'habitude de regarder cette émission et je l'adorais. C'est un exercice un peu dur sur le moment, mais qui m'a aidée dans l'acceptation de mon image. Je ne changerai rien à l'ordre et le temps dans lequel je me suis livrée et où j'ai appris à m'accepter.

Après toutes ces étapes, est-ce que tu te trouves belle ?

Je ne me trouve ni particulièrement belle, ni particulièrement moche. Je pense qu'il y a mieux et qu'il y a pire. Évidemment, je suis bien consciente qu'il y a des filles moins jolies que moi.

En ce qui me concerne, j'aime le maquillage. C'est une manière de prendre soin de soi et de me sentir belle. Paradoxalement, avant de commencer ma chaîne YouTube, je n'étais pas portée sur la beauté en général. A contrario, toutes les femmes de ma famille étaient très coquettes. En revanche, dès le visionnage des premiers tutos, j'ai eu un déclic !

Et dans les yeux d'un autre, te trouves-tu belle ?

Non… Je n'ai jamais voulu imposer ma situation à un homme, parce que j'ai toujours pensé que c'était égoïste. Je ne laissais jamais personne m'approcher.

Je me suis retrouvée en fauteuil à l'âge de 14 ans. Il y a des gens qui arrivent à rebondir plus ou moins rapidement, mais ça a été très long pour moi. Je n'étais pas prête du tout : il faut comprendre que cette opération qui m'a rendue paraplégique devait être la fin de mes problèmes, la délivrance. J'avais eu jusqu'alors dix interventions aux hanches pour pouvoir marcher correctement. Pour moi, marcher, c'était ma vie, ma fierté. J'étais fière de moi et on m'a enlevé ça. Alors, ça a vraiment été très dur, atroce. Je m'en veux quelque part, car je sais que j'ai perdu beaucoup d'années à souffrir de cette situation et que je ne pourrai jamais les rattraper.

Tu t'es également privée de ton cercle d'amis…

Au lendemain de l'opération, j'avais toujours le même groupe d'amis. Je n'étais pas seule la première année, mais, avec le temps, volontairement, je me suis éloignée. Je le vivais tellement mal que je n'avais pas envie de parler de moi. J'ai accepté de ne partager cette douleur qu'avec une seule personne : ma mère. Ce n'était pas simplement dû au fait que je me retrouvais dans un fauteuil du jour au lendemain, mais c'est plutôt ce que cela induit : avec le fauteuil, tout le quotidien change et ce sont des choses très lourdes à gérer pour l'entourage, qui modifient totalement les habitudes. On ne le réalise pas quand on est valide. On en a pris conscience toutes les deux. C'était un monde que l'on ne connaissait pas et qui nous faisait peur.

As-tu tiré un trait définitif sur l'amour ?

Je ne suis plus aussi fermée qu'avant. Désormais, quand j'y pense, je me dis : « Pourquoi pas ? » Mais je sais que je suis dure. J'ai vraiment du mal avec ma situation. Je ne me sens pas tout à fait à l'aise avec mon handicap. Je dois encore faire du chemin pour accepter d'imposer ça à quelqu'un d'autre. Il faudrait que j'essaye de sortir un peu plus et de m'entourer des bonnes personnes. Je ne forcerai pas les choses pour faire des rencontres, mais je vais tenter d'abattre le mur que j'avais érigé volontairement jusqu'ici.

En attendant, tu avances grâce à l'amour insufflé par ta communauté digitale…

C'est elle qui m'aide quotidiennement à m'accepter. Très clairement.

Est-ce qu'il t'arrive tout de même de recevoir des remarques négatives ?

Je ne peux pas affirmer qu'en 10 ans sur YouTube, il n'y a jamais eu de critiques. Mais une chose est certaine : rien qui ait pu me pousser dans mes retranchements.

Je me souviens une fois qu'une personne m'avait accusée d'utiliser l'argent de mon allocation handicapée pour mes plaisirs personnels, tout cela parce que je partageais une session shopping. Ça m'a révoltée. J'ai répondu à cette attaque, parce que c'était la première fois que je recevais un message de ce genre. Ça a pris par la suite des proportions démesurées, parce que mes abonnés étaient choqués et tout le monde s'était rangé de mon côté.

Aujourd'hui, je ne réponds plus. Et puis, sincèrement, je reçois extrêmement peu de commentaires négatifs. Comparée à d'autres, je m'estime extrêmement chanceuse.

Quel est ton rythme de post ?

Je publie 2 ou 3 vidéos par semaine. C'est un rythme soutenu. Mais il faut toujours se renouveler parce qu'on est très nombreux sur le créneau de la beauté. Les gens sont exigeants, il faut se montrer hyper créatifs. Je ne peux pas me soustraire à ce rythme, parce qu'il y a une très forte concurrence.

Est-ce que tu t'autorises quand même des pauses ?

C'est arrivé quelques fois ! Le premier a duré 3 semaines. Je me mettais trop la pression d'être toujours présente pour mes abonnés. Et, à force, j'avais l'impression de ne jamais faire bien les choses. Il y a des périodes où tu postes, tu postes et il y en a qui ont toujours des commentaires à te notifier. Après avoir accumulé les petites réflexions comme ça, je ne voyais que le négatif et j'avais le sentiment d'être dépassée dans mon travail. Je me suis fait cette réflexion il y a 2 ans. J'avais l'impression de ne pas suivre la cadence. Alors, j'ai coupé quelques semaines pour prendre du recul.

Et pourquoi est-ce que tu es finalement restée ?

J'ai réfléchi. Ma réflexion a été rapide, je dois l'avouer. Ce doute n'a pas été long. Je voyais très bien que si je prenais cette décision, j'allais le regretter toute ma vie. Les réseaux font partie de moi. Ce n'est pas juste une passion, c'est devenu mon métier. J'ai conscience que, dans tous les corps de métier, il y a des avantages et des inconvénients et qu'il faut composer avec.

En revanche, je m'octroie plus régulièrement des pauses : j'ai renouvelé l'expérience l'été dernier ainsi qu'à Noël l'an passé. J'ai réalisé qu'en 10 ans, je n'avais jamais pris de vacances ! Au début, c'était bizarre de couper. Je me connectais un peu, mais je ne postais rien et ça modifie énormément le rapport que l'on a avec les réseaux sociaux ! Quand on ne poste rien, on ne se trouve plus dans l'attente du retour des autres. Couper complètement, c'est-à-dire ne plus me connecter du tout, je ne l'ai jamais encore fait. C'est la prochaine étape !

Quel genre de commentaires ne t'a pas manqué au cours de cette pause ?

« Tu as une vie de rêve ! » C'est le genre de message qui m'agace un peu, parce qu'on ne poste que ce que l'on veut. Oui, je m'achète un sac, un rouge à lèvres, mais cela ne constitue pas une vie de rêve... loin de là !

Quelle est ta définition de la beauté ?

La beauté vient de l'intérieur. C'est un état d'esprit à avoir avant tout : être libérée, accepter de se laisser porter par la vie, en profiter parce qu'on ne sait jamais ce que nous réserve demain. Je profite au jour le jour. Je prends ce qu'il y a à prendre. Pour moi, c'est ça, la beauté : ne plus se poser la question de se trouver belle.

Et ta définition des complexes ?

La mauvaise habitude de se comparer constamment aux autres, que ça soit dans les médias ou dans la vie de tous les jours. On se crée la plupart du temps des complexes qui n'existent pas.

Comment dis-tu fuck aux complexes ?

Il faut essayer de ne pas vivre pour les autres, essayer de ne pas faire une fixette dessus. Ce qui m'a aidée, c'est de regarder les histoires d'autres malades à travers le monde, de constater que ce n'était pas forcément dramatique. J'ai découvert des histoires de malades profondément heureux. J'ai relativisé, compris que mes problèmes n'étaient rien, réalisé que d'autres personnes ont moins d'aide et vont plus loin. Ils m'ont donné de la force et m'ont rappelé qu'on a qu'une vie et qu'elle est précieuse. Inutile de se pourrir l'existence avec des complexes.

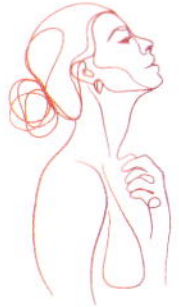

Fiona Oslo

Jeune femme à la crinière rousse flamboyante, Fiona Oslo est aussi sensible que spontanée. Originaire de Bordeaux, elle vit depuis peu à Paris où elle continue de développer son activité d'influenceuse. Si celle-ci n'est pas encore assez rentable pour en vivre pleinement, elle lui permet tout de même de bénéficier du soutien d'une communauté d'exception.

Pourquoi as-tu eu envie de devenir influenceuse ?

Au début, il ne s'agissait pas vraiment d'une envie réfléchie. Je faisais encore mes études et nous devions lancer un blog dans le cadre d'un devoir. J'adorais la mode, autant le faire sur un sujet que j'aime. J'ai donc lancé mon blog *fashion*. Il faut savoir que j'étais à l'école avec Noholita (Camille Callen, l'une des influenceuses mode les plus connues en France). Celle-ci venait d'arrêter les cours parce qu'elle cartonnait. Je savais donc que l'on pouvait en vivre.

Je lance donc ce blog, que j'alimente peu et qui n'est suivi que par mes amis. Je pars ensuite aux États-Unis pour un stage de fin d'études il y a 3 ans et je rencontre un garçon dont je tombe follement amoureuse. Il doit partir vivre en Allemagne une semaine après et m'invite à le suivre. J'accepte sur un coup de tête, c'est la première fois de ma vie que j'agis de la sorte. Une fois sur place, je recherche du travail dans la mode, mon domaine de prédilection. Je reste longtemps sans trouver quelque chose de satisfaisant. Je finis par prendre un boulot à mi-temps dans un secteur tout autre,

Née le 6 janvier 1994

Influenceuse et social media manager

Début 2017 : en licence de E-commerce, elle crée un blog où elle poste des photos de ses looks. Il ne décolle pas et sa portée n'est qu'amicale.

Fin 2017 : Fiona quitte New York où elle était en stage pour son école, file pour l'Allemagne après avoir eu le coup de foudre pour un jeune homme. Là-bas, en recherche d'emploi, elle a beaucoup plus de temps à consacrer aux réseaux sociaux et son compte Instagram décolle.

Fin 2018 : Elle participe à l'émission *Beauty match* sur TFX dans lesquels des influenceuses relookent des candidats. Son Instagram s'envole encore plus : elle gagne 60 000 abonnés en une semaine après la diffusion du programme !

2020 : À côté de son activité d'influenceuse, Fiona gagne sa vie comme social media manager pour des marques, développant leur image sur Internet et les réseaux sociaux, deux métiers étroitement liés.

Suivez Fiona Oslo
sur YouTube : **@Fiona Oslo**
sur Instagram : **@iamfionaoslo**
sur Twitter : **@iamfionaoslo**
sur Facebook : **@littlassie**

peu épanouissant. Je cherchais donc l'épanouissement en dehors du travail, en me donnant à fond dans mes looks, mon Insta… Et là, ça commence enfin à décoller. Fin 2017, comme j'avais le temps de publier beaucoup, de répondre, je passe le cap des 10 000 abonnés.

Et après ?

Pendant 1 an, je maintiens ce rythme de posts et de contact avec ma communauté et ça fonctionne. Un an après, j'atteins les 22 k. C'est à ce moment que la production de *Beauty Match* sur TFX me repère et me propose de participer au programme. Au départ, j'hésite. Je n'étais pas sûre de vouloir passer à la télévision et j'avais peur d'être obligée de jouer la carte du *clash* façon *Reines du shopping*. Mais le concept est sympa : on relooke chaque jour des personnes qui viennent avec une problématique différente (par exemple « Je ne sais pas comment me mettre en valeur parce que j'ai une forte poitrine »). Je finis par accepter. Je passe dans l'émission à la fin de l'année 2018 et je gagne 60 000 abonnés en une semaine.

C'est énorme. Tu découvres donc un tout autre public…

J'avoue avoir été très surprise par l'exposition télé. Avant, mes abonnés étaient des personnes qui me suivaient parce qu'ils m'avaient découverte sur Instagram et qu'ils aimaient mon univers. C'était rempli de bienveillance. Mais là, ça m'a apporté un tout autre public… odieux ! Ils venaient sur mon compte pour me critiquer et si je leur répondais, j'avais le droit à des « Si tu ne veux pas être critiquée, ne fais pas de télé ». J'ai réalisé que le public télé ose beaucoup plus.

Après, il faut remettre cela dans son contexte : j'étais en compétition avec une ex-candidate de téléréalité, Sarah Lopez (*Les Anges*), qui a une énorme communauté. Ses fans venaient m'insulter directement sur ma page. Je ne compte pas le nombre de « Petite pute » (sic) que j'ai pu recevoir.

C'est super violent !

Eh oui… C'est sûrement en partie lié au montage de l'émission. On entrait toutes dans des cases, j'étais la fille à papa gâtée. On nous avait gentiment demandé d'amplifier certains côtés de notre personnalité afin que cela divise davantage le public.

Est-ce que tu regrettes avoir participé à ce programme ?

Non, je me suis bien trop amusée ! J'ai rencontré des filles superbes et cela a permis de faire décoller ma communauté sur les réseaux sociaux. Je me sentais utile dans le fait de relooker d'autres femmes. J'ai aimé les journées de tournage. Elles avaient du sens.

Comment réponds-tu aux haters ?

Ma réponse, c'est de supprimer les mauvais commentaires. Il m'arrive néanmoins d'en conserver quand ils sont constructifs : par exemple, une remarque sur un look ou un make up. En revanche, une attaque gratuite, non merci !

Avec un peu de recul, est-ce que tu as le sentiment qu'être exposée peut donner des complexes ?

Je dirais que ça donne autant de complexes que ça en enlève.
Par exemple, j'ai longtemps été complexée par la couleur de mes cheveux. J'ai fait quantité de colorations, de brune à rose. Je n'assumais pas du tout mon roux. Eh bien, grâce à Instagram, ce complexe a totalement disparu !
Autre exemple de complexe envolé grâce aux réseaux : je n'ai plus peur de me montrer sans maquillage. Comme je propose des tutos

make up, je suis obligée de commencer sans maquillage, pour ensuite montrer au fur à mesure de la vidéo comment je procède. Et j'ai reçu beaucoup de commentaires me disant que j'étais très jolie au naturel. Depuis, je me sens très bien sans maquillage et je ne suis plus gênée de me montrer ainsi.
En revanche, ça m'a apporté un énorme complexe : celui de mon poids. Je ne me suis jamais sentie « en surpoids » avant d'arriver sur les réseaux. En arrivant en Allemagne, nouvelle vie, perte de repères, je compensais en mangeant davantage que d'habitude et j'ai rapidement pris des kilos, sans m'en rendre compte.
Au cours de la même période, je suis devenue community manager pour une marque de produits minceur. Comme la marque est jeune et se développe, je pose pour certains de leurs visuels sur le digital en plus de gérer leurs réseaux sociaux. Ils ont reçu des commentaires du genre : « C'est la grosse qui vend du sport ? ». Pour les clients de la marque, je ne pouvais pas faire de la pub pour ce produit. « Elle est obèse », « Choisissez mieux vos influenceurs ! » Ces commentaires apparaissaient sur les comptes de la marque… Comptes que je gérais ! C'était à moi de répondre, au nom de la marque, à des personnes qui m'insultaient.

Quelles conséquences cette situation a-t-elle eues sur toi ?
Je me suis mise à retoucher mes photos, à me mincir entre janvier et avril 2019. Je n'arrivais plus à me trouver bien et j'avais tellement pris l'habitude de mincir mes cuisses que je ne me reconnaissais plus dès que je faisais face au miroir.
Quand mon petit ami de l'époque a voulu faire un *break*, je suis rentrée à Paris avant que l'on se sépare définitivement. La tristesse m'a fait perdre beaucoup de poids, quelque chose comme 15 kg en une année.

Est-ce que tu t'aimes telle que tu es aujourd'hui ?

J'ai 2 kg à perdre, mais je m'aime bien. Je me suis mise à faire du sport pour le plaisir et non par contrainte.

J'ai aussi opéré quelques changements physiques : j'ai gonflé mes lèvres et mes pommettes avec des injections. Ça reste néanmoins quelque chose de relativement soft. Je ne suis pas prête à passer par la case chirurgie. Mais oui, je me trouve plus jolie comme ça, tout en souhaitant que ça reste « naturel ».

J'en ai fait part à ma communauté. J'avais besoin de leur dire pour ma bouche ; c'est le premier truc que j'ai fait. Ce n'était pas un tabou.

As-tu encore des complexes ?

Des petits, mais rien qui ne vaut la peine que je l'écrive. Parfois, je trouve ma peau un peu trop blanche. J'aimerais réussir à bronzer davantage. Bref, rien de vraiment important !

Quel rapport entretiens-tu avec ton corps ?

J'apprends de plus en plus à le remercier. Je me suis très mal alimentée pendant un certain temps. Je ne me rendais pas compte de ce que mon corps a dû encaisser ! Quand il a besoin de repos, je lui offre ce qu'il veut. Je le bichonne avec des crèmes et des soins. Je fais beaucoup de sport. Et je me sens mieux dans mon corps !

Que t'apporte le fait d'être exposée sur les réseaux sociaux ?

Pour 95 commentaires gentils, je vais en recevoir 5 méchants. Ça reste donc tout de même bénéfique. Les personnes qui me suivent depuis longtemps se sont attachées à moi. Quand je me suis fait « larguer », je me suis confiée à ma communauté. En effet, j'exposais ce petit ami et les questions ont fini par arriver. Beaucoup se demandaient où il était passé… J'ai été énormément soutenue.

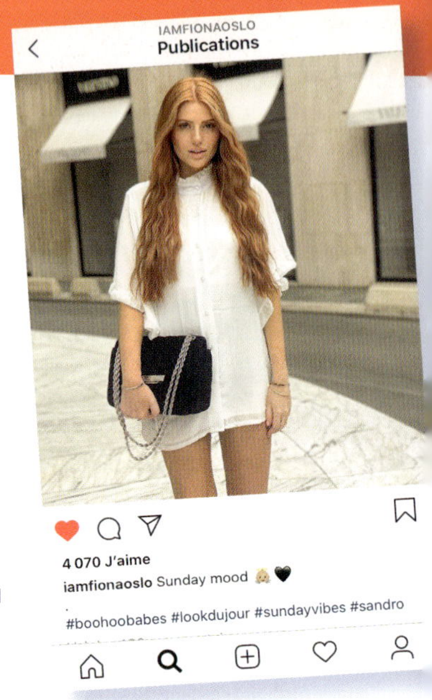

Que reçois-tu comme commentaires malveillants ?

J'ai l'exemple de ce jour où ma sœur a reçu en message privé : « Que la mort et la pauvreté s'abattent sur toi et ta famille. » Là, c'était vraiment de la haine pure, sans explication. L'auteur était une personne qui m'avait insultée et à qui j'avais répondu. Je l'ai bloqué, il est donc allé chercher ma sœur. J'ai été choquée qu'on puisse en appeler à des forces extérieures pour me nuire.

Comment ta sœur a-t-elle réagi ?

Ma sœur n'a pas vu le message, je l'ai supprimé avant qu'elle ne le voie. Elle est très loin des réseaux sociaux. Je lui en ai parlé après, mais elle n'est pas affectée par ce qu'un inconnu peut penser d'elle ou de moi.

Je le vis différemment. Ça me touche forcément. On ne va pas se mentir, si j'ai commencé un compte Instagram, c'est que j'avais un besoin de reconnaissance. Ma sœur a confiance en elle et n'a pas besoin de ça. Pour ma part, j'ai toujours nourri des complexes et j'ai toujours eu besoin de plus (c'est ce que j'ai trouvé sur les réseaux, même si je veux toujours plus d'abonnés, d'activités, de placements, d'engagements, d'événements…).

Ces menaces sont-elles allées jusqu'à te donner des idées noires ?

Non, pas les réseaux sociaux ! C'est plutôt le reste de ma vie qui va m'en donner. Mon existence sur Instagram est mieux que la réalité. [Rire triste.] Je trouve sur Instagram le réconfort que m'offrent mes *followers*. J'ai plus de soutiens virtuels que réels. Au quotidien, je ne suis pas du genre à me confier, c'est plutôt moi qui suis positive et apporte du soutien à mes proches.

Les réseaux t'apportent beaucoup de positif au final…

J'ai reçu plusieurs messages très forts de ce point de vue. J'en ai même fait des captures d'écran que je conserve dans mon téléphone. Il m'arrive souvent de les regarder. Certains me disent que je suis leur modèle. Je ne cherche pas à être une image parfaite, mais je prends conscience du rôle que j'ai.

Quel conseil donnerais-tu à une personne qui a du mal à s'accepter ?

De ne pas tenir compte du regard des gens, du jugement des autres. La vérité est celle que tu détiens. Il ne faut pas se laisser influencer par les diktats de la beauté. Si tu trouves belle ou beau, tu le deviens. Depuis que je me trouve belle, je sens que j'attire davantage les regards. Je me plais… donc je plais !

Quelle est ta définition de la beauté ?

C'est tellement subjectif. Elle n'a pas de définition.
Elle est partout, c'est à qui veut bien le voir.

Et ta définition des complexes ?

Quelque chose qui atteint ta confiance en toi et que tu aimerais changer ou accepter, en *stand-by* entre deux décisions.

Comment dis-tu fuck aux complexes ?

En les assumant et en disant « fuck »… Mais vraiment !

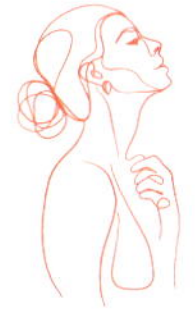

Gaëlle Prudencio

Africaine de Paris comme elle aime à se définir, Gaëlle Prudencio est l'une des précurseures du mouvement Body Positive en France. Constatant qu'il est toujours très compliqué pour les femmes rondes de disposer de choix pour s'habiller, elle a créé sa propre marque en wax (référence à ses origines béninoises et son enfance sénégalaise). Rencontre avec une femme forte, rayonnante, drôle, qui a toujours du soleil dans le cœur.

Tu es considérée comme l'une des pionnières du mouvement Body Positive en France…

Oui, je suis même peut-être la première ! Le mouvement est né aux États-Unis, mais il n'existait pas en France. Il est apparu dans l'Hexagone avec la naissance d'Instagram. Outre-Atlantique, le Body Positive a été créé pour lutter contre les normes de beauté de l'industrie de la mode et les troubles qui en découlent (l'une des fondatrices a perdu sa sœur qui souffrait d'anorexie).

Quand j'ai lancé mon blog en 2007, je ne connaissais pas ce terme. Je parlais de « *Size Acceptance* ». Et en 2017, j'ai découvert ce vocable qui correspondait déjà à ce que je faisais sur mon site.

Comment définirais-tu ce mouvement justement ?

C'est l'« *universal standard* » : toutes les morphologies sont représentées et toutes sont belles. C'est inclusif : que tu sois grosse, maigre, en fauteuil roulant… C'est naïf et simple. Tout le monde est beau et chacun est représenté !

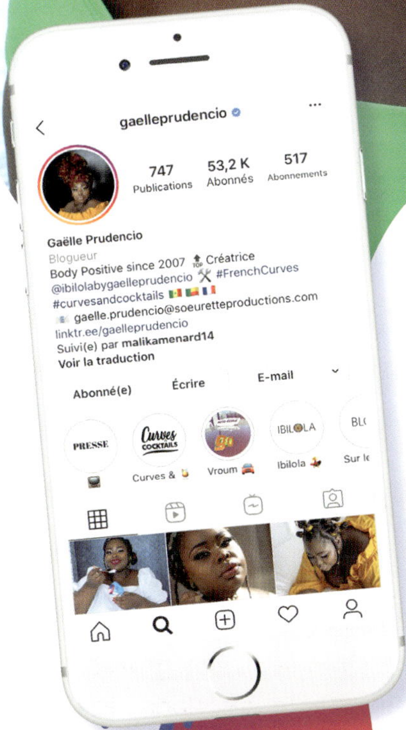

Née en 1983

Créatrice de mode et blogueuse body positive

29 mai 1983 : naissance de Gaëlle Prudencio à Thiès, au Sénégal.

2001 : à 18 ans, Gaëlle arrive en France, dans le Nord–Pas-de-Calais (à Douai puis à Lille) pour ses études de droit. Elle poursuit ensuite un parcours d'études dans les ressources humaines. Elle quitte le nord de la France pour se rendre à Paris et commencer à travailler.

2007 : elle lance son blog dans la mouvance Body Positive.

2018 : Lancement de sa marque Ibilola, ligne de vêtements en wax taille 44 et plus.

Suivez Gaëlle
sur Instagram : **@gaelleprudencio**
sur son blog : **gaelleprudencio.com**

Aujourd'hui, c'est devenu un terme marketing. Toutes les marques issues de l'univers de la mode se sentent obligées de passer par là. Mais il existe encore beaucoup de limites de taille : la production ne doit pas se cantonner à des tailles allant du 34 au 42. Le site de vente de prêt-à-porter en ligne Asos est un excellent exemple de body positive : les modèles sont rondes, grandes, petites, minces... Dans la beauté, c'est censé être beaucoup plus simple. Rihanna, avec Fenty, nous a fait faire un bond de géant : on a de tout au niveau des types de beauté et de corps. Elle a réussi à inclure le plus de personnes possible et c'est vraiment ça le principe !

Comment ce rôle de porte-drapeau du body positive est-il arrivé dans ta vie ?

J'ai fait énormément le yoyo en termes de poids pendant toute mon adolescence, soit de mes 12 ans à mes 20 ans. J'avais beaucoup de mal à trouver des tenues qui me plaisaient pour m'habiller. Je me suis toujours trouvée jolie. J'ai souvent entendu : « Tu as un joli visage, mais tu devrais maigrir. » J'ai toujours été bien dans ma peau : je faisais du sport, du théâtre. Mon seul problème, c'était vraiment pour m'habiller.

J'ai commencé à regarder ce qu'Internet proposait. C'était le début des forums, et c'est ainsi que je me suis retrouvée sur « Vive les rondes » en 2003... Les membres du forum postaient leur tenue du jour et je les trouvais belles. Jusqu'en 2007, je continue de participer à la vie des forums, je découvre ce qu'est la « *size acceptance* » qui vise à améliorer l'image des gros dans la société. Et je crée mon blog pour en parler.

On se rencontrait pour faire du sport ensemble, pour aller au restaurant. Au quotidien, les personnes grosses sont quasi invisibilisées. Ça me permettait surtout de me sentir en sécurité. Quand on est seule et grosse, c'est oppressant. C'était un peu une façon d'être protégée et de me sentir appartenir à un groupe. C'était une phase d'acceptation de moi-même. J'avais besoin d'éléments d'identification et ça m'a portée. J'ai pu m'affirmer et le revendiquer sur Internet.

Avez-vous toutes gardé contact ?

Nous nous sommes globalement toutes perdues de vue, mais la communauté reste forte. En 2018, quand j'ai décidé de créer ma marque Ibilola destinée aux femmes rondes, j'ai tout de suite reconnu les noms des premières acheteuses. C'était des noms que je connaissais depuis des années, déjà vus sur le forum. Si jamais je me fais harceler sur Instagram, ces jeunes femmes seront également les premières à prendre à ma défense. La communauté reste fidèle.
J'ai effectué la même démarche quand j'ai décidé d'accepter ma coupe afro et que j'ai cessé les défrisages. J'ai côtoyé beaucoup de copines black africaines. Ça m'a aidée à m'accepter…

Il arrive que tu ressentes le besoin d'être défendue sur les réseaux sociaux ?

Oui, j'ai constaté qu'à chaque fois que j'apparais dans une vidéo médiatique (télévision ou gros site Internet), ça me ramène un public différent de ma communauté traditionnelle, un public qui me critique. Les gens qui me suivent déjà sont positifs et bienveillants. Ceux qui me suivent ne sont pas tout le temps d'accord avec moi, mais ils me donnent leur avis et c'est constructif. Mais les nouveaux *followers* en provenance d'autres plateformes peuvent parfois se montrer violents.

Est-ce que cela peut t'affecter ?

Depuis quelques années, je m'amuse bien à l'approche de l'été : tous les magazines parlent du « *summer body* ». Pour moi, le « *bikini body* », on l'a déjà toutes ; on a toutes un bikini et un body, un corps et un maillot de bain ! Depuis 5 ans environ, j'emmène des nanas avec moi pour poser en maillot juste avant l'été. On s'éclate. On ne rentre pas dans les critères, mais on s'assume. Une photographie de moi, prise lors d'une de ces séances en 2014, a été réutilisée en 2017 (sans mon accord évidemment) par une marque de thé amincissante camerounaise pour un avant/après. Je servais évidemment pour illustrer l'avant. Je ne sais pas comment, mais après ça, je retrouve cette même photo sur une page Facebook ivoirienne avec une légende du style « Tout le monde peut se sentir bien à la plage ». Et là, sur près de 10 000 commentaires, il y en avait au moins 9 000 insultants : « Elle fait la promotion de l'obésité », « Elle doit faire du diabète », etc. Je ne suis pas soucieuse de ce que l'on dit de moi sur les réseaux en général. Mais là, on n'arrêtait pas de me l'envoyer. J'ai l'une de mes petites sœurs qui essayait de me défendre en vain sous la publication. J'ai pensé aux jeunes filles mal dans leur peau qui me voient heureuse et se sentent libres d'être comme elles sont et qui tombent par la suite sur ces commentaires odieux. J'ai eu le sentiment que ça anéantissait tout mon travail.

Tu n'as pas pour autant arrêté les étés qui ont suivi de faire tes shootings bikini…

J'organise ces séances photos tous les étés. Ça participe au fait d'intégrer des corps différents dans l'espace public. C'est le cœur de mon travail.

Je politise mon corps, parce que je ne corresponds pas aux standards de beauté en Europe ou en Afrique. En Afrique, c'est la même morphologie que les mannequins européennes. La mission que je me suis donnée est de rendre les corps différents visibles et d'habituer les regards en apportant une vision plurielle.

Pour ma part, je cumule : je suis une femme, grosse et noire !

C'est-à-dire ?

Pour beaucoup de femmes noires et grosses, on est à l'intersection de plusieurs discriminations : sexisme, racisme et grossophobie. Lequel est le plus dur ? C'est un tout. C'est moi. Ce n'est pas détachable.

Je n'ai pas connu le racisme immédiatement. En réalité, j'ai découvert la couleur de ma peau lorsque je suis arrivée en France.

En revanche, en tant que femme, j'ai toujours vu depuis mon enfance une différence dans le traitement des genres sans pour autant l'accepter. J'ai été élevée par une mère célibataire. J'ai toujours été éveillée sur ces questions-là.

C'est sur le poids que j'ai le plus souffert, et cela très jeune. On m'a toujours embêtée avec ça, dès mon plus jeune âge. À 7 ans, on surveillait les quantités que je mangeais. Pendant les réunions de famille, pas de bonjour, mais un « Tu as grossi » ou « Tu as maigri ». De peur d'entendre cela, chaque été, avant de retrouver ma famille, je faisais un régime. Pour mes 20 ans, je m'étais fixé comme objectif d'être très mince. Je me suis inscrite au programme Weight Watchers. J'étais déterminée et j'ai perdu 40 kg. Mais n'ayant pas fait à l'époque de travail avec une psychologue pour comprendre pourquoi je prenais du poids, j'ai tout repris en un an et demi.

Quand ce travail psychologique est-il survenu ?

Mon blog a été ma véritable thérapie, inscrite dans la durée. J'ai aussi dû consulter une psychologue suite à des problèmes de santé.

En 2007, je me suis mise à perdre du poids sans rien faire. Ma mère, inquiète, m'a envoyée consulter un spécialiste qui m'a diagnostiqué une hyperthyroïdie. Je me suis fait retirer la thyroïde… mais 8 ans après le diagnostic. Au début, le médecin a essayé de traiter sans passer par l'opération. Quand la thyroïde est déréglée, cela se répercute sur le corps dans son intégralité et c'est assez vicieux. J'avais compris que quand j'étais en hyperthyroïdie, je perdais du poids, et je ne suivais donc pas bien le traitement. Le docteur qui me suivait m'a demandé de consulter une psychologue. Un an après, j'ai travaillé sur toutes les raisons qui faisaient que j'avais du mal à me faire soigner. À l'époque, je me répétais : « Foutue pour foutue, autant aller droit dans le mur ! » En septembre 2016, j'ai accepté l'opération et je suis désormais un traitement à vie.

Et aujourd'hui, où en es-tu avec les kilos en trop ?

Je n'ai pas renoncé à perdre du poids. La société nous inculque un certain idéal de corps. Mon idéal n'est pas d'être mince, mais du point de vue du confort, je dois perdre un peu de poids : j'ai mal aux genoux et ça me peine. En revanche, je ne vais pas m'empêcher de vivre en attendant de perdre ces kilos.

Alors tu décides de te lancer dans la mode…

J'avais créé mon blog et je me demandais comment aller plus loin. Il faut savoir que lorsqu'on est une personne grosse, on te recommande de porter du noir. Mais j'ai envie de porter des couleurs et j'ai fait le choix d'habiller des femmes avec du wax.

Le but d'une entreprise, c'est aussi de faire du profit. On pense que c'est un secteur de niche, mais 40 % de la population française fait plus que du 42. Tout le budget shopping des femmes grosses de France part aux États-Unis où elles choisissent leur garde-robe sur des sites en ligne.

Et tu as également lancé le hashtag #frenchcurves !

Je l'ai lancé en 2013. La visibilité des blogueuses rondes en France était bien trop faible à mes yeux. Une seule tenait véritablement la vedette : Stéphanie Zwicky, qui avait été repérée par Daphné Burki et qui avait été médiatisée. Mais, pour le grand public, il y avait elle et… c'est tout ! J'avais envie de faire connaître d'autres filles avec des carnations différentes. Alors, une fois par mois, avec ce hashtag, les influenceuses rondes proposaient un look sur un thème à chaque fois différent. Une soixantaine d'influenceuses se prêtaient au jeu. Ce challenge mensuel n'existe plus, mais je vois encore des femmes utiliser ce hashtag et ça me fait plaisir. Il comptabilise quelque 31000 photos.

Et ce corps, tu l'aimes ?

Mon corps et moi, on se kiffe ! Je l'aime beaucoup. Nous avons mené tellement de batailles ensemble. C'est mon meilleur pote. Je sais que, si demain je perds du poids, je ne renierai jamais le corps dans lequel je vis aujourd'hui. Si je n'avais pas eu cette histoire avec les régimes, je ne serais pas la même personne. Je ne pourrais jamais poster de photos avant/après. Je pars du principe qu'être dans une démarche body positive et perdre du poids est possible. Le corps est toujours le même, c'est la vision qui est différente. Ce qui est à l'intérieur de ce corps, c'est toujours pareil. J'ai une relation apaisée avec mon corps.

As-tu encore des complexes ?

Je pense que non. J'ai peut-être des complexes d'un ordre psychique en termes d'entrepreneuriat. Mes complexes sont nés de ce que les autres disaient : « Trop gros bras », « Trop grosses chevilles ». Je galère à me chausser parce que je fais du 43 et que j'ai le pied large, mais ça ne constitue pas un complexe en soi !

Ton métier s'exerce à temps plein sur les réseaux. N'as-tu jamais eu envie de souffler, de faire une pause ?

Oui, ça me prend beaucoup de temps. Je suis tout le temps connectée. Après un passage à la télévision par exemple, je vais recevoir 1000 messages d'un coup, des messages positifs, encourageants et aussi… des personnes qui veulent me raconter leur histoire. Mais ce n'est pas toujours évident. Je ne suis pas psychologue, je ne sais pas gérer les émotions des autres. Ça m'arrive de faire une pause. Je continue d'apporter du bonheur aux gens, mais pas au détriment du mien.

Si je ne suis pas bien, je ne poste pas pour ne pas avoir à répondre. Mais j'aime être sur Internet, j'y suis depuis l'âge de 14 ans. Cet outil fait partie de ma vie.

Parfois, quand c'est trop prenant, je coupe un peu et je reviens un jour ou trois semaines après (par exemple, en janvier 2018, j'ai avorté et c'était tellement dur à gérer que je ne pouvais pas faire semblant).

Quel conseil donnerais-tu à une personne qui a du mal à s'accepter physiquement ?

D'essayer de voir quels sont les modèles qui lui plaisent et pourquoi elle les apprécie : « Est-ce que j'aime ma maman parce qu'elle est belle ou comme j'aime ma mère, elle est belle ? » ; « Est-ce que les gens sont beaux et je les aime ou est-ce que les gens sont beaux parce que je les aime ? »

Toutes les personnes que je vois sont de belles personnes. Tout le monde est beau, mais certains sont plus au courant que d'autres. Les rencontres, l'enfance font qu'on irradie sans forcément être le plus beau ou la plus belle.

Ta définition de la beauté ?

La beauté, c'est de savoir qui on est vraiment. Ça n'a rien à voir avec le physique. C'est qui je suis et ça influera sur ce que je dégage.

Et ta définition des complexes ?

C'est des trucs qui nous font chier, qui n'existent pas et qui nous pourrissent la vie.

Comment dis-tu fuck aux complexes ?

Il faut se regarder dans le miroir, un miroir plein pied, et faire l'inventaire de tout ce qu'on aime bien. Il faut toucher son corps, se mettre nu(e) et observer la façon dont le corps bouge, se rendre compte qu'on est vivant(e) et que cela n'a pas de prix ; que le corps nous permet de faire plein de choses ! C'est tellement une folle aventure d'être en vie. En vieillissant, ça change… c'est important de savoir que tout ça va changer.

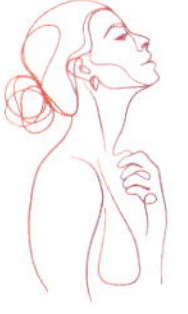

Le mouvement Body Positive

Né aux États-Unis en 1996, le mouvement Body Positive a été lancé par Connie Sobczak et Elizabeth Scott. Leur ambition ? Créer « *une communauté vivante et thérapeutique visant à libérer des messages sociaux étouffants qui maintiennent les gens dans une lutte perpétuelle contre leur corps* ».

Avec l'essor d'Internet, cette « école » s'est développée dans le monde entier, d'abord sur les forums, avant de prendre une ampleur significative avec l'explosion des réseaux sociaux il y a 5 ans.

L'idée véhiculée par le « Body positivisme » que toutes les physionomies ont de la valeur. En soi, il n'existe ni bonne ni mauvaise morphologie. Cette idée est portée par un grand nombre d'ambassadrices rondes, mais il ne s'agit pas pour autant de décrier les femmes minces au profit des plus grosses. L'objectif n'est pas de changer son concept de la perfection, mais plutôt de comprendre que la perfection peut prendre toutes les formes ! Cela va au-delà d'une question de poids : poils, acné, cicatrices, vergetures sont également concernés…

Gaëlle Prudencio et Julie Bourges (DouzeFevrier) font partie des porte-parole de ce mouvement en France. Voici une liste non exhaustive des comptes à suivre dans le monde pour faire le plein de pensées positives sur Instagram :

- @bodyposipanda (cette Anglaise est certainement la plus connue à l'heure actuelle) ;
- @lenadunham (la réalisatrice de *Girls* est décomplexée, aussi bien sur ses réseaux que dans sa série ou dans son livre, un véritable art de vivre !) ;
- @itskristinchirico ;
- @stephaniezwicky (une des pionnières en France, plus discrète ces dernières années) ;
- @mynameisjessamyn ;
- @ashleygraham.

Jelena Dukic

Candidate de téléréalité par excellence, la jeune Belge d'origine croate cumule près de cinq participations à des « émissions du réel ». Jelena Dukic a profité de la médiatisation offerte par le petit écran pour devenir une star des réseaux sociaux. Elle est donc tout naturellement devenue influenceuse à temps plein, un métier qui l'expose aux jugements quotidiens de ses *followers* pas toujours très tendres… À peine installée autour d'un verre, Jelena me confie : « Je ne sais pas si je suis la bonne personne pour toi. Certes, j'ai grossi et je reçois des attaques, mais je ne fais que 61 kg. » La jeune femme doute beaucoup et tout le temps de son physique. Une minute plus tard, je découvrais ce qu'était le lipofilling. Elle m'expliquait avoir prélevé de la graisse de son corps pour se la faire réinjecter dans les fesses. « Malika, tu ne connais pas ? Toutes les filles de télé font ça ! » Voilà qui promettait une interview sans langue de bois…

Beaucoup reprochent aux candidates de la téléréalité d'avoir le même physique. Qu'en penses-tu ?

Oui, on a toutes le même corps : des grosses fesses, des gros seins, une grosse bouche et des extensions capillaires. Et pourtant, si je vois une fille « 100 % naturelle », je vais la trouver dix fois plus belle. Même entre candidates, il y a de la méchanceté relative au physique. Lors de ma dernière téléréalité, *Les Anges*, j'ai reçu énormément de critiques concernant mes fesses. Je venais de faire un lipofilling : mes jambes étaient trop fines comparées à mes fesses.

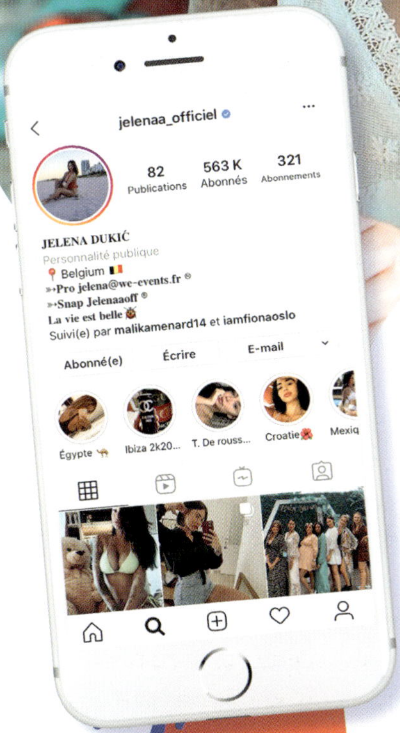

Née le 22 juillet 1994 à Bruxelles

Candidate de téléréalité, influenceuse

Septembre 2016 : première participation à une émission de téléréalité, *La revanche des ex*, sur NRJ12. La jeune femme est encore, à l'époque, serveuse en Belgique.

Novembre 2017 : Jelena intègre un autre programme de téléréalité, *Les Marseillais vs le reste du monde*, sur W9.

2019 : dernière participation à un programme, la 11e saison des *Anges de la téléréalité* sur NRJ12.

Suivez Jelena
sur Instagram : **@jelenaa_officiel**
sur Twitter : **@jelenadkc_off**
sur Snapchat : **@jelenadkc**

Et j'ai le souvenir que Léana (une autre candidate) n'a pas arrêté là-dessus pendant toute l'émission en parlant de mon « vieux cul dégueulasse ». Lors de la diffusion de l'émission, on ne voyait plus que ces échanges-là entre nous. C'était vraiment traumatisant et j'en ai été très affectée au début. Après, je suis tombée sur des captures écran de l'émission qui tournait sur les réseaux sociaux montrant mes fesses dans une position peu flatteuse. C'était retweeté dans tous les sens, y compris par Léana. Et donc, seconde vague de méchanceté post-tournage à mon encontre...

Est-ce que tu as tout de même d'autres tournages prévus ?

Peut-être *La bataille des couples*, en duo avec mon copain. Mais comme il est footballeur, niveau planning, ce n'est pas facile. Il faudrait une autorisation de son club pour partir... Pas évident.
J'avais une proposition pour participer à *Les Princes et les princesses de l'amour* sur W9 après une courte rupture avec mon compagnon, mais je me suis rapidement remise avec lui, j'ai donc décliné.

Tu n'es donc pas dégoûtée de la télé...

Non, c'est plutôt cette opération de lipofilling. C'est l'opération de chirurgie esthétique que je regrette le plus. Je préférais limite mon corps avant que celui que j'arbore maintenant. Et il y a plein d'autres choses que j'ai faites et que je regrette.
Avant, j'étais dans une période très extravagante, à vouloir toujours en faire plus. Là, j'ai un peu changé. Je suis en couple et je me suis assagie. Mon compagnon me préfère pas maquillée, plus naturelle, je suis allée jusqu'à changer ma façon de m'habiller. L'acceptation de mon corps est beaucoup plus facile maintenant que je suis en couple. Je n'ai plus ce besoin constant de plaire.

Est-ce que tu t'aimes ?

C'est compliqué. Je pense que j'aurais pu me plaire si je n'avais pas fait toutes ces émissions de télé. J'ai eu un regard sur moi complètement différent, et à force de lire tous les commentaires de *haters*, j'ai perdu confiance en moi en me voyant à l'écran.

Est-ce que cette perte de confiance en toi date de ta première apparition à la télé à 20 ans ?

Dès mon premier passage télé, je me suis fait « démonter ». Les commentaires qui me revenaient portaient souvent sur ma dentition. Résultat : j'ai foncé chez le dentiste pour me faire poser un appareil dentaire. Je voulais également faire des facettes, mais je me suis résignée à seulement aligner mes dents. À ce moment-là, j'avais un compte Twitter que j'ai supprimé, parce que c'était devenu le réseau-tribunal. Je ne recevais que des insultes.
Je viens d'un petit village en Belgique. Quand j'ai commencé à me rendre en ville adolescente, je voyais des femmes qui avaient eu recours à la chirurgie esthétique et je pensais que jamais de la vie je ne voudrais être comme elles. Et, à l'heure actuelle, je suis « limite » pire que ces filles que j'ai vues plus jeune.

Comment en es-tu arrivée à multiplier les opérations de chirurgie esthétique si tu n'aimais pas cela au fond de toi ?

Lors de ma première participation à une émission de téléréalité, je n'avais refait que mes seins. Et après, j'ai tout enchaîné en très peu de temps ! Par exemple, en 2 ans, j'ai fait mon lipofilling et les médecins sont intervenus à deux reprises sur mon nez !
Pendant toute cette période-là, les gens n'étaient pas tendres : « Tu as les seins qui pendent », « Ton nez, ça ne va pas du tout. » C'est difficile d'expliquer les flots de haine que j'ai pu recevoir, que ça soit

de la part des téléspectateurs ou des candidats. En fait, j'ai fini par avoir vraiment l'impression que j'étais moche. Je ne m'acceptais pas du tout. J'avais quand même des personnes qui me complimentaient, mais dans ma tête j'étais persuadée que j'étais laide. J'avais vraiment fini par croire et intégrer ce que les gens disaient. Je n'arrivais pas à me dissuader du contraire.
C'était tellement ancré dans mon esprit que j'ai fait une fixette sur mon corps. C'était psychologique : je ressentais le besoin impérieux de refaire quelque chose ! Je me suis laissée totalement entraîner dans ce système de la téléréalité. J'ai changé beaucoup de choses : mes lèvres, mon nez, ma poitrine, mes fesses, mes pommettes... à cause de cette exposition médiatique. C'est pour ça qu'aujourd'hui je cherche à aller vers quelque chose de plus naturel.
Ma poitrine par exemple : les prothèses me gênent, elles me font souffrir. Au bout d'à peine 2 ou 3 minutes de course, ça me brûle. Autre exemple : le lipofilling. Je préférais mon corps avant, je le trouvais plus lisse. Je ne m'attendais pas à un résultat pareil. Habillée, ça va, mais quand je suis nue, je n'aime pas mon corps.

Au final, toutes ces opérations n'ont pas fait disparaître tes complexes...

Hélas, non ! Après deux interventions sur mon nez, je suis toujours autant complexée. J'ai encore envie de le modifier.
Tu sais, c'est très dur. Au début, lors des premières émissions, je n'en revenais pas. Toute cette cruauté... Ça m'a tellement impactée, ça m'est tellement tombé dessus qu'avec le temps, j'essaye de moins me prendre la tête avec ça. Bon, en revanche, si statistiquement je poste une photo qui reçoit 1000 commentaires et que, parmi eux, il y en a 700 de négatifs, je peux encore me poser des questions...

Et il n'y a jamais eu un médecin qui a refusé de s'occuper de toi ?
Oui, sûrement. Mais, à l'époque, j'étais tellement convaincue de ce que je voulais faire que j'aurais pu en voir plein jusqu'à ce que l'on m'accepte. Je ne pouvais pas ne pas le faire. Et quand tu passes à la télévision, c'est terrible, mais tu remarques tous les petits détails que tu n'aurais pas forcément relevés en photo.

Quelle a été la réaction de tes parents vis-à-vis de tes transformations physiques successives ?
Après ma première opération, celle des seins, ma mère ne m'a plus adressé la parole… pendant 3 mois !

Tu n'as aucun souci à parler de tes opérations de chirurgie esthétique avec tes followers ?
Non, aucun ! C'est comme ma prise de poids, j'assume tout ! Je suis limite mieux dans ma peau comme ça. Je ne me prive de rien. On parle de 5 kg en quelques mois. En soi, ce n'est pas grave, mais j'ai plus de cellulite. Quand je fais des photos, je continue de moins les retoucher et d'assumer. Je reçois quand même des commentaires tels que : « Il serait temps d'arrêter de manger, tu es enceinte. » Quand j'ai posté des photos de mes vacances sur lesquelles j'apparaissais en maillot de bain, j'ai reçu beaucoup de remarques.

Lors de ces moments-là, tu as envie de supprimer la photo de ton compte ?
Non, je la laisse. Je la poste et je la garde dans mon fil, mais je m'interroge vraiment sur les gens. Qu'est-ce qui se passe dans leur tête ? Qu'est-ce qu'ils veulent vraiment ? J'ai le sentiment que quoi que je fasse, il y aura toujours des critiques. Si je mincis, ils me trouveront trop mince. Ils ne sont jamais contents.

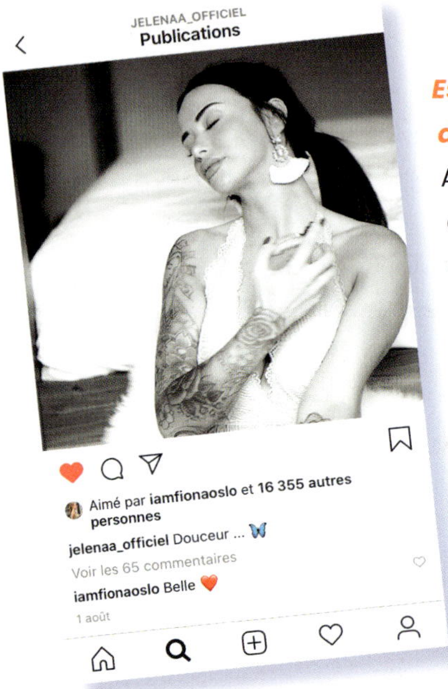

Est-ce que tu as des regrets quand tu prends du recul sur ta métamorphose ?

Au moment où je te parle, je regrette tout ce que j'ai fait. Je parle ouvertement de chirurgie esthétique, mais je mets aussi les personnes en garde. C'est un acte chirurgical ! Mon nez a été cassé pour le modifier. On insère des aiguilles immenses dans le corps. Ce n'est pas une décision à prendre à la légère.

Même un tatouage n'est pas à prendre à la légère. D'ailleurs, je le regrette aussi et je suis actuellement en train de subir des interventions au laser pour l'effacer. Il faut toujours bien réfléchir, même avant de se faire tatouer. Parfois, on est un peu inconscient, on veut suivre la mode. Mais le temps passe, tu grandis et tu regrettes. Tu évolues et ta personnalité change. Je mets en garde les personnes qui me suivent sur les réseaux sociaux. Ma personnalité est de foncer et de réfléchir après. Ce n'est pas forcément la meilleure manière d'agir.

Est-ce que ton conjoint a eu un rôle dans cette prise de conscience ?

Ça fait 4 ans que l'on se connaît. Au début, il avait peur de se mettre en couple avec moi. J'étais trop extravagante, toujours apprêtée pour aller en soirée. Et puis, quand j'ai mûri, quand je me suis lassée un peu de cette vie-là, d'être la petite minette « toute fraîche » dehors, que j'ai réalisé que ça ne me rendait pas heureuse, nous nous sommes revus. Nous sommes ensemble depuis un an et demi à l'heure où nous parlons.

Sans lui, arriverais-tu à t'accepter physiquement ?

Je pense que cela serait plus difficile, parce que je serais sans doute toujours un peu dans un monde nocturne, superficiel, de sorties… Par exemple, il y a encore peu de temps, il n'était même pas envisageable que je puisse arborer ma chevelure sans extensions capillaires. Mon conjoint m'a conseillé de faire une pause pendant plusieurs mois. Il me mettait en confiance, il me disait que c'était mieux pour moi, pour mes cheveux. Les extensions de cils, pareil. Avant, c'était impossible que je sorte sans le moindre artifice. Je me mettais une vraie pression.

Arrives-tu à te trouver jolie ?

Hum… non ! J'ai un grand manque de confiance en moi que j'essaye de ne pas trop montrer. Ça s'améliore avec le temps, mais ça serait mentir de dire que j'ai 100 % confiance en moi. Là, je ne peux toujours pas me regarder dans la glace et me dire que je m'aime. Je sais qu'il y a encore plein de défauts chez moi et mon visage d'avant la téléréalité me manque.

Ne ressens-tu pas parfois l'envie de couper les ponts avec ce monde médiatique, de mettre ton compte Instagram en pause par exemple ?

Si, j'en rêve. J'en parle souvent avec mes amies. Elles ne sont d'ailleurs pas du tout comme moi physiquement parlant. Ma meilleure amie a 41 ans et elle n'a absolument rien refait de son physique. J'ai des amies de longue date, avec qui j'étais à l'école qui, elles aussi, sont très naturelles et ont même eu un peu peur de ne plus me reconnaître après tous ces changements physiques : « Ce n'est plus la Jelena que l'on connaît. On a peur qu'elle change à l'intérieur aussi. » Heureusement, je suis restée la même à ce niveau-là.

Je leur répète souvent : « Mais vous n'imaginez même pas à quel point j'ai envie de me déconnecter d'Instagram, de ne rien voir, de ne rien savoir, parce que je suis tout le temps en train de regarder, de comparer, de lire des commentaires désagréables. » Il arrive même que je reçoive des menaces de mort !
Regarde : là, j'ouvre mon téléphone : « Tu es une salope, Jelena. » Et ça, ce n'est qu'un exemple parmi d'autres.

Est-ce que tu réponds aux haters ?
Non ! Jamais, sauf si je vois qu'il y a beaucoup de commentaires répétés qui vont dans le même sens. Lors de ma récente prise de poids par exemple, j'ai décidé de faire une story groupée pour répondre aux gens, mais je le fais toujours avec humour. Je prends tout au second degré. Ce n'est pas pour autant que ça ne me touche pas, mais je ne veux pas dévoiler ma faiblesse aux gens. Si je le faisais, ça les inciterait à continuer. Si je montre ma faiblesse, je vais finir en pleurs sur Instagram, comme ça a déjà pu arriver à d'autres candidates.

Alors, pourquoi ne pas songer à quitter définitivement ces réseaux ?
C'est mon gagne-pain, mon travail. J'aimerais certes construire autre chose à côté, mais même si je développe une autre activité, je me dois de rester dans le « *game* ». Pour l'instant, j'ai suivi mon compagnon au Luxembourg pour son travail, mais ce n'est que temporaire, je ne peux donc pas penser créer quelque chose ici. J'attends de rentrer à Bruxelles où est ma vie. J'aimerais, à terme, ouvrir un salon d'esthétique et de coiffure.

Penses-tu que tu aurais pu davantage t'aimer si tu n'avais pas eu Instagram ?

Oui, sans aucun doute ! J'en suis sûre à 100 %, parce que je ne serais pas rentrée dans cet engrenage. Je me serais beaucoup plus acceptée en étant naturelle et je n'aurais pas eu envie de faire tout ça. En fait, le problème avec Instagram, c'est qu'il y a trop de comparaisons, de filles surfaites. Du coup, j'ai pu ressentir l'envie de leur ressembler. Je pense que je me suis perdue dans ma vie. Je me suis retrouvée à mi-chemin entre la personne simple et superficielle. J'étais déjà complexée très jeune, sûrement parce que j'ai grandi sans la présence de mon père. J'ai parfois eu l'envie de me faire suivre par un psychologue, mais je ne suis jamais allée au bout de la démarche.

Parfois, je me dis que j'ai une chance énorme d'être entrée dans l'univers de la téléréalité, car énormément de jeunes femmes rêvent d'en faire. Mais je sais aussi que ce n'est pas forcément une chance quand je vois comment j'ai évolué…

Au final, tu reçois plus d'amour ou d'agressivité sur les réseaux ?

Plus d'agressivité. J'ai beaucoup de *followers*, mais je me demande pourquoi certains me suivent, car ils m'insultent tout au long de la journée. Mon compte est public, pas besoin de s'abonner pour voir mes actualités. Pourtant, ces personnes qui m'abreuvent de commentaires malveillants sont généralement abonnées à mes actualités.

Après, il ne faut pas se leurrer ; l'image que les gens ont de toi dépend tellement des tournages… Après *La villa des cœurs brisés*, mon image était plutôt bonne, mais après *Les Anges*, ça a été une véritable catastrophe. Pour tout dire, le montage de l'émission a une réelle influence, il peut donner une image totalement différente des candidats. Je remarque toutefois que plus je poste des stories « naturelles », meilleurs sont les retours.

Utilises-tu des filtres ?

Sur mes stories oui. Si je poste sur Snapchat le matin, je n'ai pas forcément envie de me préparer. Mais ça m'arrive aussi de faire sans.

À quelle fréquence publies-tu ?

J'essaye de poster assez régulièrement, tous les 2 jours à peu près. Le truc le plus contrariant, ce sont les posts du *feed* qui restent en permanence, comme une vitrine. Il faut toujours être bien habillée, penser à mettre une tenue jamais vue. Toutefois, comme je considère qu'il s'agit de mon métier, c'est normal d'y prêter une attention particulière.

Combien de temps passes-tu par jour sur Instagram ?

Trop ! Ma story, sans mentir… je la regarde 100 fois par jour alors que je n'ai rien rajouté de plus ! Mais c'est plus fort que moi, je suis tentée de la checker encore et encore. Je fais la même chose sur Snapchat. En gros, j'y passe toute la journée à moins d'être happée par autre chose, concentrée sur une série par exemple, mais c'est tout !

Quels conseils donnerais-tu à une personne qui a du mal à s'accepter ?

C'est délicat de répondre à cette question dans la mesure où je ne m'accepte pas moi-même. Je lui conseillerais de bien réfléchir avant de prendre des décisions qui impliquent son physique de manière irréversible. J'encourage à rester naturelle !

Ta définition de la beauté ?

Qu'elle soit naturelle ou superficielle, il n'y a rien de meilleur comme sensation que celle de se dire : « Je me sens belle et bien dans ma peau ! »

Ta définition des complexes ?

Pour moi, c'est de rester bloquée sur un complexe qu'il soit réel (que les gens voient) ou imaginaire (que nous sommes les seuls à voir). Les complexes nous donnent cette impression de nous sentir inférieures, mal dans notre peau.

Quelle est ta manière de dire fuck aux complexes ?

Avec un gros 🖕 ! [Rires.]

Plus sérieusement, je trouve qu'il est compliqué de dire fuck à un complexe lorsque nous sommes mal dans notre peau. Dans ce cas-là, on ne peut s'empêcher de se focaliser dessus. Par contre, quand on accepte un complexe qui peut certes nous gêner, mais qu'on ne veut pas ou qu'on ne peut pas modifier,

le fait de le prendre au second degré et en riant, ça peut être un beau 🖕 à ceux qui s'en moquent.

Julie Bourges

DouzeFevrier

Julie *aka* DouzeFevrier est une influenceuse *good vibes* qui a fait de son accident une force. Passer sur son compte, c'est prendre une leçon de vie, de relativisme et de bonne humeur. Cette grande brûlée est l'ambassadrice de l'association Burns and Smiles qui organise des rassemblements et des événements pour lutter contre l'isolement des grands brûlés, améliorer leur quotidien et les aider à se réintégrer dans la société. Cette jeune femme sensible se livre sans langue de bois sur ses peines et ses joies.

Que s'est-il passé le 12 février 2003 ?

À 16 ans, lors du carnaval du lycée, j'étais déguisée en mouton avec ma meilleure pote. J'avais fabriqué mon costume en collant du scotch double face sur du jean. Ma cigarette (allumée) a touché le costume qui s'est immédiatement enflammé. Autour de moi, aucun moyen à proximité pour l'éteindre. Une dame qui assistait à la scène a appelé les pompiers. J'ai ensuite passé 3 mois plongée dans un coma artificiel au cours desquels mon pronostic vital était engagé. Je suis passée de 48 kg à 32 kg. À l'issue de ces 3 mois, il a fallu réapprendre à vivre. Je devais me réapproprier mon corps de grande brûlée.

Que signifie ce terme de grande brûlée ?

C'est en fonction du pourcentage du corps qui est touché. L'enfant est qualifié de grand brûlé quand les lésions couvrent plus de 20 % de

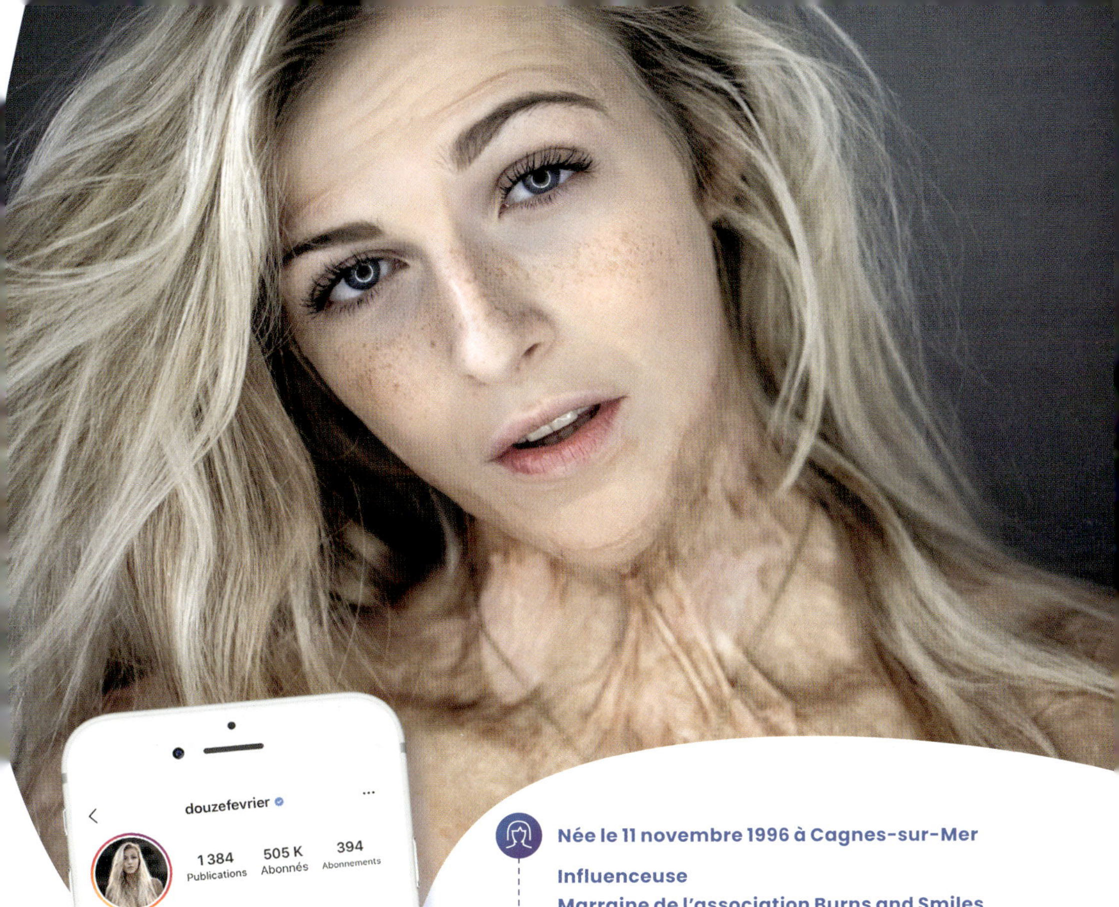

Née le 11 novembre 1996 à Cagnes-sur-Mer

Influenceuse
Marraine de l'association Burns and Smiles

12 février 2003 : accident lors d'un carnaval à 16 ans. Son costume prend feu. Transportée d'urgence à l'hôpital, elle y passera plusieurs mois. Julie en sortira vivante, mais grande brûlée.

Novembre 2013 : Julie s'inscrit sur Instagram sous le pseudonyme DouzeFevrier (date de son accident) pour ne pas avoir à se justifier auprès de ses proches et pouvoir échanger librement sur ses interrogations autour de la perception que les autres ont de sa situation.

2017 : alors que son compte marche bien, une télévision locale (Julie vit toujours dans le Sud, à Cannes désormais) s'intéresse à elle et lui consacre un sujet puis, avec l'émission *Sept à huit* sur TF1, elle gagne près de 50 000 abonnés en 15 min de diffusion.

Suivez Julie
sur Instagram : **@douzefevrier**
sur YouTube : **@DouzeFevrier**

son corps. Chez l'adulte, je crois que c'est autour de 40 %. Une brûlure est jugée grave à partir du moment où elle fait la taille de la main. Je suis touchée sur 40 % de mon corps, même si ça peut sembler visuellement beaucoup plus ; les médecins ont dû prélever de la peau saine pour réparer certains endroits.

Comment as-tu réagi en découvrant ce nouveau corps ?

À l'époque, avant mon accident, je n'avais pas de complexes. J'étais jeune, blonde, les yeux bleus et sportive… Je vivais ma plus belle vie. Du jour au lendemain, je me réveille à l'hôpital, bandée de la tête aux pieds. J'avais peur de ne plus jamais avoir une vie « normale ». Mes premières pensées ont été très sombres : la vie d'avant explose et on t'impose une existence dont tu ne veux pas.
Ça m'a fait prendre 10 ans de maturité en un instant. Physiquement, c'était une nouvelle vie, mais surtout mentalement… Au début, c'était très compliqué. Il fallait tout réapprendre. Vraiment tout !
Je ne vais pas mentir et dire que c'est tous les jours facile, car ce n'est pas vrai. Le chemin de l'acceptation est très long. En revanche, ce qui est certain, c'est que sans cette période, je ne serais jamais allée explorer les terrains sur lesquels je me suis rendue par la suite : aider les autres, m'engager aussi fortement… Mais, oui, les cicatrices sont là et seront toujours là…

Comment as-tu débarqué dans l'« Instasphère » ?

En novembre 2013, près de 10 ans après mon accident, je me suis inscrite sur Instagram. Il y avait encore peu de monde sur ce réseau et, évidemment, très peu de monde pour me suivre. J'en faisais un journal intime, mais… public ! Je voulais surtout que ma famille n'y ait pas accès. C'est pour ça que je l'ai appelé « DouzeFevrier », la date à laquelle ma vie a changé. C'était très dur pour moi au début

d'en parler à mes parents et mes frères, ils souffraient. Ils auraient tout donné pour être à ma place. Ma mère se mettait à pleurer dès que nous abordions le sujet et j'avais l'impression de ne pas pouvoir me donner de réconfort.
J'ai lancé ce compte pour me libérer du regard des gens. J'avais envie de savoir ce que les gens « lambda » pensaient vraiment de mes cicatrices. Je subissais les regards, beaucoup trop même quand je marchais dans la rue, sans pour autant les comprendre. Plutôt que de les interpréter, j'ai choisi de demander directement et d'échanger.

As-tu tout de suite réuni une grosse communauté derrière toi ?
Oui, ça a marché tout de suite ! J'ai connu une marge de progression énorme grâce à différents passages à la télévision, et surtout grâce à un sujet qui m'était consacré dans l'émission *Sept à huit* sur TF1 en 2017. Suite à cela, les chaînes sont venues me chercher et j'ai été surmédiatisée, ce qui a fait grimper les statistiques de mon compte. Par exemple, après mon premier passage dans l'émission de TF1, j'ai gagné 50 000 abonnés en 15 minutes d'antenne. Et quand ils ont rediffusé le reportage quelques mois après, j'ai repris de nouveau 50 000 abonnés !

Du coup, tu es devenue influenceuse sans t'en rendre compte…
Influenceuse est mon métier à temps plein, mais je suis également engagée dans des associations caritatives : je suis l'ambassadrice de Burns and Smiles pour les grands brûlés et je collabore régulièrement avec l'association Espoir SLA, une association familiale qui vise à sensibiliser et à rassembler autour de la maladie de Charcot. Lorsque j'ai eu mon accident, j'étais en première au lycée. J'ai passé mon bac avant de rejoindre une fac de sport. J'étais saisonnière en

station de ski. Je jonglais entre les deux activités jusqu'à ce que l'influence prenne trop de place.
Au début, j'avais juste besoin d'écrire et de parler. Puis, j'ai vu que ça servait également aux autres et qu'on avait besoin de moi.

Assumes-tu le fait d'être l'une des porte-drapeaux du mouvement Body Positive en France ?
Oui, même si j'ai de plus en plus de mal avec ce terme-là. Aujourd'hui, ce qui me dérange, c'est qu'il y a trop d'amalgames autour de ce terme. Ce mouvement est presque devenu plus légitime pour les femmes rondes que pour toutes les autres femmes.
S'il a beaucoup été associé aux femmes rondes, l'idée était surtout de faire passer le message que tous les corps sont beaux. Évidemment, j'y suis aussi associée sans m'en rendre compte. Mais je prônais le fait que tous les corps étaient beaux bien avant l'arrivée du Body Positive en France. Pour être plus claire, aujourd'hui, une femme qui prône le Body Positive et qui pratique du sport à côté risque de se retrouver sous le feu des critiques. C'est presque devenu tabou d'être sportive et associée à ce mouvement.
Enfin, quoi qu'il en soit, je mets en avant que tous les corps sont beaux, avec des cicatrices, des vergetures, maigres ou gros...

Être toujours positive, est-ce un combat quotidien ?
L'ouverture de mon compte Instagram était presque un appel à l'aide. J'ai eu le déclic quand j'ai réalisé que mon histoire aidait d'autres personnes. La vie ne s'arrête pas à un accident. Je l'ai pris comme une vocation. Mais je ne suis pas tout le temps positive. C'est un combat permanent.
Quand la télévision est venue me chercher, je me suis dit que je pouvais peut-être faire de cette histoire quelque chose de plus grand.

Mais je ne suis pas invincible : les gens me voient sourire, mais il y a aussi eu des phases très sombres et il y en a d'ailleurs encore aujourd'hui. C'est pour tout le monde pareil de toute façon. On ne peut pas être tous les jours au top. Par exemple, il va arriver que certains jours, je vais avoir envie d'enfiler un jean parce que je n'ai pas envie que l'on regarde mes cicatrices.

Mais c'est aussi Instagram qui t'a aidée à être positive…
Ça a été ma bouée de sauvetage, ma thérapie à moi. J'ai vu des psychologues et des psychiatres lorsque j'étais soignée à l'hôpital, mais pas après ma sortie. Sans Instagram et sans les retours bienveillants de mes abonnés, j'aurais sûrement dû être suivie.

J'ai l'impression que tu as cette chance d'avoir une communauté qui n'est que bienveillance…
Je n'ai que très, très rarement des *haters*. 99,9 % de ma communauté, c'est de la bienveillance. Je sais que j'ai de la chance et que c'est extrêmement rare.
J'ai reçu quelques critiques quand j'ai commencé à faire du placement de produits, certains m'ont dit que « j'utilisais » mon histoire. J'ai une relation très « cash » avec mes abonnés, et j'ai répondu : « Pour mon accident, j'ai touché 0 €, parce que je ne pouvais me retourner contre personne ! »
Je reçois également des critiques quand je prends de vraies positions, mais là, ça amène à un débat et c'est constructif. Je n'ai aucune appréhension avant d'ouvrir ma page Instagram chaque jour. Je sais qu'il n'y aura pas de haine.
Si, dès le début, je n'avais pas fédéré une communauté bienveillante, je ne serais pas restée sur les réseaux. Si on m'avait dit que mes cicatrices faisaient peur… Je serais partie.

Aujourd'hui, quel rapport entretiens-tu avec ton corps et ses cicatrices ?

Je suis dans une démarche d'acceptation: j'ai compris que mes cicatrices étaient le reflet de mon histoire, mais je traverse aussi des phases de doute. Je pense que c'est humain, que tu sois grande brûlée ou pas. Je me demande à quoi je ressemblerais aujourd'hui sans toutes mes cicatrices. Il y a toujours des moments dans la vie qui vont me ramener à ma différence (par exemple, l'année dernière, au Sri Lanka, on a surfé avec mon petit ami, mais je n'ai pas pu suivre comme lui à cause de mes cicatrices qui étaient douloureuses). Mais j'essaye d'être plus tolérante avec cette différence. Dans ce cas précis, j'ai pris contact avec un kinésithérapeute et je me suis dit qu'on allait trouver une autre solution. Le mental est la base de tout dans la maladie.

Est-ce que tu te trouves belle ?

Oui ! Pour être honnête, je me trouve belle malgré les cicatrices. Je ne suis pas moins belle qu'avant. Et c'est ça, le plus important, c'est le fond du message, même dans les phases de doute.

As-tu encore des complexes ?

Oui, on peut se trouver belle et avoir des complexes. Il y a des jours où je vais préférer porter un pantalon plutôt qu'un short, parce que je vais avoir la flemme de sentir des regards sur moi. J'essaye de les accepter, mais il y a encore du travail à faire.

Le fait d'avoir un amoureux donne confiance. Les cicatrices n'arrêtent pas l'amour. Quand je marche dans la rue avec lui, les regards sont toujours là, mais ils sont plus faciles à encaisser à deux.

Que dirais-tu à une fille qui a du mal à s'accepter ?

Que, bien souvent, ce qu'elle a du mal à accepter est dû à une image que la société lui renvoie : tu n'es pas imparfaite, c'est la société qui l'est.

Il n'y a rien qui est une fatalité. Tu peux toujours aller de l'avant et travailler sur ce qui te dérange. Il n'y a jamais rien d'impossible quand tu le veux vraiment. Il faut revérifier son entourage ou les personnes suivies sur les réseaux, distinguer celles qui t'inspirent de celles qui te font complexer.

Quelle est ta définition de la beauté ?

Je n'ai pas de définition pour ça. Pour moi, la beauté, c'est ce que tu décides d'en faire. Il n'y a pas de définition universelle à la beauté.

Et des complexes ?

Un complexe, c'est quelque chose sur lequel tu vas te focaliser suite à un traumatisme ; genre un nez tordu parce qu'on t'embête avec ça, mais ce n'est jamais irrémédiable !

Comment dit-on fuck aux complexes ?

En réalisant que tout le monde autour de nous a des complexes et qu'il faut arrêter de se focaliser dessus.

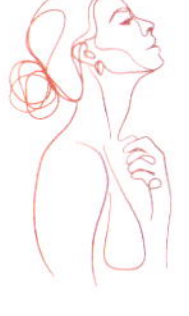

Juliette Marsault

Son nom et son visage vous disent sûrement quelque chose. Juliette Marsault a participé à *Secret Story* sur TF1 en 2010. Après son passage de quelques semaines sur le petit écran, elle a complètement tourné le dos à la téléréalité. Si elle assume totalement cette expérience, elle est très vite retournée à son premier amour, la danse. Et c'est à travers cet art qu'elle entend aider les femmes à s'aimer, à prendre confiance en elles et à revendiquer leur féminité grâce à son « bébé », BodyLink. Rencontre avec cet être à part, hyperactif et 100 % *girl power*.

Aujourd'hui, tu as 29 ans. On t'a découverte en 2010, dans la saison 5 de Secret Story… Puis, plus aucune téléréalité derrière…

C'était un *one shot* ! On m'a proposé de passer des castings. J'ai toujours été une jeune femme qui débordait de curiosité, d'idées et de projets et, à 19 ans, j'avais faim de découvrir le monde, d'explorer le plus de choses possibles. Quand on m'a proposé *Secret Story*, je l'ai vu comme une nouvelle aventure. Maintenant, j'ai 29 ans et je n'ai plus la même vision de la vie, des êtres humains, du travail et de ma personne. J'ai pris le temps qu'il fallait pour m'éduquer.

Tu n'as pas eu envie de profiter de cette participation pour devenir « candidate officielle de téléréalité » ? À l'heure actuelle, avec les réseaux sociaux, c'est un véritable job à plein temps et plutôt lucratif, non ?

C'était un tremplin. J'étais danseuse et je savais que derrière,

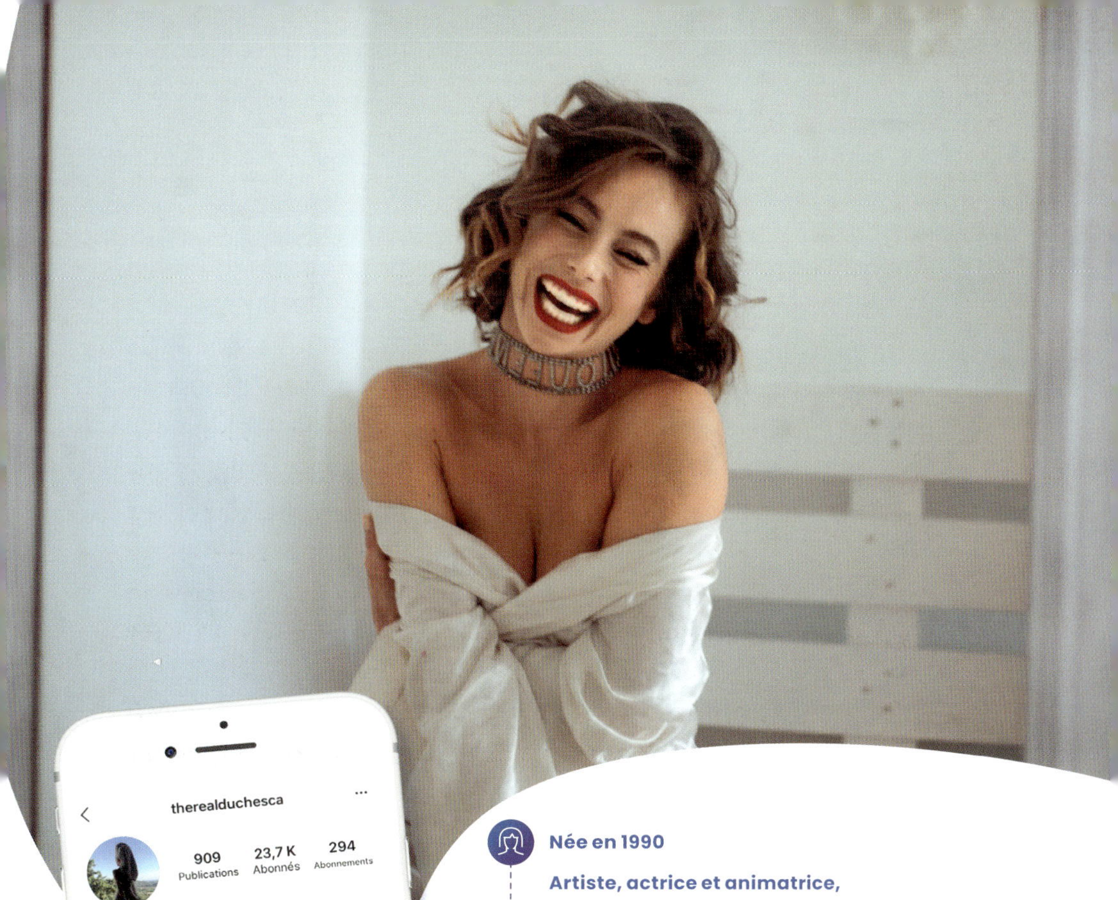

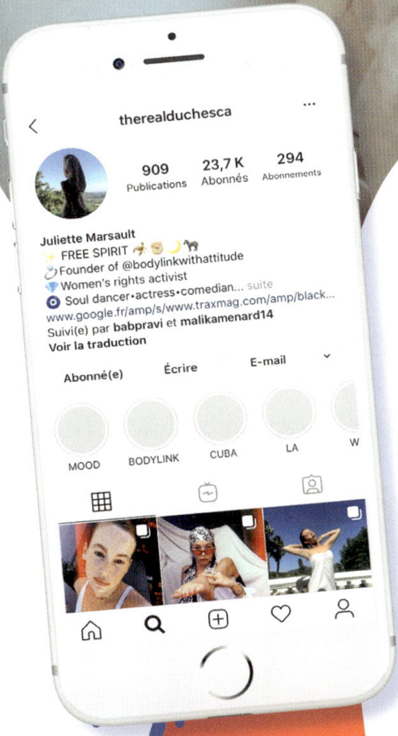

Née en 1990

Artiste, actrice et animatrice, créatrice de BodyLink

2010 : elle participe à l'âge de 19 ans à l'émission de téléréalité *Secret Story* saison 5. Un bref passage à la suite duquel elle retourne en compagnie de danse.

2011 : elle crée et anime sa propre émission, *Les nuits de Juliette* sur Ma chaîne étudiante.

2015 : elle réalise un court-métrage sur les attentats de *Charlie Hebdo*.

2019 : elle écrit son premier one-woman-show qu'elle joue au Panam Café.

2020 : elle lance BodyLink, un coaching de développement personnel pour les femmes à travers la danse.

Suivez Juliette
sur Instagram : **@therealduchesca**
et **@bodylinkwithattitude**
sur Twitter : **@Duchesca**
sur son site : **bodylink.fr**

je continuerais à danser au maximum. 5 semaines après ma sortie de l'émission, je me suis réveillée chez moi un matin en pleurant. J'avais enchaîné les *bookings* en boîtes de nuit et les séances de dédicaces pendant un mois et demi, quasiment tous les jours. Je suis allée voir ma mère avec qui j'habitais à l'époque et je lui ai dit : « Je ne peux plus, je ne veux plus. » Je ne me reconnaissais pas dans ce mode de vie. C'était tellement loin de ce que je voulais faire, loin de qui j'étais. Mais je peux quand même dire que j'ai essayé d'intégrer ce milieu de la téléréalité. Je me suis rapidement rendu compte que ce n'était pas pour moi. Et j'en suis sortie. Ce qui fait qu'aujourd'hui je ne suis plus du tout assimilée à ça.
Je travaille en compagnie de danse depuis l'âge de 14 ou 15 ans, je connais donc d'autres moyens de gagner ma vie. Et puis, l'argent, pour moi, n'est pas une fin en soi. C'est simplement un « moyen de »... Et donc, à ce moment-là, je décide de me consacrer à la danse. Je reprends les castings. Je me mets dans le milieu artistique à 200 %. J'ai fait de la photo, du modélisme, de la radio, de la télévision. Ensuite, j'intègre une troupe de théâtre avec laquelle je suis partie en tournée en France, en Suisse et en Belgique pendant un an. Dans le même temps, j'écris, produis et réalise un court-métrage relatif aux événements de *Charlie Hebdo* qui s'appelle « Entre nos mains ».

J'ai l'impression que tu passes d'un domaine à l'autre avec beaucoup d'aisance...

Oui, j'ai toujours eu beaucoup d'envies et s'il y a une leçon que la vie m'a apprise, c'est qu'il faut faire, il faut être dans l'action le plus possible. Parfois, tu as l'impression que cela ne te servira pas, mais cela te sera toujours utile d'une manière ou d'une autre, soit par les rencontres que tu vas faire, soit par la force que tu vas réussir

à en tirer. Sur le moment, tu peux avoir le sentiment que ça ne l'est pas, mais des mois ou des années après, tu réalises que ça t'a été bénéfique. Mais, là encore, il faut du recul.
Il y a tellement de choses qui m'intéressent que je suis obligée de prioriser. J'ai repris la danse en compagnie où j'ai performé dans des cabarets, pour des soirées privées pour des marques...
Je suis revenue à mon amour pour le théâtre l'année dernière, je jouais tous les soirs dans une comédie de boulevard. Ensuite, je me suis dit : « Tiens, j'adore l'humour et si je me lançais dans un one-woman-show ? »
Entretemps, j'ai fait pas mal de vidéos avec Morgane que j'avais rencontrée au cours de l'aventure *Secret Story*... Des vidéos d'humour assez engagées où on parlait de sujets du quotidien, des hommes, du féminisme, des réseaux sociaux...

Et BodyLink dans tout ça ?

En parallèle de tout ça, j'avais toujours ce projet de cours de confiance en soi, de libération féminine en tête. En fait, ça faisait bien 5 ans que ça trottait dans mes pensées. Au début, ça s'appelait BodyClik. C'était des cours de *posing* ; je voulais apprendre aux femmes à poser.
Je me suis rapidement rendu compte que c'était beaucoup plus profond, que les schémas que les femmes traînent avec elles depuis des décennies, depuis des siècles, sont bien trop ancrés pour pouvoir être résolus et pour qu'on puisse en venir à bout avec de simples cours de *posing*. Ça me prenait trop aux tripes, trop au cœur. Ce projet est devenu prioritaire. J'avais besoin de temps et j'ai mis de côté toutes mes autres activités pour me concentrer dessus. J'ai investi 12 000 € pour pouvoir louer des salles de danse à l'année. J'ai dû constituer des groupes de femmes qui

changeaient en permanence, sur lesquels je pouvais conceptualiser, créer des exercices de démarche. En fait, il s'agit de développement personnel.

J'avais déjà une expérience de 20 années de danse derrière moi; je n'avais donc pas besoin d'aide en particulier pour la partie chorégraphie. En revanche, j'avais besoin de femmes pour savoir quels étaient leurs besoins, leurs attentes, leurs enjeux…

Quel genre de femmes?

C'était bigarré. Il y avait autant des femmes sûres d'elles que de personnes en manque de confiance en elles. J'ai fait se rencontrer des artistes, des employées de banque, des étudiantes en écoles de commerce, des mères, des adolescentes… J'ai testé ce concept sur un groupe assez large de femmes âgées de 16 à 34 ans.

Après 34 ans, les problèmes de confiance sont-ils totalement résolus?

Non, pas forcément. Mais, à un moment donné, je pense que tu t'en tapes!

Comment décrirais-tu le concept?

BodyLink, c'est une connexion entre le corps et l'esprit. C'est un moment de libération féminine. C'est le nouveau temple de la féminité, en France et à Paris… parce que je suis la seule sur ce créneau sur le territoire.

Tu ne souffres d'aucune concurrence ?

Non ! Certaines de mes collaboratrices ont réalisé des études concurrentielles pour voir comment je me situais sur le marché et… il se trouve que je n'ai pas de réelle concurrence sur ce créneau. En revanche, ma démarche s'inscrit dans une tendance générale de solidarité et d'affirmation de la femme.

BodyLink, c'est prendre conscience de son corps, de son territoire, revendiquer ses droits. C'est un projet extrêmement féministe et remarquablement engagé. Il y a énormément de bienveillance dans ce cours. Les femmes qui ne sont pas habituées à soutenir d'autres femmes vont se sentir extrêmement déroutées de prime abord. Il n'y a aucun jugement. On ne fait place qu'à la douceur et à des femmes qui se tirent vers le haut.

Les sessions sont restreintes à un effectif de dix personnes. Comme il s'agit d'aborder des sujets profonds, je ne veux pas que ça soit « l'usine ». Il y a même des cours collectifs sur-mesure, par exemple pour quatre copines qui auraient envie de suivre un cours, mais qui ont peur d'être avec d'autres filles qu'elles ne connaissent pas, qui ont envie d'être entre elles uniquement et qui savent exactement ce qu'elles veulent travailler.

À la base, c'est un projet que j'ai créé pour Los Angeles. Depuis 3 ans, je vis entre Paris et les États-Unis. C'est à mes yeux un projet très américain, mais j'ai préféré le lancer dans la ville où je suis née et où j'ai grandi. Je le rode ici, avant de lancer une session de BodyLink à New York et à Los Angeles.

Par contre, le concept existe déjà aux États-Unis. C'est dans leur mentalité : « *I have to step up my game.* » Ils sont dans une recherche permanente d'évolution. Pour les Américains, évolution et connexion entre le corps et l'esprit sont synonymes de réussite, qu'elle soit professionnelle, sociale, amicale, familiale…

À terme, j'aimerais vivre là-bas. Je me sens plus à l'aise aux États-Unis, les gens me semblent plus ouverts d'esprit, plus solidaires, plus artistes dans l'âme. J'adore la France. J'adore mon pays. Je suis patriote, mais c'est vrai que sur du long terme, je pense que Los Angeles m'irait mieux.

Avais-tu encore des complexes quand tu as décidé de lancer BodyLink ?

J'ai toujours eu des complexes ! C'est comme si j'étais née avec tout un tas de défauts et que j'avais absolument voulu en venir à bout. Par conséquent, je suis également capable de les reconnaître chez d'autres femmes, que ce soit les « défauts qu'elles ont » ou ceux qu'elles se créent, et de les aider à les gommer ou bien à vivre avec et à s'en servir dans la vie de tous les jours.
Au moment où je mets en place ce projet, par contre, c'est réglé ! Je me suis fait toute seule depuis l'âge de 12 ou 13 ans. J'étais très jeune. Des déserts, j'en ai traversé. Des complexes, j'en ai eu. La dépression, j'y ai fait face aussi. J'avais le sentiment de ne pas être à ma place jusqu'au moment où j'ai compris qu'il n'y avait pas de place à prendre, qu'il n'y avait que des places à se faire et j'ai commencé à travailler pour trouver la mienne.

Quand est-ce que tu estimes avoir résolu ça ?

C'est le travail d'une vie ! Mais, déjà, quand j'ai intégré une école à 18 ans pour devenir danseuse, j'ai rapidement compris que mon corps était mon outil de travail. Je ne pouvais donc pas être en colère vis-à-vis de lui. Je ne pouvais pas non plus être en lutte perpétuelle contre lui. Si je voulais passer de l'émotion sur scène avec le public, il fallait que je sois en osmose avec mon corps. J'avais tout intérêt à l'apprécier et à en aimer chaque recoin,

même si mes seins étaient trop petits à mon goût, même si mes fesses étaient trop grosses, que j'étais trop petite ou que j'avais de taches de rousseur. Mon père me répétait souvent : « Une mouche t'a chié sur le visage. »
Je partais avec plein de complexes. Quand j'ai intégré cette école de danse, j'y suis restée à peine 1 an. J'ai réalisé que tout ce à quoi je croyais dans ma vie était faux. Je me suis barrée en forêt, sac sur le dos pendant plusieurs semaines. J'ai littéralement « pété les plombs » quant à mes croyances sur le monde et sur ce que je pensais qu'il était. Finalement, je suis revenue au bout d'un mois plus rationnelle, plus terre à terre. J'ai cru que j'étais dégoûtée par le milieu artistique, mais finalement, j'ai surtout compris qu'il fallait que j'accepte d'être un électron libre.

Est-ce que tu te trouves belle ?
Oui, vraiment. Je me trouve fraîche. Je n'ai pas de mal à l'avouer, même si je sais que c'est très mal vu pour une femme de dire ça. Quand je passe devant le miroir, je suis contente de poser mon regard dessus. Je prends du plaisir à me maquiller, et c'est aussi l'état d'esprit que je tente de faire passer dans mes cours de BodyLink : « Aimez-vous ! Touchez-vous ! Apprenez à vous connaître ! » Je préviens les nanas qui viennent dans mon cours que je ne vais pas les transformer en clones. Je ne vais pas les transformer en moi ! Je veux qu'elles puissent se transformer en elles-mêmes !

Est-ce que tu te considères comme féministe ?
Complètement. Déjà, mon projet BodyLink l'est : j'ai un réel désir de pousser les femmes à s'aimer, à s'accepter telles qu'elles sont, à revendiquer leurs forces, mais aussi leurs faiblesses. Il s'agit du

plan personnel, mais je parle aussi d'apprendre à poser ses limites sur le plan professionnel. Je pousse les femmes à se faire respecter au sein de leur couple comme au bureau, mais aussi au travers des projets qu'elles entreprennent. Je leur transmets que rien n'est trop grand pour elles.
Ma petite sœur veut être astronaute, elle a 21 ans et j'ai eu vent de sa vocation il y a un mois. Je lui ai demandé comment il était possible qu'on ait passé notre vie ensemble et que je ne l'apprenne que maintenant. Elle m'a répondu : « Parce que je n'ai jamais vu de femmes astronautes. » Autant dire que je lui ai dit qu'il n'était jamais trop tard, qu'elle devait foncer et regarder s'il y avait des stages à suivre, si elle pouvait partir à la Nasa et si oui comment.

Es-tu résolument positive ?
Oui ! Pour moi, tout est possible avec de la discipline, du travail, un peu d'intelligence et une bonne équipe. Tout est réalisable. On a vu tellement de *success stories* de femmes. Quand je vois l'écrivaine J. K. Rowling… C'est impressionnant d'apprendre que cette femme qui a écrit la saga mondialement connue qu'est *Harry Potter* a été victime, quelques mois avant la sortie de son premier livre, de violences conjugales de la part de son mari. Elle est partie avec ses enfants. Elle souffrait de dépression chronique. Et aujourd'hui, cette femme est tellement riche qu'elle reverse sa fortune à des associations humanitaires. Tout est toujours possible.
Et surtout, ce que j'explique dans mes cours, c'est que les femmes peuvent se reprogrammer. Elles peuvent penser autrement et se redéfinir avec un nouveau regard, une nouvelle image d'elles-mêmes. Je pars du principe que chaque jour est une nouvelle page blanche qu'on peut réécrire à sa façon, mais que, surtout, on peut la réécrire. On a déjà vu des femmes issues d'un milieu

extrêmement pauvre et à qui on avait fait croire une bonne partie de leur vie qu'elles étaient des moins que rien, qu'elles n'arriveraient à rien, être aujourd'hui à la tête d'un empire extraordinaire.
Je lis beaucoup, je voyage beaucoup, je rencontre beaucoup de personnes avec qui je discute et, forcément, ça m'a ouvert l'esprit à cette conclusion que, oui, effectivement, tout est possible!

Quel rapport entretiens-tu avec ton corps?

Un rapport très sensuel. J'aime mon corps, je le respecte. C'est un temple sacré. On n'est pas toujours d'accord sur ce qu'on a envie de faire tous les deux. Parfois, j'essaye de le pousser un peu. Et puis, derrière, il me dit: « Va te faire foutre, Juliette! Parce que tu me pousses, tu me pousses, et tu m'uses, alors que moi, j'ai juste besoin de me reposer! »
Parfois, c'est lui qui me dicte d'aller à la boxe... Alors, on y va! Je l'aime. Je me sens bien dans mon corps. Je prends plaisir à poser, à faire des shootings photos, à me mettre en scène, à danser, à me filmer en train de danser. J'aime ce que je fais, ce que je vois et ce que je ressens.

Que penses-tu des filles qui s'exposent très sexy sur les réseaux?

S'il y a des nanas qui me disent: « Moi, j'en ai besoin et ça me fait du bien de poser en string, en sous-vêtements ou de poser à moitié à poil, parce que ça m'aide à m'accepter, à revendiquer la liberté que j'ai sur mon corps », bah... allez-y!
De toute façon, ma définition du féminisme, c'est qu'une femme doit être celle qu'elle a envie d'être, qu'elle soit voilée ou escort girl. Une femme doit être libre d'être comme elle est, comme elle a envie d'être et qu'elle n'impose pas ses choix à d'autres.

Quelle incidence peut avoir l'exposition sur les réseaux sociaux sur l'acceptation physique de soi ?

Les réseaux sont censés être la « cerise sur le gâteau ». Cela vient saupoudrer le travail déjà fait en amont sur ta personne. Quand tu as déjà travaillé sur la confiance en soi, sur le fait de s'accepter, sur tes défauts psychiques ou physiques, une fois que tu es un peu plus en accord avec tout ça, oui, bien sûr, expose-toi ! Ce que je veux dire, c'est que si tu as déjà travaillé sur toi, que tu es bien avec toi-même, si tu t'exposes sur les réseaux sociaux, tu n'en as rien à faire, en fait, de ce que vont dire les gens, de ce qu'ils vont penser. Peu importe le nombre de likes que vont recevoir tes photos ou les commentaires qui y seront accolés, parce que tu vas le faire pour toi, pour ton plaisir, pour ton bonheur, parce que ça te fait kiffer !

En revanche, le risque, si jamais tu t'exposes parce que tu cherches à combler le vide que tu as déjà en toi, c'est que tu laisses ton amour-propre entre les mains de gens que tu ne connais même pas. Tout alors dépendra d'eux. Je dis ça en tant que féministe bienveillante. Je me dis que si des femmes qui n'ont pas confiance en elles le font dans l'optique où les autres vont leur redonner cette confiance qu'elles n'ont pas ou plus, ça peut être dangereux. Non seulement elles ne gagneront sans doute pas cette confiance en elles tant attendue, mais elles vont peut-être en avoir encore moins et développer d'autres névroses en parallèle, comme une dépression ou des angoisses.

Retouches-tu tes photos ?

Non, plus maintenant. Il y a encore 1 an, je retouchais mes clichés. Si j'avais un bouton par exemple, je le gommais avec l'application Facetune. Aujourd'hui, non seulement je ne retouche plus, mais je fais de plus en plus de stories pas maquillée.

Pour tout avouer, j'ai des règles assez compliquées (2 ou 3 jours avant, j'ai pas mal de boutons qui apparaissent sur le visage). Eh bien, je fais exprès de faire des stories à ce moment-là en disant aux nanas : « Voilà, ça, c'est ma peau, c'est mon visage en ce moment, je vais avoir mes règles et donc j'ai des boutons. C'est normal. Et je ne suis pas la seule, toi aussi tu dois sûrement en avoir et, ce qui est cool, c'est de se montrer comme ça et d'arriver quand même à se sentir fraîche ! »

Pas de filtre non plus sur les réseaux sociaux ?

Si, ça arrive, pourquoi pas. Ça peut m'éclater. Le problème aujourd'hui avec les filtres, c'est que tu as des chirurgiens esthétiques qui se retrouvent avec des femmes qui viennent les voir pour leur demander d'être comme le *screen* de leur tête avec le filtre. Des copines chirurgiennes m'ont raconté ça.

As-tu déjà pensé à quitter les réseaux sociaux ?

Tous les jours. Autant, il y a des choses extraordinaires : je peux suivre par exemple les nouveaux projets de la Nasa en direct. Mais il y a quand même 10 % de magie pour 90 % de conneries et de relais de méchanceté gratuite.

Je suis hyper sensible et, quand je vois toutes ces choses-là, je me dis « *What the fuck?!* Où va le monde ? » Parfois, j'ai envie de partir et la seconde d'après je me reprends en pensant à la communauté qui me suit et à qui je pense apporter quelque chose.

J'ai une voix et un combat; Instagram est la meilleure des plate-formes pour se faire entendre aujourd'hui.

Est-ce que tu as le sentiment que ça a modifié ton comportement, même indirectement?

Oui! Il y a une expression maintenant qui définit ça: « Est-ce que c'est Instagramable ou pas? » Les gens ne vivent plus avec ce qu'ils ressentent, mais avec l'image de ce qu'ils vont pouvoir poster sur Instagram. Parfois, on se retrouve devant son armoire et on ne se demande pas: « Qu'est-ce que j'ai envie de porter aujourd'hui? », mais: « Qu'est-ce qui va être stylé en story sur Insta? »

Hier, j'étais en train de m'entraîner. J'étais bien, avec une lumière tamisée et une petite bougie. À un moment, je me suis dit: « C'est trop bien ce que je fais, il faut absolument que je le filme. » Aussitôt après, j'ai réagi: « Stop, meuf! Profite! Profite de ce que tu es en train de faire. Profite de ce que tu ressens. Profite du moment présent au lieu de penser à le filmer. »

As-tu déjà fait des breaks Insta?

Oui, oui. J'ai fait des pauses, parfois même forcées. L'année dernière, j'ai perdu un ami. Quand tu vas sur les réseaux et que tu vois des personnes qui ne le connaissent même pas poster des photos de lui... C'est dramatiquement navrant.

Et puis, je suis parti à Cuba pendant 10 jours. Il n'y a pas de wifi et pas Internet en permanence là-bas. Je n'ai pas eu Instagram pendant tout mon séjour et j'ai soufflé!

Est-ce que tu as souvenir d'un commentaire particulièrement désagréable?

Tous les jours. En message privé, des personnes m'insultent,

notamment parce que je n'ai pas continué la téléréalité du genre : « Tu vois, aujourd'hui, tu es un peu une merde. Tu ne fais un peu rien de ta vie. C'est dommage. Tu aurais pu continuer la téléréalité. »
J'ai aussi l'exemple de femmes qui n'adhèrent absolument pas aux idées du féminisme et qui viennent m'écraser, me descendre. Ça a l'air de déranger les gens que je sois aussi libre, sans tabou, que ça soit dans la parole ou dans les actes.
J'ai publié une vidéo sur les techniques de drague et je disais que les Français n'étaient pas très doués. Cette vidéo a fait pas mal de buzz (150 k vues sur Instagram). Suite à ça, j'ai ramassé des commentaires de haine de la part de certains mecs en mode « Mais qui te drague, toi ? Tu es dégueulasse ! »
Ça ne m'atteint jamais, parce que je sais que c'est soit des gens qui se sentent visés par mes propos, soit il s'agit d'insultes de nanas. Et quand je vais sur le profil, il y a marqué « Modèle photo avec 4 fautes d'orthographe par mot » et je vois des photos d'elles avec des filtres Snapchat. Ça ne peut pas me toucher. Ce ne sont pas des personnes que je respecte ou que je connais. Ça viendrait de la part d'un mentor ou de quelqu'un que j'admire, oui, j'en serais bien sûr affectée.

Est-ce que cela a pu aller jusqu'à te donner des idées noires ?
Non, mais j'ai toujours été extravagante. Dès le début de mon adolescence, je ne rentrais pas dans les cases. Autant dire que les critiques, j'y suis habituée depuis mon plus jeune âge. J'ai eu le temps de me détacher et de me défaire de tout ça.

A contrario, est-ce que tu as le souvenir d'un commentaire extrêmement positif auquel tu repenses quotidiennement ?
Oui, aussi ! Ce matin, par exemple, je suis allée dans mes DM filtrés

sur Instagram. Une fille m'a envoyé un message en me disant que j'étais un moteur pour elle, qu'elle avait repris confiance en elle depuis qu'elle suivait mon compte et qu'elle regardait mes vidéos de danse. Ça me remplit de bonheur, de joie et de satisfaction parce que c'est mon objectif de pousser les femmes à se sentir mieux dans leur peau et dans leur tête.

Quel conseil donnerais-tu à une jeune femme qui a du mal à s'accepter ?

C'est progressif. Il faut se le répéter, se regarder dans le miroir tous les jours, se focaliser sur les choses positives en soi. Et il y en a tellement ! Mais à se focaliser sur le négatif, ça prend le pas sur tout le reste. Se mettre devant la glace au quotidien et se répéter qu'on est géniale, unique, drôle, intelligente… Être sa meilleure amie, en somme.

Ta définition de la beauté ?

La beauté est dans les yeux de celui qui la regarde.
Il faut se regarder avec douceur.

Ta définition des complexes ?

Le complexe est un concept inventé par des gens qui se sentaient menacés par d'autres personnes. C'est quelque chose qu'on se crée à force de se regarder avec violence ou d'écouter des personnes qui ne nous connaissent pas. Et c'est quelque chose qui reste dans le cerveau et avec lequel on apprend à se définir malheureusement, alors qu'on vaut tellement plus que ça.

Quelle est ta manière de dire stop aux complexes ?

En venant prendre un cours de BodyLink !

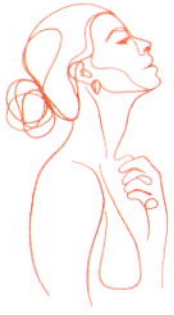

La Crazy Revolution

Emyra Ayed

Emyra, Parisienne d'origine tunisienne, a 22 ans et travaille en boîte de nuit quand elle débarque sur Instagram en 2014. Au début, celle qui est plus connue sous le nom de La Crazy Revolution tourne en dérision certaines scènes auxquelles elle assiste lors de son travail nocturne. Elle devient progressivement une humoriste du quotidien et gagne de plus en plus d'abonné(e)s avant de fonder en 2018 « Un mouvement décomplexé » incitant chaque femme à s'aimer telle qu'elle est. Et pour cela, Emyra ne triche pas, se montre régulièrement sans artifices et incite vivement sa communauté à faire de même.

Te considères-tu comme une influenceuse ?
Te reconnais-tu dans ce terme ?

Il est vrai que le terme « influenceuse » peut avoir une connotation péjorative pour certains.

Je n'aimais pas ce terme jusqu'à présent, mais aujourd'hui, je suis fière de pouvoir me présenter comme telle. En revanche, je ne pousse pas à la consommation. J'incite ma communauté à prendre soin d'elle au quotidien et j'ai des retours positifs… Alors, en effet, je suis une influenceuse ! 😘

Dirais-tu que tu es une influenceuse engagée ou plutôt portée sur l'humour et les « coups de gueule » ? Ces derniers temps, tu as même fait des posts beauté !

Je dirais que je suis une influenceuse bien-être… et l'humour fait partie du bien-être !

Née le 29 novembre 1991

Influenceuse

Fin 2014 : première vidéo humoristique postée sur Instagram sans se poser de questions, sans but précis.

2016 : l'envie naît de travailler et de gagner sa vie avec les réseaux sociaux (premières collaborations et partenariats).

2018 : Emyra tombe malade et « se met en pause ».

Fin 2018 : c'est le retour d'Emyra sur les réseaux. Elle opère un grand changement et poste des contenus différents sur le développement personnel, le bien-être, la spiritualité… Elle lance le mouvement « Je suis décomplexé ».

Suivez La Crazy Revolution
sur Instagram : **@lacrazyrevolution**
et **@Jesuisdecomplexe**
sur Twitter : **@LaCrazyRevolut2**
sur Facebook : **@LaCrazyRevolution**

Je m'éduque tous les jours à une meilleure consommation et j'en fais part à ma communauté. Il peut s'agir de produits beauté bio comme de vêtements de seconde main.

Quand es-tu arrivée sur les réseaux sociaux ?
Je suis sur les réseaux depuis septembre 2014, à l'époque où je travaillais encore en boîte de nuit.

À quel moment ton compte a-t-il pris de l'ampleur ?
Le mouvement « Décomplexé » a tout de suite rencontré le succès. Il est né d'une volonté de désacraliser l'esthétique à outrance. Il a pour objectif premier de pousser les gens qui l'adoptent à accepter leurs différences, leurs peurs et leurs faiblesses, que celles-ci soient d'ordre social ou purement physique. Il s'agit d'apprivoiser cette crainte de ne pas être parfait ou parfaite.
L'acceptation de soi est essentielle pour notre bien-être.

Comment expliques-tu ce succès ?
Nous vivons dans une société où il faut être meilleur(e) que l'autre, actif/active, beau/belle, mince. Les gens se comparent souvent et je pense qu'ils sont fatigués psychologiquement et physiquement. Mon message leur fait sûrement du bien, du moins à ceux qui me suivent.

Peux-tu dire aujourd'hui que tu n'as plus aucun complexe ?
Je suis heureuse de m'être débarrassée de tous mes complexes physiques. J'ai appris à aimer mon corps et mon visage tels qu'ils sont. J'évite de me comparer aux autres.
Nous ne sommes pas sur Terre pour nous ressembler, mais pour être chacun meilleur que la veille.

J'imagine qu'on ne te verra jamais sur les réseaux en train de te faire bronzer en bikini. Que penses-tu de celles qui le font ?

Je ne poste pas de photos de moi en bikini… parce que je n'en ai pas ! [Rires.] Je n'ai jamais eu l'idée de m'exposer en maillot de bain sur les réseaux sociaux. Celles qui le font sont sûrement sportives ou mannequins, mais s'exposer pour le simple fait de s'exposer indique sans doute un manque de confiance en soi ou l'envie de se faire liker, de gonfler son ego.

Est-ce qu'il y a des modèles de femmes qui t'inspirent ?

Les femmes qui m'inspirent au quotidien sont celles qui n'exposent pas forcément leur image. Elles créent du contenu, mais ne sont pas dans l'attente de *followers* ou de likes ; elles donnent sans rien attendre en retour. Elles sont femmes au foyer, médecins ou artistes.

Quelle conséquence le fait d'être exposée sur les réseaux sociaux a-t-il sur l'acceptation de son physique ?

Quand on s'expose sur les réseaux sociaux, il faut accepter le fait de ne pas plaire à tout le monde, recevoir les bonnes critiques comme les mauvaises. Évidemment qu'un mauvais commentaire peut blesser. Les influenceurs, les gens ne sont pas des robots. Il suffit d'être fatigué(e) ou de mauvaise humeur pour qu'un commentaire puisse gâcher quelques minutes de ta journée.

Il est important de se remettre en question quand il s'agit d'un commentaire constructif, mais d'ignorer quand il s'agit purement et simplement de méchanceté gratuite. Ces personnes au final ne te connaissent pas, ce n'est pas toi qu'ils insultent. Seuls les proches peuvent nous blesser.

Plusieurs commentaires m'ont affectée, nous ne sommes pas toujours prêt(e)s à entendre certaines vérités.

J'ai la chance d'avoir mes proches autour de moi, je reçois de l'amour au quotidien, je n'ai jamais été triste longtemps. Et puis, je reçois en majorité des messages positifs au quotidien et c'est ça qui me donne envie de continuer.

As-tu déjà pensé à quitter les réseaux sociaux ?

J'en ai plusieurs fois ressenti l'envie : nous sommes pollué(e)s d'informations et ça devient anxiogène. Mais j'aime aussi le partage : ma communauté est bienveillante et m'a fait grandir, elle me manquerait. J'ai choisi de ne pas partir. En revanche, je me suis fixé des règles : pas de téléphone au réveil ni pendant les repas, un passage en mode avion 2 heures avant de me coucher et une coupure totale quand je suis avec mes proches.

Retouches-tu tes photos ?

Ça peut m'arriver d'utiliser des filtres, mais, en général, je m'expose comme je suis au naturel sans artifices. Je ne fais aucune retouche sur mon visage. En revanche, il m'arrive de changer les couleurs et la lumière de la photo, une habitude que je dois perdre, car la photo initiale perd alors de son charme.

Quel regard portes-tu sur les réseaux sociaux ?

Ils peuvent être bénéfiques quand vous croyez en vous ou en votre projet, comme ils peuvent être dangereux si vous êtes sensibles et fragiles.

Quel conseil donnerais-tu à une personne qui a du mal à s'accepter ?

Chacun a été créé pour une raison particulière sur cette Terre. Trouve ta mission, ne t'émerveille pas sur ce qui t'entoure, concentre-toi sur tes qualités, ose prendre des risques, prends des décisions et assume-les ! Cela te fera prendre confiance en toi.

Et un conseil pour gérer son temps sur les réseaux ?

Je me fixe 1h30 par jour :

- 30 min pour m'instruire ou m'inspirer ;
- 30 min pour créer mon contenu ;
- 30 min pour discuter avec mes abonnés.

Mais, pour être honnête, je ne l'ai fait… qu'une seule fois !

Comment définirais-tu la beauté ?

La beauté se trouve dans un geste de générosité et de partage. Elle est dans l'attitude, le comportement, la sagesse, la bienveillance, la nature, l'amitié.

Comment dis-tu fuck aux complexes ?

Se sentir sexy avec son nez aquilin ou son manque de culture, oser déplaire, c'est dire fuck aux complexes et bonjour à la liberté !

Louise Parent

À moins de 30 ans, Louise est une hyperactive : journaliste mode, puis fondatrice de son propre média W.A.M. Elle trouve toujours le temps, après de longues journées de travail, de courir les soirées people de la capitale. Avec sa petite taille, elle ne passe pas inaperçue. Tout le monde la connaît dans le milieu très fermé de la mode. Et, depuis 2019, elle a gagné une popularité qui va bien au-delà de ce microcosme : 20 millions de vues accumulées pour une vidéo à laquelle elle a accepté de participer lors du lancement d'un nouveau média 100 % féminin *Fraîches*.

Est-ce que tu te trouves belle ?

Cela dépend des jours... comme tout le monde ! Je ne me trouve pas belle comme une Gigi Hadid ou sa sœur Bella, mais contrairement à ce que l'on peut penser, ma taille n'est pas un complexe. Je fais plus un blocage sur... mon nez !

Et, surtout, j'ai un gros complexe lié aux cicatrices sur mes jambes (consécutives à la dizaine d'opérations chirurgicales en rapport avec ma maladie) que je déteste ! Je sais que tout le monde s'attend à ce que je clame que je suis complexée par ma taille, mais il n'en est rien. En fait, j'ai carrément oublié !

Ah oui ! Comment l'expliques-tu ?

J'ai été bien entourée. Tout le monde est grand dans ma famille, ils mesurent tous entre 1,70 m et 1,80 m. Ils ne m'ont jamais dit : « Oh, la pauvre petite fille, elle a du mal à atteindre le poivre ! ».

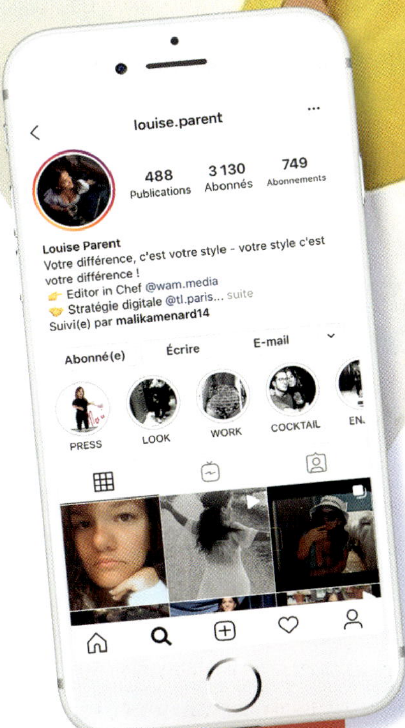

Née en 1993 dans les Yvelines

Journaliste, styliste et directrice artistique

Septembre 2017/octobre 2018 : rédactrice en chef mode et beauté chez *Millennials Magazine*.

2017-2019 : premier mannequin de petite taille Depuis, Louise continue les campagnes, mais plus en tant que leader d'opinion que modèle.

2019 : sa vidéo pour Fraîches, diffusée sur les réseaux sociaux, fait le buzz. Louise lance, dans la foulée, son propre média : *W.A.M. : We Are Millennials*.

Suivez Louise
sur Instagram : **@louise.parent** et **@wam.media**

Chez nous, c'était plutôt: « Tu n'arrives pas à l'atteindre? Eh bien, monte sur une chaise! » Ils ne m'ont jamais mise à part. Ils n'ont jamais montré de différence, pas plus que j'ai été mise dans une case. Et pour la scolarité, même histoire: j'étais dans une école absolument « normale ».

Les enfants sont réputés pour être durs entre eux… Comment s'est passée ta scolarité?

L'école primaire a été la période la plus dure. Les enfants sont plus crus. Ils voient une différence, ils l'expriment à voix haute. Maternelle, primaire, tu vois une différence, tu le dis à tes parents, tu la pointes du doigt. Au collège, au lycée, tu n'agis plus pareil. Tu sais ce qu'est cette différence, tu l'as déjà rencontrée.

À partir des années lycée, tu n'as donc plus eu le sentiment d'être différente?

Clairement, ce qui m'a sauvée, c'est que j'ai eu la chance d'être « populaire » à l'école. J'ai toujours su avec qui je devais être. J'ai vite analysé la société. J'ai vu comment elle fonctionnait. C'est horrible de le constater, mais tout repose sur l'apparence.
Au lycée, j'avais choisi l'option arts appliqués. Je me retrouve donc dans un établissement qui était réputé pour sa haute « superficialité ». Première réaction, je pense: « Merde, comment je vais faire? Je vais me faire lyncher en 2 secondes! » Et en fait… non! J'ai grandi à Versailles dans un petit milieu. Je savais qui étaient les filles tendance, j'ai donc vite compris que je devais m'en faire des amies. Étant donné que j'appartenais à ce groupe composé de personnes populaires, j'avais toujours été vue certes comme la fille petite, mais qui traînait avec des gens cool. J'ai rapidement été catégorisée dans les « bonnes personnes ».

Mon surnom était « *Little Blair* » (en référence à la peste de *Gossip Girl*, une référence de sitcom pour ados), parce que j'étais toujours bien habillée, très *fashion*. Mais je n'étais pas garce ! [Rires.]
Je pense que c'est pour ça que j'ai fini par travailler dans le milieu de la mode. L'apparence aujourd'hui est tellement importante. Il faut avoir le dernier top, les dernières baskets… À l'époque, la dernière doudoune Moncler… Je me disais que, comme ça, on allait oublier ma différence physique. Sans compter que j'ai toujours eu beaucoup de caractère. J'ai rapidement compris que les complexes n'épargnaient personne: il y a toujours un « trop » (trop petite, trop grande, trop grosse…). J'ai rencontré les bonnes personnes qui m'ont fait, à leur tour, rencontrer d'autres personnes. J'ai toujours évolué dans les groupes populaires, je n'ai jamais été oubliée, toujours invitée dans les bonnes soirées. Je regardais ce qui était cool à l'époque et je jouais la fille cool. C'était du mimétisme pour réussir à ce que les autres mettent de côté ma petite taille.

Quelle incidence ce comportement a-t-il eue sur ta vie ?

C'est sûrement pour ça que j'ai monté mon propre média en 2019. J'ai plus vite analysé ce qui était cool, c'est autour de ça que la société fonctionne.
Mon objectif était de devenir rédactrice en chef de *Vogue* à 25 ans. J'aime bien viser haut. Je déteste qu'on me dise que ce n'est pas possible, que je ne vais pas réussir. Je vais te démontrer par A+B que je peux y arriver. Plus on me dira que le milieu de la mode n'est pas fait pour une fille de mon profil, plus je montrerai l'inverse.

Tu gardes toujours le contrôle sur tout !

Je contrôle ma vie jusqu'aux portes du bloc opératoire. Là, je laisse les médecins prendre la main dessus. Jusqu'à mes 18 ans, j'avais des rendez-vous annuels chez le médecin. J'ai subi une dizaine d'opérations. La dernière que j'ai eue, j'avais 24 ans. Il y en aura sûrement une autre à 30 ans. Je contrôle tout le reste, sauf ça. J'ai été dispensée d'activité physique tout le temps de ma scolarité, je ne pouvais pas faire le même sport que les autres.

Tu es styliste, rédactrice de mode, tu as toujours évolué dans un milieu où l'on apporte beaucoup d'importance aux apparences. Ce milieu rajoute-t-il des complexes ou, au contraire, force-t-il à s'accepter et à s'assumer plus vite ?

C'est un milieu très basé sur les apparences. C'est pour ça qu'au début tout le monde riait : « Non, tu ne travailleras pas dans le milieu de la mode. » Mes parents étaient morts de peur. Déjà qu'ils ont craint au quotidien les moqueries à mon encontre, alors là… Mais j'aime trop ce que je fais, je n'ai qu'une seule vie ! Je ne vais pas me lamenter sur ce que je peux faire ou ne pas faire à cause de ma taille. Je ne vais pas gâcher ce que j'ai envie de faire, parce que je suis petite. Je n'ai rien fait pour l'être. Je n'étais pas alcoolique, je n'ai pas fait de cure de désintoxication.

Comment s'est passée ton intégration dans l'univers de la mode ?

Au début, ça a été très dur. Les « non » se multipliaient. Certaines personnes m'ont convoquée en entretien simplement parce qu'elles n'avaient jamais vu de personne de petite taille en vrai !
La conversation donnait quelque chose de ce genre :
« Nous n'avons jamais vu de personne de petite taille, nous étions intrigués !
— Du coup, je suis venue, mais vous n'allez pas me prendre en stage ?

— Non, vous n'avez pas les compétences requises.
— Bah si, je suis vraiment bonne dans ce que je fais ! »
J'ai tout de suite su qu'il fallait que je travaille deux fois plus que les autres. Et qu'il allait me falloir un sacré culot.
Les membres de la rédaction d'un magazine de mode m'ont un jour confié : « Tu es très douée, tu connais le journal par cœur, mais en revanche, on pense que tu n'auras pas les épaules pour porter le shopping. » Ça, ça m'a cassée. Pour la première fois, j'ai pleuré en rentrant chez moi.
Puis, j'ai envoyé un mail poli, mais culotté en expliquant que je comprenais leur décision, mais qu'il leur fallait quelqu'un qui connaissait le milieu de la mode, pas un déménageur. Ils m'ont finalement recrutée pour un stage de 6 mois, qu'ils ont renouvelé pour 6 mois. J'étais fière de prouver que j'en étais capable.

As-tu nourri de nouveaux complexes à force d'évoluer dans ce milieu ?

C'est un milieu pailleté, un milieu où il faut toujours se dépasser, un milieu sans week-end, où tu vois évoluer des filles parfaites… Tu vas forcément te comparer à un moment ou à un autre.
J'ai nourri des complexes au niveau professionnel, en constatant que certains étaient arrivés là où je n'étais pas encore. J'avais aussi un peu délaissé mon style vestimentaire hyper looké de mon époque lycéenne : j'avais moins le temps, je courais partout en tant que stagiaire.
Donc, oui, je dirais que ça peut nourrir quelques complexes, mais je ne me vois pas pour autant ailleurs que dans ce milieu, même s'il y a plein de trucs que je déteste dedans. Si un jour j'ai des enfants, je ne veux surtout pas qu'ils évoluent dans cet univers ! C'est quand même cruel, il faut avoir du caractère et les épaules.

Je suis protectrice. J'ai cette force, mais ce n'est pas le cas de tout le monde.
Après, j'avoue, j'ai des complexes comme toute femme, comme tout être humain ! Quand je me compare à d'autres, c'est toujours un peu dur. L'herbe est toujours plus verte à côté. Mais, encore une fois, ma taille n'entre pas en ligne de compte. J'aurais certes préféré mesurer 1,75 m et avoir les yeux bleus, mais ce n'est pas le cas… *So what?* On n'a qu'une seule vie !

N'as-tu aucun souci à te mettre en scène sur les réseaux ? Est-ce une manière d'assumer ta différence ?

Je ne suis suivie que par mes amies sur Instagram, je n'hésite donc pas à me montrer comme je suis dans la vie. Je n'ai aucun complexe sur les réseaux sociaux. Je n'imagine pas une seconde que plein de personnes vont regarder mes photos… même si mon compte est ouvert ! Quand je réalise une interview filmée pour mon propre magazine, je suis bien plus stressée. Je ne veux pas être vue comme une bête de foire.
Autre exemple, *Touche pas à mon poste !* (l'émission de Cyril Hanouna sur C8) m'a proposé plein de fois de m'inviter en plateau. Je ne peux pas. Je ne veux vraiment pas être la bête de foire. Je n'accepte pas toutes les interviews. Ça dépend de l'angle choisi.

Globalement, Instagram, c'est plutôt critiques des haters ou messages d'amour ?

Je reçois beaucoup de messages du style : « j'adore ton compte, c'est 100 % *good vibes* ! » Quant au côté négatif, je ne dirais pas qu'on m'envoie des critiques. Ce sont plutôt des messages pervers ! J'en reçois vraiment beaucoup. Je vais être crue, mais, pour un grand nombre d'hommes, c'est un fantasme de coucher avec une femme de petite taille. Parfois, le fait d'évoluer dans l'univers de la mode, ça rajoute de l'excitation pour certains ; ils adorent se dire qu'ils ont couché avec une femme du milieu de la mode, petite de surcroît.

Et puis, depuis la vidéo qui a fait 20 millions de vues, il y a ceux qui me reconnaissent pour dire : « J'ai couché avec la nana de la vidéo. » Pour résumer, tout ça est plus pervers que méchant. C'est bizarre quand même d'être l'objet de fantasme de certaines personnes. Du coup, je ne vais plus sur Tinder. [Rires.]

Sans compter que je ne me souviens peut-être pas des critiques ; j'ai tendance à rapidement oublier les trucs mauvais. Finalement, je ne reçois pas trop de remarques. En revanche, si j'identifie mes amis, il arrive qu'on les contacte pour leur demander comment ils peuvent être amis avec une femme de petite taille...

Je ne me souviens que de deux commentaires négatifs sous mes photos : « Bienvenue dans le monde des Minimoys » et « C'est parti pour le lancer de nains ! » Là, j'ai supprimé les commentaires et bloqué les personnes.

Tu es un peu la Sinéad Burke à la française. Cette Irlandaise (qui tenait le blog Minnie Mélange) est très suivie en Grande-Bretagne. Elle a notamment été très exposée lors de son TED sur le design qui devrait être plus inclusif. Partages-tu sa position ?

J'ai souvent été comparée à elle. Lors d'une soirée internationale de mode où j'étais primée, beaucoup de Britanniques m'ont confondu avec elle et tous voulaient se faire prendre en photo en ma compagnie.

C'est comme quand, en France, dans la rue, on me compare à Mimie Mathy. J'ai vu et j'adore ce qu'elle fait. Si tout le monde peut faire changer les choses à sa hauteur, nous en sortirons tous gagnants ! En revanche, je ne me considère pas comme elle parce qu'elle est petite et que je le suis aussi.

Non, toi, tu es plutôt dans la case de Kanye West…

Hahaha ! On se voit de temps en temps quand il est à Paris, après les défilés Dior.

Il y a quelques années, lors d'un défilé pour la maison Dior, Kanye West m'a attrapée par l'épaule, m'a demandé comment je m'appelais. Il s'est présenté et nous avons discuté ensemble. Il s'est baissé pour prendre un selfie avec moi. J'ai dû lui expliquer que je ne pouvais pas le prendre : mes bras sont trop petits et on ne verrait que mon nez ! Mais ce n'est pas ma seule anecdote people. J'attire souvent la sympathie des stars !

Lors d'une soirée pour une marque italienne, Neymar est venu me parler. Je dansais. Un vigile m'a demandé de rejoindre le carré VIP où il se trouvait. Il me fait la bise. C'était un peu gênant, car son meilleur ami est une personne de petite taille et qu'il voulait me « maquer » avec lui. Il nous a présenté en mode : « Mon pote te trouve trop mignonne. » Il m'a demandé : « Vous ne voulez pas vous embrasser ? » C'était gênant et mignon à la fois… enfin surtout gênant quand même !

Penses-tu dans ces cas précis que ta différence a été un atout ?

Les gens se souviennent certes très facilement de moi, mais rares sont ceux qui se rappellent de mon nom !

Revenons-en aux réseaux sociaux… As-tu déjà utilisé des filtres sur tes clichés ?

Oui, je retouche mes photos. Principalement, j'enlève les cernes et j'estompe les cicatrices sur mes jambes, mon gros complexe ! Je vais aussi enlever des boutons qui peuvent apparaître en période de règles. Je réalise que j'ai quand même pas mal de complexes…

As-tu déjà pensé à quitter les réseaux sociaux ?

Non ! Ils sont certes parfois envahissants. Tu as toujours envie de partager ta vie. Je reçois souvent des remarques de proches soulignant à quel point ma vie est parfaite, du moins ce qu'ils en voient sur les réseaux. Mais soyons honnêtes : il y a la « vie Instagram » et l'existence réelle. Je ne me plains jamais, autant dire que je ne me filmerai jamais pour dire que je traverse une période de *lose* ! Je ne partage que du positif. C'est pour cela que les personnes qui m'entourent sont persuadées que je mène une existence parfaite… alors que c'est loin d'être le cas !

Les good vibes ne sont pas toujours là ?

Il m'est arrivé quelque chose que je n'ai jamais raconté, parce que je tente de passer outre. En novembre 2018, on a essayé de me kidnapper ! Pour faire bref, c'était dans le quartier de Saint-Lazare, aux alentours de 19 h. C'est un chemin que j'emprunte quotidiennement en sortant du travail. Une camionnette dans laquelle se trouvaient quatre personnes s'est arrêtée à ma hauteur. Ils ont tenté de m'emmener par la force.

Comment t'es-tu sortie de cette situation ?

On va dire que j'ai eu énormément de chance ! L'un d'eux m'avait attrapé les bras, tandis qu'un autre tenait mes jambes. J'avais

beau hurler, personne ne venait à mon secours. Ça devait sûrement paraître tellement gros que les gens pensaient à un canular. L'un de ceux qui me tenaient a trébuché sur le trottoir et a lâché l'un de mes pieds. J'en ai profité pour me débattre. J'ai réussi à échapper à leur étreinte et je me suis mise à courir comme jamais ! J'ai fait du sport pour toute l'année à venir ! Ils ont fini par remonter dans leur véhicule et partir.
Après ça, j'ai évidemment broyé du noir. Plein de questions me venaient à l'esprit : « Est-ce qu'ils s'en prennent à moi parce que je suis petite ? », « Est-ce que j'expose trop ma vie sur les réseaux ? », « Qu'est-ce qu'ils voulaient faire de moi ? » Oui, je suis plus fragile, donc plus facile à intimider.
Cette période a été très compliquée. Après, j'ai relativisé quant à la chance que j'avais d'être là. Je n'allais pas arrêter de vivre pour eux. Je n'ai pas ressassé des idées noires jusqu'à la dépression.
Je ne cache pas que ça a été traumatisant pour ma famille. Je suis retournée travailler le lendemain, même si on ne les a jamais retrouvés. Je ne me suis accordée qu'une soirée pour aller mal. Bon, j'avoue aussi que désormais, j'ai tendance à tracer mon chemin dans la rue, même si je continue à emprunter le même itinéraire.

Quel est ton secret pour relativiser ?

OK, il me manque 50 centimètres, mais c'est comme ça ! Je ne veux surtout pas être un porte-étendard pour les personnes de petite taille. Je veux aider toutes les différences. Quand cette vidéo qui a fait le buzz apaise des personnes qui nourrissent d'autres complexes, c'est ce qui me rend le plus heureuse ! Je veux aider ceux qui ont un quotidien difficile. Moi, à part le fait que je ne peux pas attraper le pot de Nutella, ça va ! Je ne m'apitoie jamais sur mon sort.

Terminons sur du positif: quel conseil donnerais-tu à une personne qui a du mal à s'accepter?

S'il y a un complexe physique qu'elle peut changer, comme refaire son nez, qu'elle le fasse. Si c'est pour vivre mieux, qu'elle le fasse. Mais si c'est un complexe sur lequel on n'a aucune emprise, qu'elle lâche prise et profite de l'instant. Fixe-toi des objectifs toujours plus haut. Ose!

Mon mantra très cliché, c'est: « Fais de ta vie un rêve et de tes rêves une réalité! » Si vous vous aimez comme vous êtes, on vous aimera. Aime-toi d'abord avant de demander aux autres de t'aimer. Ce n'est pas à toi de t'adapter au monde, c'est à lui de s'adapter à toi.

Ma définition du complexe

Pour moi, un complexe, ce n'est pas systématiquement lié au physique, mais c'est quelque chose que nous identifions sur nous-mêmes en fonction des autres. Et ça devient une fixette. C'est en nous comparant aux autres que nous nous plongeons dans une espèce de paranoïa narcissique négative qui nous empêche de nous aimer telles que nous sommes. Et pourtant, c'est notre différence qui nous rend uniques... et beaux/belles. Comme disait Antoine Houdar de La Motte: « L'ennui naquit un jour de l'uniformité »!

Ma définition de la beauté

La beauté est toujours subjective et elle évolue sur la durée. Elle n'est pas que physique, c'est un tout. Une femme peut être bien plus belle si elle possède un charme fou, si elle est bien dans ses baskets ou si c'est une belle personne par les actions qu'elle entreprend, que si elle est belle simplement parce qu'elle répond aux standards de beauté dictés par la société. Être épanoui(e) en étant soi-même, c'est la beauté la plus rare au monde et pourtant la plus belle. Elle est à la portée de tous et de toutes.

Comment dire fuck aux complexes ?

Tout simplement en arrêtant de nous comparer aux autres et en réussissant à nous aimer tel(le)s que nous sommes. Si cela paraît simple, ce n'est pas tous les jours évident pour autant. De mon côté, il m'arrive que certains complexes ressortent (et pas simplement mes quelques centimètres en moins). C'est d'ailleurs l'une des raisons pour lesquelles j'aime autant la mode : les vêtements peuvent t'aider à camoufler certaines parties de ton corps que tu n'aimes pas et mettre en avant celles que tu aimes... de manière subtile dans l'idéal !

Qui est Sinéad Burke ?

Cette trentenaire de petite taille originaire d'Irlande est un véritable phénomène en Grande-Bretagne. Écrivaine, universitaire, animatrice... elle a plus d'une corde à son arc, mais c'est son TED « Pourquoi le design devrait-il inclure tout le monde ? » qui lui a valu une médiatisation nationale.
Cette intervention comptabilise aujourd'hui plus de 1,5 million de vues. Un véritable succès ! Elle y explique que la mode est segmentante et qu'elle n'est pas conçue pour les personnes de petite taille.
Sinéad, icône de la différence, fait désormais partie du milieu *fashion* : on la voit au premier rang des shows Victoria's Secret ou au Met Gala habillée en Gucci. Elle observe qu'« il y a une meilleure représentation des personnes handicapées dans les défilés ». Mais la route reste longue pour « l'industrie la plus exclusive au monde ».
Pour suivre ses aventures, retrouvez-la sur son compte Instagram @thesineadburke qui compte près de 200 000 abonnés.

Ludivine Aubourg

Son visage vous dit sûrement quelque chose : Ludivine est passée deux saisons de suite dans le célèbre télé-crochet de TF1, *The Voice*. Elle a par la suite mis un terme à sa carrière de chanteuse pour se consacrer à l'image en tant que blogueuse, mais aussi photographe. Elle a connu tout au long de sa vie de grandes variations de poids et en parle librement à sa communauté afin d'apporter conseil et réconfort à celles et ceux qui la suivent.

Aujourd'hui, tu es une influenceuse bien installée dans le milieu. Est-ce que tu dois ta forte communauté à* The Voice *?

Ma participation à ce programme m'a rapporté en tout et pour tout une base d'abonnés de 10 K. Puis, j'ai progressivement gagné des abonnés. En 2015, quand j'ai pris mon sac à dos et que je suis partie faire le tour du monde, j'ai inondé les réseaux sociaux d'images ; là, ma communauté s'est considérablement agrandie.

Aujourd'hui, j'ai la chance de vivre grâce aux deux choses qui m'animent le plus : la beauté et les voyages. J'ai appris à faire de belles photos et c'est depuis devenu mon métier, un peu par accident : je suis également photographe pour d'autres personnes.

Tu parles facilement et régulièrement de tes changements de poids avec ta communauté. Pourquoi cette démarche revêt-elle de l'importance pour toi ?

J'ai toujours été très ronde, et ce toute ma jeunesse. Quand mes

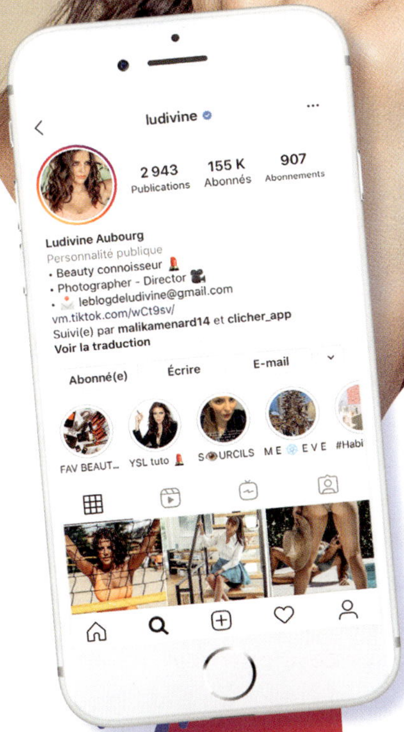

Née le 4 juillet 1982

Créatrice de contenus, directrice artistique

2012 : musicienne depuis son plus jeune âge, elle participe à *The Voice* sur TF1. Elle est retenue par Garou pour faire partie de l'aventure.

2014 : lancement du « Blog de Ludivine ».

2015 : elle part faire le tour du monde et partage son *road trip* sur les réseaux sociaux et sur son blog.

Suivez Ludivine
sur Instagram : **@ludivine**
sur son blog : **leblogdeludivine.com**
sur YouTube : **@Ludivineaubourg**
sur Facebook : **@ludivineoff**

parents ont divorcé, j'ai énormément grossi et dès l'âge de 6 ou 7 ans, mes parents m'ont mise au régime. Selon moi, on est ce que l'on pense et moi, mes parents me faisaient penser que j'étais trop ronde.
À 22 ans, j'ai vécu une année dramatique, au cours de laquelle j'ai perdu mon frère et ma sœur et je suis tombée malade. Quand le diagnostic de cancer est tombé, j'ai vraiment cru que j'allais mourir. J'ai remis toute mon hygiène de vie en question. Ça a été la période la plus horrible de ma vie. Je n'arrêtais pas de me demander quel mal j'avais bien pu commettre pour mériter cela. J'ai réfléchi et j'ai réalisé que la personne à laquelle j'avais fait beaucoup de torts, c'était moi. J'ai pris conscience que j'avais été très dure vis-à-vis de moi-même. On ne m'a jamais éduquée en me disant que j'étais belle ou intelligente. Il fallait que je me demande pardon.
J'ai alors commencé à prendre soin de mon corps. J'ai étudié la nutrition. J'ai beaucoup lu sur la transformation des aliments. J'ai commencé à supprimer le gluten, les sucres et les laitages. Je suis passée au bio et j'ai supprimé tous les plats surgelés de mon réfrigérateur. Je me suis mise à courir 40 minutes tous les jours et j'ai fini par perdre 25 kg... J'avais surtout envie de partager ma méthode, qui a porté ses fruits, avec ceux qui me suivent. Après, dans la vie, il y a des hauts et des bas et je ne me stabilise pas trop niveau poids.

Est-ce que tu voulais faire passer un message autour du fait qu'on doit prendre soin de notre corps ?

Non, même pas ! Je pense que je me sentais seule et j'ai réalisé que parler de mes expériences de vie a renforcé les liens avec mes abonnés. Je pense que je leur ai autant apporté qu'ils m'ont apporté. S'il y a un message que je voudrais faire passer, c'est plutôt celui d'éviter de critiquer les femmes parce qu'elles se maquillent. Moi qui fais beaucoup de tutos make up, je ne supporte plus ce genre de commentaires. Pourquoi ne peut-on pas laisser une femme faire ce qui lui fait du bien quand elle se regarde dans le miroir? À la question: « Pourquoi est-ce que tu mets autant de make up? », la réponse est: « Parce que j'aime bien. » Point! Une fois, je me souviens quand même d'un homme (assez peu nombreux sur mon page, je suis suivie à 80 % par des femmes) qui avait laissé un commentaire sous l'une de mes vidéos de maquillage: « Tu es tellement maquillée que je ne voudrais pas voir ta tête au réveil. »

Est-ce que ce genre de messages peut t'atteindre?

Non, il y a toujours un ou deux *haters* qui traînent par-ci par-là. Et, c'est bien connu, « les avis, c'est comme le trou du c**: tout le monde en a un »! [Rires.] Après, il faut savoir distinguer les *haters* de ceux qui donnent leur avis alors qu'on ne leur a pas demandé, mais qui ne pensent pas à mal et dont les avis peuvent parfois s'avérer constructifs.

Récemment, tu as fait un live d'une heure autour de la confiance en soi. Était-ce une demande de ta communauté?

Non, c'était une initiative personnelle, mais vu les retours que j'ai reçus suite à ce *live*, j'ai réalisé que la problématique de la confiance en soi touche 99 % de la population. Or, avoir confiance en soi est la clef d'une vie heureuse. Il faut apprendre à être soi-même pour acquérir cette pleine confiance.

Et toi, où est-ce que tu te situes aujourd'hui vis-à-vis de cet apprentissage?

C'est un travail constant. Je fais de la méditation au quotidien pour apprendre à m'aimer encore. Je pense que c'est une véritable

gymnastique du cerveau que d'arrêter de se dénigrer. Tout ce que l'on nous apprend enfant est ancré en nous pour toujours, c'est pour cela que désapprendre est un long processus. Résultat : il y a des jours où j'ai pleinement confiance en moi et d'autres où c'est beaucoup plus compliqué.

Est-ce que les réseaux sociaux t'ont aidée à acquérir cette confiance ?

Ils m'ont plutôt fragilisée dans cette quête de confiance. J'ai tendance à accorder beaucoup plus d'importance aux retours négatifs et j'en reçois beaucoup.

Avant l'arrivée des réseaux sociaux, on ne recevait pas de haine de manière quotidienne et immédiate comme ça. Je pense sincèrement que ça peut déclencher des complexes que l'on n'avait pas. Quand j'ai participé à *The Voice* par exemple, je pouvais lire sur Twitter qu'il y avait des gens qui me trouvaient très belle et, par opposition, il y avait ceux qui faisaient des arrêts sur image dans des positions peu avantageuses pour dire : « Mais regarde, elle a du bide, elle a un double menton », ou alors pour me traiter de « grosse vache ». Ces commentaires ont parfois réussi à me déstabiliser. Aujourd'hui, je pense sincèrement que la solution pour s'en protéger, c'est de fermer complètement les portes. Pour ce faire, j'ai une assistante qui modère tous les commentaires. Je préfère ne plus les voir du tout.

Que penses-tu du mouvement body positive ?

Je suis évidemment pour, mais je le trouve parfois « mal utilisé ». Encore une fois, j'ai du mal avec le mantra : « Tu n'as pas besoin de te maquiller pour être bien dans ta peau » par exemple que j'ai pu entendre chez certaines personnes se revendiquant de ce mouvement. Le sujet, c'est de s'accepter et d'accepter les autres, quel que soit le moyen qu'ils ont trouvé pour se sentir bien.
Dire aux gens « Tu as le droit d'être grosse, mais tu n'as pas le droit de te maquiller » est un non-sens. On ne doit pas se servir d'un mouvement pour montrer du doigt les autres. L'idée, c'est d'être libre de faire tout ce qui peut nous permettre de nous sentir belles.

Est-ce que tu te trouves belle justement ?

Certains jours, oui, et d'autres, non. Et, je pense que le fait de se voir tous les jours en photo ça m'oblige à me regarder. Je ne suis pas du genre à passer beaucoup de temps devant le miroir en temps normal. Je peux passer une journée entière avec de la salade entre les dents sans le savoir ! Se voir en photo nous met plus rapidement face à certains défauts et nous oblige à nous accepter plus vite.
Je me souviens d'une abonnée qui m'avait demandé comment je faisais pour toujours publier des photos de moi réussies. Je lui avais répondu : « Une photo sur laquelle tu te trouves moche, ça veut dire qu'elle est ratée. Alors, tu la jettes et tu l'oublies. » Il est indispensable de ne pas passer son temps à s'autoflageller.

Arrives-tu à te l'appliquer ?

J'essaye. J'ai encore beaucoup trop de complexes. J'en aurai toujours. Il y a des choses que je ne pourrai jamais changer. J'ai les fesses plates, par exemple. Alors, je me regarde rarement de dos !
Plus jeune, j'avais une poitrine énorme. Je faisais un bonnet G et

ça a longtemps été un complexe. J'ai eu des seins dès l'âge de 8 ans. J'avais peur de me faire opérer pour les réduire. J'ai pris un premier rendez-vous à 20 ans avant de me rétracter. J'ai franchi le cap cette année grâce aux conseils de ma communauté. J'avais confié avoir peur de l'opération et là, beaucoup de femmes m'ont envoyé des photos postopératoires qui m'ont rassurée.

Ça, c'est le côté positif de l'échange avec ta communauté. Mais as-tu déjà ressenti l'envie de tout arrêter ?

Non, jamais, je suis très positive comme fille ! On a les réseaux sociaux qui nous ressemblent. Je n'ai jamais été excédée par ce que je reçois au point d'envisager de partir. En revanche, j'ai arrêté de suivre certaines personnes quand j'ai eu le sentiment qu'elles me polluaient.

Est-ce que tu te remettrais en question si c'était toi qu'on arrêtait de suivre ?

Ça me fait penser à un message très touchant que j'ai reçu il y a 2 mois : une fille m'écrit pour me dire qu'elle me suivait depuis 4 ans, mais qu'elle était prête à se désabonner. Elle me trouvait trop lisse, jusqu'à ce qu'elle lise mon article sur la prise de poids et mon cancer. « J'ai réalisé que tu étais très positive malgré tout ce que tu as traversé », m'a-t-elle écrit. Ma vulnérabilité m'a apporté beaucoup de retours positifs. Plus on est vrai, plus on va vous suivre.

As-tu un conseil pour une personne qui a du mal à s'accepter physiquement ?

Je lui conseillerais d'écrire chaque jour trois choses qu'elle aime chez elle et de se concentrer dessus.

Quelle est ta définition de la beauté ?

La beauté, c'est subjectif. Elle dépend de chaque personne. La beauté qui me touche le plus, c'est celle qui vient de l'intérieur et qui fait briller l'extérieur des gens. Je parle de ces personnes qui dégagent quelque chose de si fort que cela les rend belles.

Et ta définition des complexes ?

Les complexes sont des croyances qui nous sont inculquées dès l'enfance sur ce qui est beau et ce qui ne l'est pas. C'est une croyance erronée, rien d'autre qu'une illusion de l'esprit finalement.

Comment dire fuck aux complexes ?

Il faut une certaine force de caractère et de maturité. C'est un peu le serpent qui se mord la queue. Concentrons-nous sur nos qualités !

Marion Bartoli

Marion Bartoli, la championne de tennis française, vainqueur de Wimbledon en 2013, devenue depuis entraîneuse et commentatrice télé, vit désormais loin de l'Hexagone, sous le soleil de Dubaï (Émirats arabes unis). Au cours de sa carrière sportive, elle a souvent été l'objet de railleries relatives à son physique. Mariée depuis novembre 2019 à Yahya Boumediene, un footballeur belge, l'ancienne joueuse de tennis a enfin fait la paix avec elle-même.

Est-ce que tu te trouves belle ?

Oui, mais ça a été un long parcours que je n'aurai pas pu accomplir sans l'aide de mon mari. Je l'ai rencontré il y a plus d'un an et il m'a beaucoup aidée. Il m'a redonné confiance en moi.

Je ne m'aimais plus du tout suite à ma dernière relation sentimentale qui était toxique. Mon ex-petit ami était obsédé par les filles minces. J'en étais arrivée à me détester. Il me répétait toute la journée que j'étais nulle, moche. Doucement, tu finis par ne plus avoir envie de vivre. Pour lui plaire, j'ai voulu perdre beaucoup de poids : de 70 kg, je suis passée à 55 kg avant de tomber malade. Je suis devenue anorexique et je ne pesais plus que 41 kg. Je ne pouvais même plus me déplacer. J'ai dû être hospitalisée pendant 6 mois.

Après cette perte de poids dramatique, je me suis remise à grossir. Je suis montée jusqu'à 85 kg. En un an et demi, j'avais connu une variation de poids de plus de 40 kg. Je n'arrivais plus à me regarder dans un miroir.

Née le 2 octobre 1984

Coach de tennis

2000 : championne de France de tennis des 15/16 ans.

2012 : classée 7e joueuse mondiale de tennis, meilleur classement de sa carrière.

2013 : remporte son premier Grand Chelem, Wimbledon. Quelques semaines après, elle annonce la fin de sa carrière et devient consultante télé pour de nombreuses chaînes sportives (notamment pour Eurosport en France).

2019 : publie *Renaître* avec Géraldine Maillet. Dans ce livre autobiographique, elle attribue notamment sa perte de poids de 2016 à un régime amaigrissant qu'elle aurait suivi sous les pressions de son compagnon de l'époque.

Suivez Marion
sur Instagram : **@bartolimarion**
sur Twitter : **@bartoli_marion**

Mais, aujourd'hui, je suis complètement dans l'acceptation de mon corps. Je ne cherche plus à rentrer dans un pantalon taille S et je suis très heureuse de porter du M ! J'ai connu des variations de poids considérables. Si ça a affecté ma tête à une époque, j'ai la chance, grâce à mon capital physique, que cela n'ait pas eu d'incidence sur mon corps.

Quelle a été ta méthode ?

Ça a été la conjonction de plusieurs éléments. Je suis d'abord revenue à ma passion première, le tennis, revenue à la chose que je connaissais le mieux et que je faisais le mieux. Dans le même temps, j'ai cessé de me mettre dans des situations qui ne me convenaient pas et qui me mettaient mal à l'aise.

Par exemple, j'aime la mode, mais je ne souhaite plus voir défiler et me retrouver à côté de mannequins très maigres. Je me suis donc un peu retirée du milieu du show-business, dans lequel ma victoire à Wimbledon m'avait propulsée. Je me suis entourée de personnes qui me voient comme athlète et plus comme un objet. Bon, tout n'est pas encore réglé. Ainsi, sur les chaînes de sport, on vérifie toujours ce que je porte, des vêtements aux bijoux, mais aussi la façon dont je me maquille. Lorsque je passe à la télévision, je dois rentrer dans un moule qui correspond à l'image du média.

Je doute que le même contrôle s'exerce sur les hommes... J'ai également accepté ma morphologie, qui est celle d'une sportive avec des muscles.
Enfin, j'ai rencontré mon mari. Ses paroles, ses mots doux qui ne cherchaient pas à me changer m'ont redonné confiance.
Ma vie ne tourne plus uniquement autour de la nourriture. De toute façon, je n'ai jamais vraiment été gourmande. Je me nourris surtout pour avoir de l'énergie.

Ton problème de poids étant résolu, est-ce que tu as d'autres complexes ?
Non, j'adore mon visage. J'aime passer du temps à me maquiller. J'avais perdu cette habitude de prendre soin de moi comme je ne m'estimais plus, mais je redécouvre ce plaisir et ça me fait beaucoup de bien.

Être exposée, être médiatisée, est-ce que cela rend plus difficile le fait de s'aimer ?
Oui ! Personnellement, depuis que j'ai sorti mon livre confidence, je reçois beaucoup de messages d'empathie. Je m'estime donc chanceuse, mais, comme beaucoup de monde, je passe du temps sur Instagram. Quand je me promène sur les profils d'autres femmes en vue, d'actrices ou de chroniqueuses TV, je vois uniquement des jugements sur le physique, en permanence. Les hommes sont épargnés : un homme a du ventre, il devient un nounours. Une femme a du ventre, elle se laisse aller... Les femmes doivent toujours être maquillées, bien habillées.
Voilà ce que j'ai envie de dire aux femmes : il ne faut pas se comparer aux mannequins du moment. Les Gigi Hadid et autres Kendall Jenner retouchent les clichés qu'elles mettent en ligne. Elles ont

des éditeurs qui gèrent leurs réseaux sociaux. C'est un monde parallèle: ce sont de « fausses » images.
À l'époque où je souffrais d'anorexie, je n'arrêtais pas de poster des photos. J'avais besoin de montrer aux gens que j'étais devenue mince. Au début, ils m'encourageaient, se réjouissaient pour moi. Puis, ça a commencé à devenir alarmant. On s'inquiétait pour moi.

Donc, te concernant, tu as plutôt des followers bienveillants…
Aujourd'hui, les seuls commentaires négatifs touchent mon mari. On me dit que je montre trop mon couple, que c'est « cucul » ou alors qu'« il n'est avec [moi] que pour [mon] argent ». Parfois, j'ai envie de répondre, mais je me retiens toujours de le faire. Sinon, c'est sans fin!

Est-ce que tu penses qu'Instagram peut être un exutoire, une manière de s'affirmer physiquement?
Oui, c'est possible, mais pour arriver à ce stade-là, il faut une énorme personnalité. Il faut arriver à être au-dessus de tout, capable de se dire « J'emmerde tout le monde et je fais ce que je veux ». Pour un profil public comme le mien, ce n'est pas évident à réaliser.

Est-ce que tu es du genre à taper ton nom sur Google pour regarder ce que l'on dit de toi?
Oui, bien sûr, surtout quand j'ai gagné Wimbledon. Mais maintenant, je passe bien plus de temps à regarder ce que l'on dit de mon mari! De manière générale, ce que l'on peut dire de moi sur Internet m'intéresse assez peu. Je suis comme je suis avec mes qualités et mes défauts et je ne vais pas prétendre être quelqu'un d'autre pour que l'on m'aime plus. Je ne me préoccupe pas de l'avis des autres,

mais je trouve néanmoins les réseaux sociaux extrêmement « violents ».

As-tu déjà pensé à supprimer tes comptes ?

Non, pas pour autant. Avec le tennis, mes amis sont aux quatre coins du monde et ça reste la meilleure façon de les suivre.

J'en fais surtout un usage personnel, je ne suis pas accrochée au nombre d'abonnés. Je ne prends pas plus de 2 minutes pour m'occuper de mon compte et un peu plus pour flâner sur le profil des autres.

« Elle est grosse Marion Bartoli. »

Mai 2010, début du tournoi de Roland-Garros. À l'époque, Marc-Olivier Fogiel anime en direct la matinale d'Europe 1. Alors qu'il pense son micro éteint et qu'il discute avec un journaliste de la radio, il se laisse aller à une critique sur le physique de la joueuse : « Elle est grosse, Marion Bartoli. » Une remarque que tous les auditeurs de la station ont entendue...

On se souvient d'une séquence particulièrement difficile avec Marc-Olivier Fogiel à la radio qui avait vraisemblablement oublié qu'il n'avait pas coupé son micro. À quel point cela t'a impactée ?

Je me suis dit : « Il ne connaît rien au tennis et je l'emmerde. » Ça me touche surtout dès lors que ça impacte ma mère. Elle a été triste d'entendre parler ainsi de son enfant. De mon côté, je ne manque pas de caractère. À cette époque-là, plus que jamais, j'étais déterminée à gagner un grand tournoi. Je l'ai revu des années après. J'avais alors gagné Wimbledon, j'étais malade et je pesais 41 kg (ironie du sort). Il s'est excusé… tardivement.

Quel conseil tiré de ton expérience donnerais-tu à une personne qui a du mal à s'accepter ?

Essayer d'être entourée de personnes positives, qui l'encouragent, la complimentent : ses ami(e)s, sa compagne ou son compagnon. Rester dans un cocon positif. Éviter les contacts avec les critiques négatives. En d'autres termes, bien choisir son entourage !

Ta définition de la beauté ?

Que ton cœur soit le plus beau possible.

Ta définition des complexes ?

Ne pas faire quelque chose par peur du jugement des autres.

Quelle est ta manière de dire stop aux complexes ?

En faisant ce qu'on veut, quoi qu'il arrive, pour soi, pour son propre bonheur et épanouissement.

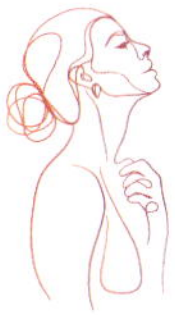

My Better Self

Louise Aubery

Étudiante à Sciences Po, fondatrice de la plateforme My Better Self où elle essaye de lutter contre les formatages et les diktats que la société nous impose, Louise Aubery prolonge son action sur Instagram, YouTube ainsi que dans des podcasts. À 22 ans, cette jeune femme, qui libère la parole autour de l'acceptation de soi, n'a pas fini de faire parler d'elle… pour notre plus grand bien !

Tu es sur tous les fronts ! Sur combien de projets travailles-tu en même temps ?

J'ai développé différents projets en plus de ma plateforme My Better Self : mon compte Instagram, ma chaîne YouTube, mon podcast, et plus récemment Girlz in Biz, des ateliers mensuels ayant pour objet d'aider ma communauté à donner vie à ses projets.
L'idée est venue d'auditrices du podcast qui se rendaient compte qu'elles avaient des idées et qu'elles voulaient lancer leur propre projet. Elles avaient peur, nourrissaient des doutes et elles m'ont contactée en quête de conseils. C'était difficile de leur répondre individuellement. J'ai donc organisé un atelier où je pouvais les rencontrer et les coacher chaque mois. Mon but est d'aider les femmes à croire en elles, en leurs idées. Je sollicite des intervenants, d'anciennes directrices générales par exemple. Ces ateliers sont payants ; la mentalité est différente quand tu débourses de l'argent. Tu fais un investissement sur toi. Les groupes sont constitués de 25 personnes maximum, autour d'un socle commun mis

Née en 1997

Influenceuse et podcasteuse

2016 : arrivée sur Instagram.

2018 : création des podcasts *InPower* et arrivée sur YouTube en septembre de la même année.

Suivez My Better Self
sur Instagram : **@mybetterself**
sur YouTube : **@MyBetterSelf**
son blog : **mybetterself.fr**

en place pour faciliter l'entraide entre elles. Je n'ai pas non plus vocation à devenir coach à entreprendre !

Et tu crées également ta marque de lingerie écoresponsable…

Je suis en effet en train de la développer. C'est un peu long, parce que je nourris une véritable exigence : je ne veux avoir recours qu'à des matières naturelles produites de façon éthique. Ce n'est pas mon secteur à la base, alors je découvre, et cela prend du temps.

Comment se lance-t-on dans une carrière d'entrepreneuse à 22 ans alors qu'on est encore étudiante ?

C'est une réalisation personnelle : l'impression de n'avoir le choix qu'entre des sous-vêtements toujours tournés vers l'autre, la séduction. Pour moi, un sous-vêtement devrait toujours être pour soi. J'ai également constaté que le secteur se montre très discriminatoire vis-à-vis des tailles : difficile de trouver une taille 54 par exemple. En terme éthique, idem, il y a très peu de choix sur la lingerie : au mieux du coton bio. Partant de toutes ces constatations, je n'avais pas spécialement envie de lancer une marque, mais j'ai réalisé que les femmes avaient besoin de quelque chose d'autre.

Tu parles librement avec ta communauté de ton physique et de l'acceptation de soi. Où en es-tu ? Est-ce tu te trouves belle ?

Je suis très neutre sur mon approche vis-à-vis de mon propre corps. J'adhère

au concept de *Body Neutrality*, qui n'est pas un concept français. Je ne me réclame pas du Body Positive. Ça reste une forme d'obsession du corps, en soi positive, mais ça revient encore une fois à se cantonner à l'apparence ! Pour moi, le physique est une infime partie de ce qu'on est !
Alors, est-ce que je me trouve belle ? Oui et non, je m'en fous en fait ! Quand quelqu'un laisse un commentaire sous une photo, comme « Tu es belle », ce n'est même plus un compliment à mes yeux. Je suis même parfois mal à l'aise. « Tu es belle », ça ne représente pas qui je suis. Sur Instagram, une photo ne représente pas qui je suis. Je travaille beaucoup plus le texte qui l'accompagne. C'est lui l'essentiel pour moi !

Est-ce que cela signifie que tu n'as pas de complexes ?
Oui. Il y a des choses que j'ai mis plus de temps à accepter que d'autres, mais aujourd'hui, j'ai cessé de complexer sur quelque chose que je ne peux pas changer. J'ai rapidement compris que je ne trouverais pas le bonheur dans un reflet. Je n'ai évidemment pas toujours pensé ainsi. Adolescente, j'ai essayé d'incarner un idéal. Je suis persuadée que jamais il ne sera possible de se regarder dans la glace en affirmant : « C'est exactement ce que je voulais être. » Plus jeune, je pensais que si j'accentuais mon bronzage ou si je refaisais mon nez, je m'aimerais enfin. Mes sœurs me répétaient souvent que j'étais la plus moche de la famille. Cela m'a donné la force de m'accomplir dans les études et, grâce à la confiance que j'ai gagnée dans cet accomplissement, je me pose moins ces questions d'ordre physique.

Quel rapport entretiens-tu désormais avec ton corps ?
Un rapport bienveillant, apaisé. Je l'aime et je n'y réfléchis pas

outre mesure. En revanche, j'ai toujours eu plaisir à choisir des tenues pour habiller ce corps, parce que c'est un moyen d'expression. J'ai un style vestimentaire libre. Je peux avoir tendance à mettre des tenues particulièrement provocantes. Je n'ai pas de barrière dans mon style. Je me moque des conventions officielles.

Je porte rarement un soutien-gorge et peu importe si on aperçoit mes tétons. Je suis totalement cool avec le fait de porter un tailleur sans soutien-gorge dessous. Je ne m'habille pas pour les autres, je le fais pour moi, en fonction de mes envies !

Sur Instagram, tu revendiques le fait de ne pas avoir le ventre plat…

Cela a longtemps été l'un de mes complexes. Je ne parle que de ce que je connais. J'ai bataillé pendant longtemps pour avoir le ventre que nous vendaient les magazines. Si je prends du poids, c'est tout de suite dans le ventre et, en plus, j'ai des problèmes de digestion. Je suis descendue à 45 kg et même là, il n'était toujours pas plat. Je faisais de l'orthorexie, une forme de trouble alimentaire peu connu, qui se traduit par une obsession de bien manger et de bien-être. Et si je suis tombée dedans, c'est à cause des réseaux sociaux. La première année qui a suivi mon inscription sur Instagram, je ne suivais que des comptes du style « *No pain, no gain* ». Je ne m'autorisais plus jamais de *cheat meals*. Je diabolisais la nourriture. J'étais persuadée que j'étais « fit », mais j'étais maigre. On aurait pu me prendre pour quelqu'un qui se faisait vomir. C'est de là qu'est née ma prise de parole sur les réseaux sociaux. Certains vont dire : « Elle a un physique standard et elle prend la parole dessus. » J'ai voulu ressembler à un standard et j'ai réussi à en sortir.

Comment as-tu fait ?

Cette période obsessionnelle a duré un an et demi. Je suivais des influenceuses grâce au hashtag #strongnotskinny. Je suis tombée dans l'extrême « J'ai envie d'être forte et je n'ai besoin de personne ». Je me suis alors mise à la musculation. Le sport reste aujourd'hui indispensable à mon mental. Mais c'est grâce aux personnes que j'ai suivies, qui ont une mentalité anglo-saxonne – c'est-à-dire plus ouverte, plus confiante – que j'ai évolué. Les influenceuses et influenceurs outre-Atlantique sont en avance. La France y viendra : le mouvement est né en Angleterre et en Australie (par exemple, Bodyposipanda ou encore Florence Given). Elles détruisent les clichés existant par rapport à notre physique.

En France, les comptes de DouzeFevrier et de Coucou Les Girls font du bien dans leur rapport décomplexé au corps. Les comptes de femmes anglaises que j'ai citées vont encore plus loin : elles parlent genre sexualité. Ça outrepasse le fait de simplement aimer son corps. Elles parlent féminité/masculinité. On ne parle pas encore énormément des trans en France, par exemple.

Tu n'as que 22 ans et tu es impressionnante de détachement sur ton physique…

Parce que je me suis accomplie en dehors de mon physique. Je me suis sensibilisée à la déconstruction des standards de la société. Je ne vais pas regarder un documentaire et avoir une révélation quant au fait qu'on nous ment. Je fais attention de moi-même à tout ce système.

Et les critiques que tu peux recevoir sur les réseaux ne t'atteignent-elles pas ?

Je reçois finalement très peu de critiques sur Instagram concernant mon physique. Je parle beaucoup. Je fais de longues légendes ; les *haters* doivent se dire : « Elle a quand même des arguments. » Coucou Les Girls se prend de la haine parfois, parce que la société est grossophobe. Mais elle, elle dévoile son corps et c'est déjà beaucoup. Elle n'essaye pas de convaincre. Sur mon compte, j'essaye de convaincre tout le monde de changer de mentalité.

Il y a davantage de commentaires négatifs sur YouTube. Les gens se perdent de vidéo en vidéo et finissent par arriver sur ma chaîne. Je me rappelle avoir lu : « Le féminisme, cette maladie de gauche. » Je me demande toujours comment il est même possible d'avoir l'idée de commenter ça. Je suis toujours un peu surprise par la bêtise humaine.

Et il y a parfois de jolies surprises…

Une fois, une fille m'a écrit pour me dire que, pendant longtemps, elle me détestait, qu'elle me trouvait méprisante et qu'elle ne pouvait pas me voir en peinture. Elle s'est finalement rendu compte qu'elle m'enviait. Elle m'a confié : « Tu m'as renvoyé l'image de ce que je ne suis pas, mais de ce que j'ai envie d'être. Il faut que cela m'encourage à t'appréhender comme une aide, et non comme une menace. » Je lui ai répondu. J'ai trouvé ça honorable.

Tu as aussi lancé le hashtag et le compte Instagram #OnVeutDuVrai…

Je devais réaliser une opération avec le département de la Charente-Maritime. Ma venue a finalement été annulée suite à un post dans lequel j'étais en sous-vêtement aux côtés d'une femme qui fait du 52. Le département ne souhaitait pas associer son image à cela. J'ai donc décidé d'en parler librement sur les réseaux sociaux, de créer ce hashtag et ce compte. En un mois, 15 000 abonnés sont venus sur le compte. La parole a été donnée à des personnes qui ne se sentaient pas légitimes à le faire : des trans, des personnes en fauteuil roulant, avec un bec-de-lièvre… L'idée, c'est de dire que tout le monde a sa place sur ces réseaux.

Toi qui es bien dans ta peau, quel conseil donnerais-tu à une personne qui a du mal à s'accepter ?
Cherche ton bonheur ailleurs !

Quelle est ta définition de la beauté ?

Très difficile de répondre… La beauté, c'est ce qu'on veut bien en faire.

Ta définition des complexes ?

Ce qui n'a pas lieu d'être.

Comment dit-on fuck aux complexes ?

En s'accomplissant ailleurs. Pour moi, les complexes existent parce qu'on veut les faire exister.

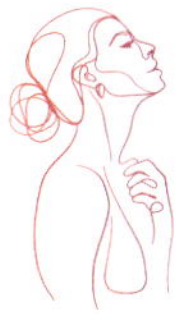

Sarah Martins

À bientôt 30 ans, Sarah Martins est bien dans sa tête et dans son corps. La Parisienne assume totalement ce physique plantureux qui a notamment fait sa notoriété lors de ses passages dans différentes émissions de téléréalité. Sans tabou, elle assume les opérations de chirurgie esthétique qu'elle a réalisées. Celles-ci lui ont permis d'aimer celle qu'elle est aujourd'hui.

Influenceuse, c'est ton métier à temps plein?

Oui, c'est mon travail principal. J'ai participé à beaucoup d'émissions de téléréalité, mais aujourd'hui, ce n'est plus trop d'actualité. Cela fait 1 an que j'ai raccroché les programmes télé. Je suis donc moins en vue; je me dois donc d'être encore plus proche de mon public sur les réseaux.

Je consacre à peu près 8 heures par jour au digital: je prépare des tutos make up, sport, cuisine... Et je questionne mes *followers* pour être toujours la plus proche possible d'eux et de leurs préoccupations.

En as-tu définitivement terminé avec les émissions de téléréalité?

Si je dois y participer de nouveau, je veux que cela soit un programme qui me ressemble.

Parmi mes projets, j'ai l'envie d'une émission autour de la chirurgie esthétique. Et j'ai également commencé la musique.

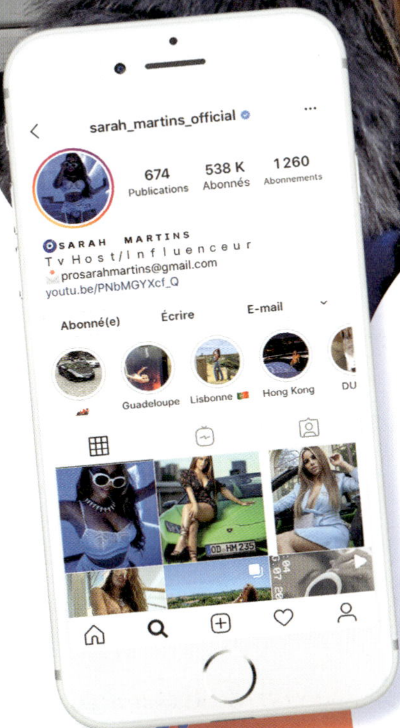

Née le 23 mars 1991

Influenceuse, mannequin et candidate de téléréalité

2017 : Première participation à une émission de téléréalité, *The Game of Love*, diffusée sur NRJ12. Elle enchaîne ensuite plusieurs passages dans des émissions du réel, tels que *Les Anges*, *Friends Trip*, *Les Princes de l'amour*…

Juin 2019 : Elle se lance dans la musique et sort son premier clip, « *Mi amor* ».

Novembre 2019 : Sarah est invitée sur le plateau de *Touche pas à mon poste !* dans un débat autour de la chirurgie esthétique. Elle assume ouvertement ses opérations et explique se sentir beaucoup mieux dans sa peau grâce à cela.

Suivez Sarah Martins
sur Instagram : **@sarah_martins_official**

Tu postes souvent des photos sexy mettant en avant ta plastique parfaite. C'est parce que tu assumes à 200 % cette image de toi ou parce que tu penses que c'est ce qui plaît à ta communauté ?

Je le fais avant tout pour moi ! Je partage ma vie le plus simplement possible, sans réfléchir plus que ça. Mais, évidemment, j'ai créé un public en demande de ce genre de photos, qui y est habitué.

Connais-tu ton public ?

Étrangement, il y a plus de femmes que d'hommes, environ 55 % de femmes contre 45 % d'hommes. Je pense que beaucoup de femmes me suivent parce qu'elles s'identifient à moi, elles aiment voir ce genre d'images sans pour autant oser faire ces photos elles-mêmes.

Tu as l'air totalement à l'aise. Est-ce que tu te trouves belle ?

Oui, je me sens bien dans ma peau. Après, attention : je suis aussi dure vis-à-vis de moi-même. Je fais par exemple beaucoup de sport. Afficher une poitrine et des fesses généreuses tout en étant tonique, ce n'est pas la chose la plus facile. Mais oui, je me trouve belle. Je me trouve bien, je me trouve moi, quoi ! [Rires.] Il y a quelques années, j'aurais sûrement répondu non.

Comment expliques-tu ce « oui » affirmé aujourd'hui ?

J'ai participé à *Friends Trip* (émission d'aventure diffusée sur NRJ12) qui m'a permis de me découvrir autrement dans des conditions extrêmes. J'en suis ressortie avec une image plus forte de moi-même et une meilleure estime. Et puis, je me suis posée et accomplie avec les années. J'ai mûri et j'ai travaillé sur moi-même. Et j'ai balayé mes complexes physiques, notamment grâce à la chirurgie esthétique.

Tu n'as plus aucun complexe ?

Aujourd'hui, non ! Je suis bien avec moi-même. Mon nez n'est pas parfait, mais ce n'est plus un complexe. J'ai commencé par faire refaire ma poitrine à 22 ans ainsi qu'une liposuccion. J'avais besoin de me sentir plus femme. Ça a marché, mais c'est aussi parce que ce sont mes goûts.

On reproche souvent aux héroïnes de téléréalité d'afficher le même physique, qu'en penses-tu ?

Je ne suis pas d'accord. Je dirais plutôt qu'il y a deux types de physique de filles de téléréalité : les « pro formes » et les longilignes. C'est une question de morphologie de base.

Si, comme moi, tu n'es pas très grande, un physique avec des formes sera plus facile à atteindre. Les filles grandes vont plus miser sur leurs longues jambes. Après, une icône de téléréalité comme Jessica Thivenin (*Les Marseillais*) ne rentre dans aucun de ces stéréotypes. Mais c'est vrai que, globalement, il existe deux types de « physiques de télé » qui tendent vers une certaine perfection.

Est-ce que vous êtes copines entre vous ou concurrentes ?

Heureusement, j'ai des amies dans ce milieu, même s'il y a forcément beaucoup de compétition. C'est la course aux likes, à la plus jolie, à celle qui sera la plus tendance. J'essaye de mon côté de ne pas trop rentrer dans le jeu de la comparaison ; on finit toujours par ne pas apprécier ce que l'on a à ce petit jeu-là ! Si tu sais qui tu es, tu t'en moques et tu n'as pas besoin de te comparer. Après, on sait toutes que notre « célébrité » est éphémère et c'est ce qui induit cette compétition pour être celle qui tirera le mieux son épingle du jeu.

On t'a aperçu sur le plateau de Touche pas à mon poste ! sur C8 fin 2019 et tu y parlais ouvertement de chirurgie esthétique. J'ai l'impression que la démocratisation de la chirurgie esthétique est un peu devenue ton combat !

La production de l'émission m'a appelée pour me signifier qu'elle cherchait une personne voulant défendre la chirurgie esthétique face à quelqu'un qui y était fermement opposé à l'occasion d'un débat sur le plateau. Je suis donc venue défendre le point de vue qui est le mien : le fait que c'est bien pour quelqu'un qui est complexé. Mais je ne banalise pas l'acte pour autant.

Des commentaires négatifs suite à ce passage sont apparus sur ton compte Instagram…

Globalement, les gens ont trouvé que je m'en étais bien tirée ! Après, des commentaires durs, en tant qu'influenceuse, j'y suis confrontée tous les jours, comme les autres. C'est la France, c'est notre mentalité. Aux États-Unis par exemple, c'est profondément différent. Il n'y a plus de tabous autour de ça depuis bien longtemps. Dans l'Hexagone, l'opinion générale commence seulement à accepter le fait d'avoir recours à la chirurgie esthétique.

La femme n'est pas obligée de vieillir avec son âge. Elle peut se faire aider et ne devrait pas avoir honte d'en parler. Le vrai problème de rendre cet état de fait tabou, c'est l'absence ou la pauvreté de communication sur les bons ou les mauvais chirurgiens. J'ai reçu pas mal de témoignages après cet aparté télévisuel. Et l'idée est née de créer une émission autour de ce sujet pour aider les gens, les aiguiller dans leur recherche de changement physique. Évidemment, je suis avant tout accompagnée d'une femme qui fait du coaching de la personne. Avant d'envisager toute opération, je conseille de suivre un coaching, d'essayer de s'aimer.

Et en dehors de ce sujet, de manière globale, comment reçois-tu les commentaires négatifs ?

Parfois, ils sont très méchants et cela va loin : ils t'insultent, te rabaissent ou ils te menacent. Il faut être blindée psychologiquement. Au début, le premier sentiment est la peur : « Mince, qu'est-ce que j'ai fait pour recevoir ça ? » Mais je suis une battante, je ne lâche jamais l'affaire. J'essaye toujours de trouver une solution. J'ai donc mis une barrière entre ces gens négatifs et moi.
Ce qu'il faut en conclure, c'est que les commentaires négatifs sont souvent le ressenti de personnes mal dans leur peau qui viennent se défouler sur les réseaux après une mauvaise journée (un problème au boulot ou dans leur couple). Ils s'adressent à nous comme si nous n'étions pas des êtres humains, comme s'il n'y avait personne derrière leur smartphone.
Une fois, j'ai reçu « Tu devrais crever. » C'est de la débilité profonde. Parfois, il me prend l'envie d'aller faire un tour sur leur compte et de répondre, mais j'ai pris le parti de ne pas rentrer dans le jeu. Je bloque la personne, je supprime le commentaire et… *next* !

Est-ce que cela peut te donner des idées noires ?

Non ! Mais, si pour une raison x ou y, tu n'es pas dans un super *mood* avant de te connecter et que tu reçois ce genre de message, ça peut ruiner une soirée. En revanche, ça n'ira jamais au-delà d'une soirée, j'arrive à me tempérer et je trouve la sagesse de me calmer.

As-tu déjà nourri l'envie de quitter les réseaux ?

Non, pas du tout ! J'aime trop ma *team* et les gens qui me soutiennent. Il y a certes des *haters*, mais il y a aussi et surtout ma communauté qui prend ma défense sans même que j'aie besoin d'intervenir et de le faire moi-même. C'est touchant, ce genre de réactions. Je repense à ce que j'ai vécu il y a quelques mois. Ma mère était malade et un *follower* a su trouver les bons mots. C'était même bien plus fort que ce que mes proches avaient pu me dire. Rien que pour ce genre de moments, je ne pourrai jamais songer à quitter les réseaux ! Sans compter que, quand tu es influenceuse, 70 % de ton temps est consacré aux réseaux sociaux. Recevoir des critiques fait partie du travail d'une certaine façon !

Quel conseil donnerais-tu à une personne qui a du mal à s'accepter ?

Il ne faut pas laisser traîner ça ; ça peut devenir un vrai frein dans la vie professionnelle comme quotidienne. Si tu ne t'aimes pas, tu vas commencer la vie avec des poids, tu vas tellement douter. Il ne faut pas prendre les complexes à la légère. Il faut voir quelqu'un et ne pas laisser le malaise se prolonger.

Comment définirais-tu les complexes ?

Ce que tu regardes sur toi, dans le miroir
et qui va faire que tu vas moins t'aimer !
Le moins que tu portes sur toi.

Et la beauté ?

Quand tu te regardes avec le sourire
et que tu n'as rien à retoucher.

Comment dis-tu fuck aux complexes ?

C'est du travail. La première des armes pour dire
fuck aux complexes, c'est le travail sur l'estime de soi.
Une fois que tu as travaillé sur le mental, tu peux,
si tu le souhaites, régler ce qui continue à te complexer
avec de la chirurgie esthétique.

Vaimalama Chaves

Véritable beauté insulaire, Vaimalama Chaves a conquis le cœur des Français dès ses premiers passages télévisés. D'abord attaquée sur « ses kilos en trop », elle a mis tout le monde d'accord avec son côté « grande gueule ». Vive d'esprit, toujours la bonne réplique au bout des lèvres, la jeune femme n'a pas laissé les détracteurs qui s'attaquaient à son poids chasser le sourire de son visage. Entretien 100 % positif avec Miss France 2019.

Enfant, tu te décris comme « une ancienne grosse moquée par ses camarades qui la traitaient de monstre ». Devenir Miss France, était-ce une revanche sur la vie ?

Avec le recul, je me dis que ce titre n'est pas une revanche, mais une victoire. Dire que c'est une revanche, cela voudrait dire que je n'ai pas accepté ce pan de mon passé. Or, il fait partie de mon histoire. Simplement, ce n'est plus d'actualité.

On a l'impression que tu es plus mature que les gens de ton âge. Est-ce que tu l'expliques par ton enfance compliquée ?

Je pense qu'effectivement ça a joué. Mais ces épreuves m'ont surtout forgée.

Et puis, à côté de ce passage compliqué à l'école, j'ai reçu dans le même temps deux éducations totalement différentes : une basée sur les critiques, toujours dans la recherche de plus, de la perfection, très exigeante. Par exemple, à chaque fois que je faisais

Née le 3 décembre 1994 à Papeete

Chanteuse et influenceuse

15 décembre 2018 : la jeune Tahitienne est élue Miss France 2019 en direct du Zénith de Lille.

1er novembre 2019 : « Vai » lance une chaîne YouTube et sort quelques jours plus tard son premier titre, « *Jardin d'hiver* » (reprise d'Henri Salvador).

3 avril 2020 : lancement de son 1er album, *Good Vaïbes*.

Suivez Vaimalama
sur Instagram : **@vaimalamachavesoff**
sur YouTube : **@Vaimalama Officiel**

quelque chose de bien, c'était normal, et à chaque fois que je faisais quelque chose de moins bien, c'était horrible.
De l'autre côté, j'avais quelqu'un qui m'encourageait à m'épanouir, à faire des études, des rencontres, à partir et à découvrir le monde au-delà des frontières de la Polynésie. Il faut savoir que je ne savais pas qu'il y avait un monde en dehors de la Polynésie. Je l'avais uniquement vu sur mon poste de télévision.

Quel est le secret de tout ce travail sur toi ?
C'est essentiellement le fruit de lectures. Elles m'ont permis d'opérer une transition entre « l'ancienne moi » et la « moi actuelle ».

Et quand s'est faite cette transition ?
En 2012, l'année de mes 17 ans, à la suite d'un accident de vélo. J'étais encore dans la souffrance. Je n'assumais pas mes formes. Je ne m'assumais pas en tant que femme (même si à 17 ans, on n'est pas encore tout à fait femme). Je m'habillais « comme un garçon ». Et puis, j'ai pris beaucoup de poids, parce que j'étais alitée. Après cet épisode, j'ai vu que mon reflet dans le miroir avait changé et ne me plaisait absolument pas. J'ai alors commencé à prendre soin de moi, à faire attention à ma façon de manger. J'ai débuté le sport de manière plus régulière et je me suis mise... à lire. Et au fur et à mesure, tant dans mes lectures que dans mes expériences personnelles, j'ai pu me rendre compte que « oui, je suis belle et que, oui, je vaux le coup et même, je vaux plus que tout ce que j'aurai pu penser auparavant parce que je suis géniale ».

Et ça, seulement grâce à ces lectures ?
Oui, mais pas que ! À un moment, il faut aussi se persuader qu'on est quelqu'un de bien. Je crois beaucoup en l'autopersuasion.

Aujourd'hui, peux-tu affirmer que tu es en paix avec toi-même ?

Il y a des hauts et des bas. Mais, en ce moment, je suis plutôt dans un haut très haut ! Je me suis par exemple acheté une barre de pole dance depuis que j'ai emménagé dans mon nouvel appartement. C'est un sport complet. Au début, tu n'as ni grâce ni élégance. Progressivement, c'est tellement dur que tu te fais les bras et les jambes, le ventre. Ton corps se transforme. J'avais déjà commencé en 2018. J'ai un peu interrompu cette activité lors de mon année de Miss France avant de la reprendre pleinement. Je suis des tutos sur Internet et je vois ma progression. Je me vois m'embellir, tant dans ma façon de me tenir que de me porter sur la barre. Le corps est au cœur de cette activité et j'ai mis ma barre face à une glace : j'essaye de me plaire et de me séduire. Je dois bien bouger, être élégante ou gracieuse. Je me sens bien. C'est un sport qui fait du bien. J'en fais tous les jours, 30 minutes minimum.

Désormais, est-ce que tu peux dire que tu te trouves belle ?

Oui. En toute vérité, oui. Parfois, je me regarde et je me dis « waouh ! » C'est important. C'est un petit rituel qui est peut-être idiot, mais ça me permet de me dire que je suis belle.

Bizarrement, la beauté qui paraît superficielle a un impact conséquent sur la façon dont on va entamer la journée. Par exemple, si tu commences en te disant : « Putain, j'ai une sale gueule ce matin ! », tu pars du mauvais pied.

Alors que si tu commences en te disant : « Je suis belle et intelligente », en te parlant avec douceur, la bonne humeur est de mise. J'ai mis en place une routine le matin depuis que j'ai lu *Miracle Morning*. C'est un ouvrage qui permet d'inclure une routine au réveil pour enclencher une bonne dynamique pour le reste de la journée. Il y a 6 étapes à réaliser chaque jour :

- le silence. Je médite 5 minutes tous les matins, un moment que je n'accorde qu'à moi ;
- les affirmations. Ce sont 5 minutes au cours desquelles je me parle à moi-même. Je parle fort pour bien m'entendre. J'énumère tout ce qui va bien chez moi parce que l'on a beaucoup trop tendance à voir ce qui ne va pas. Je mets en valeur ce qui est beau ;
- la visualisation. Je m'interroge 5 minutes sur ce que je veux devenir et, surtout, sur les moyens à mettre en œuvre pour atteindre mes objectifs. Je me questionne sur la façon dont je peux ajuster la trajectoire pour l'atteindre. En fait, j'ai une feuille sur laquelle j'ai noté mes différents buts. Je la regarde chaque matin et je me rappelle tout ce que je dois faire ;
- l'exercice physique. Je m'octroie 20 minutes de sport quotidien, pole dance ou yoga ;
- 5 minutes de lecture ;
- et l'écriture. Je raconte pourquoi je ressens de la gratitude, pourquoi je suis reconnaissante.

Réaliser l'ensemble de ces actions tous les jours me permet d'être dans une bonne dynamique. Je commence la journée en faisant de bonnes choses, ce qui donne envie de poursuivre sur cette voie pour le reste de la journée. Cela motive à aller bien, à aller mieux, à devenir un nouveau toi, un toi différent qui ne part pas du mauvais pied le matin parce que « Oh, je me trouvais moche ce matin ! » Non, tu n'es pas moche, tu as fait tout ça et tu peux être fière de toi.

Il faut avoir le temps…

Je dors une heure de moins ; je prends sur mon heure de repos. Et aussi, ce que je préconise, c'est quand le réveil sonne, on ne met pas mille rappels d'alarme comme on a tendance à le faire parce que cela signifierait « Oh non, je n'ai pas envie de me lever ! » Non, on se lève tout de suite. On clique sur « Arrêter » et on se réveille tout de suite, parce que, non, on ne subit pas la vie. On la croque à pleines dents !

Est-ce que tu as encore des complexes ?

Non, à proprement parler, non. Je n'ai pas de complexes, mais j'ai toujours de la cellulite, des vergetures et du « bidou ». Cela fait partie de moi ! Et puis, parfois, je m'allonge sur mon lit qui fait face à un miroir. Je me regarde et je me dis : « Waouh ! J'ai de grandes jambes ! » Il faut savoir s'apprécier ! On n'a pas le temps pour avoir des complexes !

Quel rapport entretiens-tu avec ton corps ?

Plutôt bon. Je le fais souffrir, mais c'est pour notre bien à tous les deux. Moi aussi, je souffre de pratiquer tout ce sport. On est ensemble dans cette galère. J'ai été grandement encouragée à reprendre l'activité physique par mon copain qui en fait tous les jours.

Être exposée sur les réseaux sociaux, est-ce que cela rend plus difficile l'acceptation physique de soi ?

Absolument, c'est la vérité ! C'est vraiment difficile parce qu'on a une audience qui est conséquente et que les réseaux sociaux délient les langues.
Certaines personnes vont se permettre des remarques qu'elles ne feraient jamais en face à face, parce qu'elles savent que cela ne

se fait pas. Parce qu'effectivement, ça ne se fait pas. C'est de la méchanceté gratuite.

Tu ne reçois jamais de remarques dans la rue ?

Non, c'est arrivé très rarement. C'est plutôt des « Oh, regarde comment elle est belle ! » et je réponds : « Elle est heureuse de l'entendre, merci ! »

Après, si la critique est négative, comme on ne s'adresse pas à moi directement, je n'entends pas. Mais je pourrais rebondir : « Et puis quoi ? Aujourd'hui, c'est la journée nationale des moches, j'ai le droit d'être moche, c'est ma décision ! »

Tu as beaucoup de répartie…

Oh oui, j'envoie bouler gentiment les *haters*. Ils ne sont pas prêts. Après, tu as les *haters*, mais tu as aussi les fanatiques. Je pense à un homme à Tahiti qui m'a fait peur. J'avais alors la voiture Miss Tahiti, floquée donc pas très discrète. Il m'a suivie jusque chez moi et il a attendu en bas de mon domicile pendant plusieurs semaines.

Je constate surtout que tu n'as pas trop besoin de te défendre… Tu as une communauté forte qui est toujours là pour te défendre si on t'attaque sur ton poids…

Oui, c'est vrai. Se sentir soutenue, ça fait beaucoup de bien. Si jamais je reçois des réflexions de ce style, j'y réponds par quelque chose comme : « Bah oui, le confinement est passé par là, je pense que c'est pour tout le monde pareil ! » J'ai une grande bouche. C'est tahitien !

Être la Miss France « ronde », tu assumes ou tu en as marre ?

Je ne pense pas que c'est ce qui est resté. L'image que les gens ont de moi c'est davantage celle de la Miss France qui a une « grande gueule ». Le poids, j'ai surtout dû m'en défendre au début de l'année. Après, les gens ont fini par se lasser du fait que je réponde constamment.

Comment as-tu vécu cette « histoire de poids » sur le moment?

Les gens sont toujours dans la démesure quand ils sont sur les réseaux. Quoi qu'il en soit, nous sommes beaucoup plus que des chiffres et les standards de beauté de la société évoluent. Il y a quelques années, on attendait d'une femme qu'elle soit limite anorexique. Cela faisait partie des critères de sélection dans le mannequinat, par exemple. Aujourd'hui, on demande un indice de masse corporel correspondant à une corpulence « normale ».

Moi, quand on me bouscule, je bouscule en retour. Alors, cela ne m'a pas perturbée. J'ai un fort esprit de contradiction, c'est très difficile de me faire taire.

C'est devenu ta force, cet esprit de contradiction…

C'était même ma motivation pour participer à Miss France: je me suis présentée pour contredire mon entourage. Au début, ce n'est pas forcément ce que j'avais envie de faire. Pour faire taire ce genre de phrase: « Dans la vie, il y a des gagnants et des perdants et moi, je ne veux pas de perdants dans ma famille. »

As-tu la sensation que depuis que tu n'es plus Miss France et que tu as entamé une carrière de chanteuse, on te lâche un peu sur le physique?

Non, car j'évolue toujours dans un monde d'image et ce n'est pas tous les jours évident. Il faut toujours se trouver dans la mesure. Se faire plaisir en essayant de se maintenir en forme.

Est-ce que tu as la sensation qu'aujourd'hui la différence physique est à la mode? Ce qui signifie que c'est une première étape pour tous s'accepter, mais que la route est encore longue…

On est en période de transition. Les livres sur le développement personnel sont ceux qui se vendent le plus, ce qui prouve que la société est en pleine mutation, qu'il y a un besoin de s'aimer et de s'accepter.

Les réseaux sociaux, au début, ce n'était pas ton truc. Tu n'en voyais pas l'intérêt…

Non, pas trop. Puis, j'ai fini par prendre du plaisir à partager les aventures de mon année de Miss avec les gens. J'ai réalisé qu'au final ils en redemandaient. Je me suis prise au jeu. Pour moi, c'est une marque d'échange. J'implique ma communauté. Je demande à ceux qui me suivent ce qu'ils pensent de mes choix. Je leur prépare des quiz.

Est-ce qu'un mauvais commentaire peut affecter ton moral?

Non plus. Je n'ai pas une bonne mémoire. C'est pratique! De toute façon, je ne suis pas rancunière. J'oublie tout.

Est-ce que, finalement, les réseaux sociaux ne peuvent pas être utilisés comme un exutoire pour s'assumer pleinement physiquement?

Oui. Je suis beaucoup de comptes qui le font, comme celui de Camille Aumont Carnel (@camilleaumontcarnel sur Instagram, nde).

Après, je pense que cela permet à différentes personnalités de se révéler physiquement ou intellectuellement. Par exemple, j'aime beaucoup le compte @coeurnichons, qui offre du contenu très léger. C'est rafraîchissant.

Quel conseil donnerais-tu à une personne qui a du mal à s'accepter ?

Pourquoi ? Qu'est-ce qui ne va pas ? Il faut comprendre où est le souci, puis se rappeler toutes les choses qui vont… Et il y en a toujours plus que celles qui ne vont pas ! Et je lui dirais que, si cela ne va vraiment pas, tu peux le changer et c'est à toi de le faire. C'est dans l'action que réside le changement.

Quelle est ta définition de la beauté ?

Très subjectif. C'est un état d'esprit. Une belle femme ne peut pas l'être si elle ne se sent pas belle. Elle ne brille pas. La beauté, c'est savoir briller du cœur.

Et des complexes ?

Des obsessions qui nous pourrissent la vie.

Comment dit-on fuck aux complexes ?

Je ne les vois pas. Je suis myope.

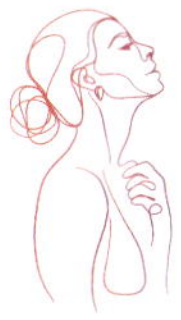

PARTIE 3

Le regard des experts

Dr Mélanie Tarral

Médecin généraliste installée en Normandie, Mélanie Tarral exerce son métier depuis 2011. Elle voit de près toutes les morphologies de corps et constate la diversité des complexes des femmes.

Combien de phases traverse le corps d'une femme ?

Nous pouvons dire qu'il y a trois périodes distinctes dans la vie d'une femme.

Tout d'abord, il y a la phase de croissance au cours de laquelle il y a une prise de poids et de centimètres. C'est la puberté, qui se traduit par une modification hormonale. Puis, le corps de la femme se stabilise. Il peut cependant subir de nouvelles modifications au cours de la grossesse.

La deuxième phase intervient à l'approche de la quarantaine : on constate un vieillissement de la peau, l'apparition de rides et de

cheveux blancs. Il devient plus difficile de perdre du poids ou de se muscler.
Et enfin, la dernière phase, c'est le grand âge : tout s'accélère rapidement après la ménopause. C'est le même chemin pour toutes les femmes, pas au même degré ni à la même vitesse. C'est très lié aux conditions de vie. Les femmes, avec un travail difficile ou avec beaucoup d'enfants à gérer, sont plus malmenées.
Et puis, il y a également la génétique qui intervient. Certaines populations asiatiques et africaines sont moins ridées que les Européennes. Elles vieillissent mieux. J'en profite pour rappeler que l'abus de soleil fait également vieillir plus vite.

Quels sont les complexes les plus partagés par les femmes ?
Je dirais, dans un premier temps, les vergetures. C'est une distension de la peau. Les fibres sous-cutanées se rompent à cause d'un étirement de la peau trop important. Cela arrive surtout à l'adolescence, au cours d'une grossesse au niveau du ventre ou encore lors d'une prise de poids importante. Passée la vingtaine, il n'y a quasiment aucune femme qui n'a pas de vergetures, à moins d'avoir une hygiène de vie drastique du point de vue alimentaire et sportif. En d'autres termes, c'est inévitable à moins d'être dans la restriction en permanence.
Dans un deuxième temps, il y a les taches brunes dues au soleil. Parfois, certaines femmes en arborent de manière précoce à cause de la pilule. Trop d'œstrogènes peuvent également causer ce qu'on appelle le masque de grossesse.

Enfin, je pense aux cicatrices : c'est quelque chose de définitif. Mais c'est pareil : tout le monde en a, tout le monde a fait ne serait-ce qu'une toute petite chute. Il n'existe pas un être humain qui n'en a pas une. Le nombre dépend juste de nos parcours de vie, de notre histoire.

Vois-tu des gens complexés, voire pire traumatisés par les réseaux sociaux ?

Oui, je l'ai déjà expérimenté ! Cela touche surtout les jeunes gens de 15 à 20 ans. Par exemple, certaines filles qui montent sur la balance dans mon cabinet, pourtant très minces, se trouvent « grosses ». Elles ne vont pas toujours le dire, mais c'est un phénomène de plus en plus nouveau. Il y a une vraie tendance « des jeunes particulièrement fines ». Je sens, avant même qu'elles montent sur le pèse-personne, que c'est compliqué pour elles. Les ados de cette tranche d'âge vont toujours me dire : « J'ai grossi. » Mais, entre 12 et 14 ans, grossir, c'est normal puisqu'elles sont en pleine période de croissance au même moment.

Le poids des femmes est un complexe universel. Avant, cela concernait surtout une population plus âgée qui souffrait vraiment de problèmes de poids. La différence aujourd'hui, c'est que cela touche désormais — et surtout — de jeunes femmes.

Il m'arrive également d'avoir en consultation des filles d'une vingtaine d'années revenant de Tunisie où elles ont subi des opérations chirurgicales après en avoir vu la promotion sur les réseaux sociaux provenant d'influenceuses qu'elles suivent. Elles ont des ordonnances tunisiennes, elles ne peuvent donc pas aller chercher leurs médicaments dans les pharmacies de notre pays et elles viennent me demander une ordonnance française.

Est-ce que les hommes aussi ont des complexes ?

Les complexes sont essentiellement une affaire de femmes, même si les hommes craignent la calvitie. Mais c'est incomparable avec la peur de prise de poids chez les femmes. Parfois, j'ai même l'impression qu'elles viennent me voir pour essayer de trouver une explication médicale à leur prise de poids: elles aimeraient que ça soit un œdème, par exemple.

Quelle est ta définition de la beauté ?

Je distingue la beauté au charme. La beauté est une œuvre d'art que tu as envie d'admirer parce que c'est parfait, contrairement au charme qui va déclencher des émotions.

Et des complexes ?

Le petit défaut sur lequel tu fais une fixette et qui te bouffe la vie et que souvent les autres ne voient même pas.

Comment dit-on fuck aux complexes ?

Il faut trouver ce qui ne nous complexe pas et le mettre en avant.

Dr Benjamin Pulvermacker

Mise en scène d'une vie parfaite, selfies aux filtres embellisseurs… L'essor des réseaux sociaux a conduit à un phénomène nouveau : de plus en plus de jeunes envisagent un recours à la chirurgie esthétique pour ressembler à une image idéalisée. Analyse de ce constat avec le docteur Benjamin Pulvermacker, chirurgien-plasticien, esthétique et réparateur dont le cabinet est situé avenue Montaigne à Paris.

Quel avis portez-vous sur les réseaux sociaux ?

D'un point de vue personnel, je trouve cela ludique. Il faut toutefois veiller à ce que cela ne prenne pas trop de place dans nos vies. J'ai un compte Instagram, un professionnel et un autre personnel. Je gère les deux seul. Je professionnalise le premier depuis quelque temps. J'ai profité de la période de confinement liée à l'épidémie de coronavirus pour travailler dessus, ajouter du contenu et communiquer davantage.

Avez-vous entendu parler de « dysmorphie Snapchat », qui pousse certains utilisateurs à désirer ressembler, grâce à la chirurgie, à l'image modifiée proposée par les filtres de l'application (grands yeux, petit front, grosse bouche, etc.) ?

Je n'avais encore jamais entendu ce terme, mais je vois très bien de quoi il s'agit.

Il est vrai que des jeunes femmes viennent me voir pour refaire leur nez et modifier leurs lèvres. Elles me montrent des photos d'elles sur cette application avec un nez affiné et une bouche pulpeuse. Pour être honnête, cela constitue une infime partie de ma patientèle, mais ça arrive.

Auparavant, les jeunes femmes venaient en consultation avec une photographie d'elles-mêmes retouchée par Photoshop. Désormais, la photo reste toujours retouchée, mais sur Snapchat. C'est en quelque sorte un logiciel de retouche d'image plus simple d'accès que les logiciels professionnels.

Avant les réseaux sociaux, je recevais aussi des patientes qui apportaient des photos de mannequins en disant simplement : « Je veux son nez. » Les demandes liées à Snapchat ont commencé il y a 2 ans, je dirais.

Répondez-vous systématiquement à leur désir ?

Quand une jeune femme vient me voir avec une photo Snapchat de son nez affiné, je considère cela comme une entrée en matière. Nous allons ensuite avoir une discussion, réaliser nos propres clichés. Je conserve la même procédure. Le rôle du professionnel de santé, c'est de recadrer les patients pour les ramener dans la réalité d'une consultation.

Prenons l'exemple du nez. En temps normal, je dois écouter ce que veut le patient et savoir si je vais pouvoir le réaliser : est-ce qu'il

sera content si j'arrive à peu près – et le « à peu près » n'est pas anodin – à ce qu'il veut ?
Je procède à une simulation qui devient un objectif, mais il reste une zone d'incertitude. La réaction du visage, de la peau et de l'os ou encore le temps de cicatrisation sont des variables impossibles à connaître à l'avance.

Il est souvent évoqué la possibilité de supprimer ces filtres…
Je pense que ça serait une bonne chose de supprimer ça ! Les filtres sur les réseaux sociaux n'ont cependant pas entraîné une démultiplication des rhinoplasties. Une opération de ce genre est lourde : financièrement parlant, mais aussi d'un point de vue chirurgical et sur le long terme.
En revanche, pour les lèvres, c'est autre chose. L'intervention est plus légère, moins invasive (injecter de l'acide hyaluronique pour les grossir) et moins onéreuse. Pour moi, le vrai phénomène est là : les grosses lèvres deviennent la norme.
Les médecins reçoivent aussi énormément de demandes concernant la chirurgie esthétique des fesses, notamment du fait des Kardashian et des influenceuses qui ont suivi. Les grosses fesses sont « devenues à la mode » avec les réseaux sociaux. Parfois, je suis surpris, parce que je reçois des femmes qui sont déjà dans des canons de beauté classique… Et le curseur de la beauté se déplace encore et toujours : certaines veulent des fesses plus grosses ou une bouche plus volumineuse…
Grossir les fesses demande à avoir recours à une véritable opération chirurgicale. Il y a trois façons de modifier l'aspect des fesses : le lipofilling (le chirurgien prélève de la graisse sur le corps et l'injecte dans les fesses) qui est l'opération la plus courante et la plus facile, les prothèses (technique plus pointue, non définitive, avec

des risques d'infection), ou le bodylift postérieur (en les tractant vers le haut pour les retendre, et en y enfouissant de la graisse pour en augmenter le galbe).

Le risque n'est-il pas que tout le monde se ressemble ?

C'est à nous, docteurs, de mettre le holà et d'éviter ces dérives. J'ai tout de même remarqué une trame commune, aujourd'hui, en France : l'évolution vers le naturel. Dans ma patientèle, l'immense majorité désire que l'opération ne se voie pas : un « faux naturel ». Nous nous éloignons nettement du modelé à l'américaine. Mais les réseaux sociaux ont tendance à modifier cette norme.

D'ailleurs, avez-vous plus de patientes ou de patients ?

Il y a plus d'hommes qu'avant et ils sont friands de médecine esthétique : botox et acide hyaluronique. La demande n° 1 chez les patients masculins reste toutefois les implants capillaires. En revanche, ils ne viennent pas en consultation avec une photo prise sur Snapchat.

Et les femmes après 40 ans ?

Non, elles ne viennent pas non plus avec des photos en référence aux réseaux sociaux !

Est-ce seulement les réseaux sociaux qui expliquent le rajeunissement de la patientèle des chirurgiens esthétiques ?

En fait, il y a eu une démocratisation de la médecine esthétique et c'est avant tout cela qui modifie la moyenne d'âge. Tout le monde – ou presque –, en économisant un peu, peut s'offrir des injections. C'est ça qui a tout modifié.
Et puis, clairement, la chirurgie esthétique était auparavant

réservée à une élite qui avait les moyens financiers pour le faire. Aujourd'hui, les prix se sont normalisés. C'est la loi classique des marchés (offre et demande) : le nombre de nouveaux chirurgiens esthétiques n'a pas connu une augmentation linéaire. C'est arrivé massivement sur les 15 dernières années. Par ailleurs, il y a également eu un rajeunissement des praticiens dans cette spécialité de la médecine.

Quels peuvent être les problèmes inhérents à ce rajeunissement de la patientèle ?

Il est déraisonnable de vouloir modifier son corps quand on est trop jeune. Souvent, ces personnes ne sont pas armées psychologiquement pour recevoir ces modifications.

La chirurgie esthétique rend tout de même beaucoup de services. Il ne faut pas la renier, mais il ne faut pas modifier la construction de son corps avant qu'elle soit terminée.

Avez-vous déjà reçu des influenceuses ?

Oui, probablement. C'est même sûr une fois ou deux, mais je n'ai appris qu'après qui elles étaient. Sans compter que je ne souhaite pas qu'elles parlent de moi sur les réseaux. Je n'ai jamais voulu établir de partenariat avec des influenceuses : on ne paye pas en échange d'une publicité, sans compter que cela est interdit dans mon domaine d'activité.

Quel regard portez-vous sur les cliniques qui le font ?

Il y a deux types d'établissements et les professionnels de santé ne sont pas soumis à la même législation : les cliniques ont une façon de travailler qui peut leur permettre d'utiliser ce type de publicité. En revanche, je pense que tous les médecins aujourd'hui ont

besoin d'avoir une légitimité sur Instagram, de montrer la réalité de leur travail. C'est très difficile de ne pas y être pour les praticiens de ma génération et les suivantes.
Pour ma part, je suis installé depuis 12 ans en libéral et j'ai peu misé sur une communication digitale. L'avantage, c'est que je bénéficie d'une patientèle plus fidèle, moins volatile que celle d'Internet. Je ne miserai jamais uniquement sur le web. Je préfère encore le bouche-à-oreille, mais il est évident qu'il faut aussi avoir une visibilité, une vitrine sur le Net. Tout le monde passe son chirurgien à la moulinette Google, il faut donc rassurer la patientèle.

Il y a aussi des chirurgiens qui deviennent également influenceurs en filmant leurs opérations en direct sur Snapchat, à l'instar du docteur Miami aux États-Unis. Les suivez-vous ?
Je connaissais docteur Beverly Hills, mais pas docteur Miami ! Je ne suis pas fan de ce genre de pratique. Ça fait très chirurgie spectacle et ça discrédite notre métier. Nous voulons tous gagner de l'argent, mais il y a des moyens de gagner très correctement sa vie sans pour autant tomber là-dedans.

Votre définition des complexes ?

Un complexe physique, c'est un élément de notre corps ou de notre visage qui va focaliser l'attention de manière disproportionnée et entraîner un mal-être. La chirurgie esthétique doit pouvoir traiter ce complexe à condition que le retentissement ne soit pas disproportionné.

De la beauté ?

Se plaire à soi-même.

Comment est-ce que l'on dit fuck aux complexes ?

Quand on est capable de se plaire, peu importe la voie. L'objectif ultime est de se plaire.

Les chirurgiens américains, superstars des réseaux sociaux

La chirurgie esthétique s'inscrit parmi les grandes tendances américaines sur les réseaux sociaux ces derniers temps. Cette tendance encore peu existante en France ou de manière relativement discrète voit les chirurgiens esthétiques aller assez loin. Ils se filment au bloc, en *live*, en pleine opération. Ainsi, les abonnés peuvent suivre en direct la pose d'implants mammaires ou la fabrication d'un nouveau nez.

Le plus connu d'entre eux, celui qui est à l'origine de ce phénomène, se nomme Docteur Miami (@therealdrmiami) sur les réseaux. Le Dr Michael Salzhauer – de son vrai nom – offre un véritable show à ses *followers* : musique en arrière-fond et danse devant les caméras. Il est suivi par plus de deux millions de personnes et a donc inspiré beaucoup de ses confrères à New York, Las Vegas ou encore Los Angeles. Même si, eu égard à sa médiatisation, certaines femmes sont prêtes à parcourir des milliers de kilomètres pour passer sous son bistouri.

En France, il n'existe pas de comptes de ce genre, la publicité pour les médecins étant interdite (une interdiction qui fait débat au Conseil d'État, jugée non conforme par la législation européenne). En revanche, les candidats de téléréalité de l'Hexagone n'hésitent plus à faire la promotion des différentes opérations chirurgicales auxquelles ils ont eu recours, notamment avec MedEspoir, complexe basé en Tunisie qui les accueille en masse.

Malvina Girard

Psychothérapeute et sophrologue, spécialisée notamment dans le suivi des enfants, Malvina Girard analyse pour nous le phénomène des réseaux sociaux et leur impact sur l'acceptation de notre corps.

Quel regard portez-vous sur les réseaux sociaux dans la vie des jeunes et des moins jeunes ?

Les réseaux sociaux font partie de nos vies. On ne peut pas affirmer que l'émergence des réseaux sociaux soit bien ou mal. C'est l'utilisation qu'on en fait qui impliquera des conséquences positives ou… négatives. Pour un enfant, tout vient de l'alerte des parents, de l'utilisation qu'ils le laissent en faire.

Les réseaux sociaux n'améliorent rien ou n'aggravent rien. Ils ne sont que le reflet de la société. C'est la même chose que ce qu'un enfant vit dans la cour de récréation, mais qui se prolonge à la maison.

C'est là que ça peut poser problème…

Oui, parce que ça ne s'arrête plus.

Avant, ce qui se passait dans une cour de récréation restait dans cette même cour de récréation ou, au pire, ça pouvait s'étendre jusqu'à la classe. Dans les cas les plus dramatiques, ça s'étendait à l'établissement tout entier. Quand un événement est borné, il a moins d'impact. Mais là, les réseaux sociaux n'imposent plus de limites géographiques. Il n'y a donc plus de refuges vers lesquels s'échapper.

L'être humain n'est pas forcément câblé pour gérer ce genre de choses. La mondialisation n'est pas en adéquation avec le fonctionnement d'un être humain : celui-ci n'est pas fait pour vivre dans l'universel. C'est le système nerveux qui l'impose : plus vous vivez dans l'universalité, plus l'espace s'élargit, moins il y a d'endroits pour se placer en retrait. Or, l'être humain a besoin de vivre avec les autres, mais dans un espace limité. Plus ce lieu est étendu et plus cela génère du stress, mais aussi le besoin d'échapper au regard de l'autre.

Et puis, ça fait beaucoup d'informations d'un coup. Il nous faut toujours un temps entre le moment où l'on prend connaissance d'une information et le moment où on la digère. Résultat, s'il y a trop d'informations, ça devient indigeste.

Quel type de personne ou de personnalité est plus susceptible d'être victime des réseaux ?

Une personne trop sensible, pas sûre d'elle-même par exemple. Elle ne va pas supporter le jeu social normal du début, c'est-à-dire les interactions avec autrui et la potentialité de se voir jugée, notamment sur son physique. Celui qui se joue sur les réseaux viendra alors aggraver le problème existant.

Les personnes qui sont dans l'émotion sont plus soumises au regard de l'autre, elles en ont besoin. Le narcissisme va être touché dès lors qu'il y aura une remarque émise en commentaire et cela va être vécu comme une critique.

Comment identifie-t-on les personnes les plus sensibles ?

La sensibilité est souvent le fait de carences affectives, de manques dans l'enfance. Certaines personnes sont fragilisées dans leur narcissisme, car leurs parents ne se sont pas occupés d'elles.

Un enfant se construit obligatoirement à travers le regard de l'autre. Au début, il est en fusion avec sa mère : il ne fait qu'un avec elle. Lors de l'accouchement, il est complètement dépendant de sa mère jusqu'à ses 9 mois environ. Puis, un processus de séparation qui dure un petit moment intervient et il commence à se rendre compte qu'il est une personne à part entière. Il va commencer par découvrir son image dans le miroir, puis l'expérimenter dans le regard des autres. Si tout est fait correctement, il va avoir la sensation d'être aimé, mais certains sont en grande carence de ce point de vue-là. L'enfant va être fragilisé face à la société et les réseaux sociaux, qui sont exclusivement focalisés sur l'image de soi et qui vont aggraver cet état. Déjà, quand on a un intérieur solide, on peut être impacté, alors quand ce n'est pas le cas, je vous laisse imaginer les conséquences…

Quelle est alors la solution ?

Il faut être capable de se mettre à l'intérieur de soi. Il ne faut pas avoir la fameuse angoisse de la solitude, plus fréquente pour la génération de nos enfants : ils sont tellement élevés dans une masse d'informations, dans une demande de socialisation. Ils sont sursollicités ! Or, on doit tous accepter impérativement ce temps mort, accuser réception de tout ce qui vient de se passer dans une journée: faire le tri entre le négatif et le positif. Si on a peur de ce vide et de ce moment de solitude, les réseaux sociaux sont l'endroit le plus facile d'accès pour remplir ce vide et refuser d'être confronté à soi-même.

Vous êtes spécialiste des enfants et adolescents. Est-ce que, pour vous, il y a un âge minimum pour s'inscrire sur les réseaux sociaux?

Je dirais plutôt qu'il y a un âge auquel il faut interdire d'y aller. Il faut que cela soit très contrôlé jusqu'au collège. Il y a des enfants qui, dès 6 ans, ont déjà leur compte.

D'un point de vue personnel, j'ai interdit à mes enfants d'y aller avant l'âge de 10 ans. J'ai préféré favoriser avant tout le véritable lien social: inviter des amis, privilégier le contact physique réel. Ça devient ensuite une habitude: si l'enfant a pris cette habitude au début de sa vie, il la gardera. S'il a pris l'habitude d'avoir des temps morts, de vivre seul dans sa chambre, il saura les gérer et il aura moins peur du vide. Si on ne bénéficie pas de ces temps-là, on ne peut pas faire de tri, revenir sur les bonnes choses, s'endormir dessus.

Depuis combien de temps avez-vous constaté l'ampleur des réseaux sociaux dans le phénomène d'acceptation de soi?

Depuis 10 ans. Ça a commencé avec Facebook. On y a tous passé trop de temps, les enfants y compris. On ne connaissait pas les réseaux sociaux. C'était la découverte. On ne pouvait pas mesurer l'impact qui en découlerait. Un être humain fonctionne par habitude, sillon cognitif: manger, s'habiller... On finit par ne plus y penser. Être constamment devant l'écran a fini par faire partie de nos habitudes.

Même chez l'adulte qui s'est construit sans cela?

Oui! J'ai 50 ans et je ne fais pas partie de cette génération qui a grandi avec un ordinateur. Et pourtant, j'ai beaucoup de gens autour de moi qui sont «addict». Et puis, vous savez, maintenant, l'adolescence dure jusqu'à 28 ans… [Rires.]

Est-ce que vous avez l'impression que cela interfère dans l'acceptation physique qu'ils ont d'eux-mêmes?

Oui, ceux pour qui l'amour de soi n'est construit que sur le physique et que ce physique est exclusivement soumis au regard extérieur. Si on ne rentre pas dans un critère qui plaît à l'autre, on ne va jamais se trouver beau…

Axer la construction de soi uniquement autour du physique fait des ravages. Les réseaux sociaux, c'est surtout du visuel, tout va donc se porter sur une image. Il va y avoir de plus en plus de contrôle, moins de naturel.

Mais ce qu'il faut comprendre, c'est que l'image physique n'est pas liée qu'à l'extérieur. C'est aussi aimer les sensations qu'il y a l'intérieur de soi. Si on aime ces sensations, on dégage quelque chose de beau. Tout ce que l'on emmagasine provoque des sensations à l'intérieur de nous.

Par exemple, une adolescente très belle, mais pas assez aimée par ses parents, qui ne la trouvent pas assez intelligente par exemple, va se dire: « Je ne suis pas assez bien. ». Et elle va le reproduire physiquement: on amalgame les choses.

Certaines personnes ont un physique « commun » et se sentent bien. Elles ne sont pas dans la recherche constante du regard dans le miroir. Elles s'assument parce qu'elles acceptent leur statut d'êtres imparfaits.

Quand on a un métier d'image, c'est plus compliqué d'accepter

cela. Mannequin, acteur et maintenant influenceur… Ne pas être dans une image parfaite pose le problème de ne plus avoir sa place dans ce métier. Pour en sortir indemne, il faut juste être conscient qu'à un moment, il y a un revers de la médaille.
Il faut accepter qu'il puisse y avoir des jours où l'on affiche une « sale tronche ». Et c'est valable pour tout le monde !

Est-ce que vous avez entendu parler du phénomène de « dysmorphie Snapchat » ?
Oui. Quand vous trichez, vous montrez à l'autre ce que vous n'êtes pas. Quand on n'est pas dans une présence directe, on peut corriger son image, mais quand on se retrouve face à la personne, la tricherie n'est plus possible. Des gens deviennent « addict » aux réseaux sociaux pour cacher ce qu'ils sont vraiment. Que va-t-il se passer si on rencontre quelqu'un « en direct » ? Il n'y a plus de filtres, on va encore plus avoir la peur d'être rejeté.
J'ai reçu des personnes coupées du monde, qui sont en relation avec les gens que par réseaux, confinés chez eux, et quand ils doivent rencontrer des personnes, c'est l'horreur pour eux. Ils construisent un personnage virtuel, ils ne s'aiment pas assez pour faire l'expérience d'eux-mêmes.

À quel âge naissent les premiers complexes ?
C'est compliqué de répondre à cette question, parce que cela va vraiment dépendre des gens. Généralement, ça coïncide avec l'entrée en primaire, vers 6 ou 7 ans.
À la maternelle, l'image de soi est encore très floue. L'enfant n'est pas axé sur l'image physique. Il va plus se soucier de l'image liée à son comportement, s'il se fait gronder par le maître ou la maîtresse par exemple…

Dès ses 6 ou 7 ans, l'enfant est plus soumis à l'image de soi. C'est là que peuvent naître les premiers complexes, à partir du moment où il y a des remarques fortes qui sont répétées, comme « Tu as un gros nez ».

Est-ce que les filles sont davantage touchées que les garçons par les complexes ?

Les complexes physiques sont clairement et essentiellement l'affaire des femmes. C'est beaucoup plus féminin que masculin, et ce pour une raison simple. De tout temps, l'injection « Sois belle et tais-toi » a été imposée aux femmes.

Évidemment, tout cela évolue, mais il faut du temps et les stigmates sont encore bien présents. On ne peut pas se débarrasser d'une histoire d'humanité en claquant des doigts. On a encore nos vieilles peurs archaïques d'hommes de Cro-Magnon. On a besoin de conserver des croyances vieilles comme le monde.

Rappelez-vous qu'autrefois, la femme et l'enfant n'étaient pas des personnes à part entière. Face à la vigueur des éléments, l'homme avait plus de force. La femme a alors dû attirer l'homme pour le garder et se sentir protégée, afin d'assurer sa propre survie. Le physique fait partie des attributs pour garder un homme. On a demandé ça exclusivement aux femmes pendant des centaines et des centaines d'années. Les mentalités changent, mais ça prend du temps de gommer des siècles d'histoire.

Quels conseils donneriez-vous à une personne qui a du mal à s'accepter ?

Il faut apprendre à percevoir son corps de l'intérieur et non pas de l'extérieur : ne pas accepter son corps que par rapport au reflet du regard de l'autre, mais l'accepter pour ce qu'elle ressent à l'intérieur, relâcher son corps, l'écouter de l'intérieur, se reconnecter aux sensations internes et se détacher d'une vision exclusivement basée sur l'extérieur, ne plus faire rentrer l'extérieur à l'intérieur.

Quelle est votre définition de la beauté ?

La beauté est le lien qui existe entre ce que l'on vit à l'intérieur de soi et la conscience de ce que l'on dégage. Quelqu'un est beau quand il est à l'aise avec son intérieur et que cela se voit.

Et celle des complexes ?

Lorsqu'on n'aime pas quelque chose chez soi, sans exister forcément pour autant.

Comment dit-on fuck aux complexes ?

En arrêtant d'y accorder de l'importance.

CYBER-HARCÈLEMENT

Le cyber-harcèlement est défini comme « *un acte agressif, intentionnel perpétré par un individu ou un groupe d'individus au moyen de formes de communication électroniques, de façon répétée à l'encontre d'une victime qui ne peut facilement se défendre seule* » par le ministère de l'Éducation nationale ou comme « *le fait de recevoir des messages répétés dont le contenu est teinté de menaces, d'insultes ou de chantage. Les auteurs de ces messages peuvent aussi demander de l'argent pour arrêter, exiger une rencontre ou demander des informations privées* » par la Commission nationale de l'informatique et des libertés (CNIL).

En d'autres termes, le cyber-harcèlement se pratique par le biais de SMS, des réseaux sociaux, des messageries instantanées, des chats, des jeux en ligne, des courriers électroniques, des sites de partage de vidéos…

Et il consiste à humilier, propager des rumeurs, des insultes, des menaces, des paroles d'intimidation, des propos diffamatoires, des chantages, etc., de façon répétée. C'est un délit puni par la loi, passable d'une amende ou d'une peine de prison.

Si vous êtes victime de ce type de harcèlement, vous pouvez demander le retrait des publications à leur auteur ou au responsable du support électronique. Vous pouvez aussi faire un signalement en ligne à la police ou à la gendarmerie ou porter plainte.

Il est également possible de téléphoner à Net Écoute, ligne mise en place par l'association Net Attitude en partenariat avec le ministère de l'Éducation nationale. Créé à destination des enfants et des adolescents, ce numéro vert est accessible au 0820 200 000, du lundi au vendredi, de 9 h à 19 h (appel gratuit, anonyme et confidentiel). Vous serez guidés dans les démarches à accomplir.

CONCLUSION

Il est temps de clôturer cet ouvrage. Qu'ai-je envie que contiennent les dernières lignes que je vais coucher sur le papier? Je les veux résolument positives et emplies de gratitude.

Il y a quelques mois, en plein milieu de la rédaction de ce livre, Clio, l'une des femmes interviewées, m'a questionnée à la fin de notre échange. « Si tu écris sur ce sujet, est-ce que cela signifie que tu as réussi à t'accepter? ». À ce moment précis, je savais que ce n'était pas encore le cas, que j'étais loin de la phase d'« auto-amour », mais je sentais se manifester à l'intérieur de mon être les prémices d'une évolution.

Trois mois plus tard, je prends conscience que j'apprends à avoir une relation positive avec moi-même, que je cesse d'être en lutte vis-à-vis de moi grâce aux intervenantes que j'ai rencontrées, concernées par cette problématique du regard des autres. J'espère que leurs témoignages vous ont également apporté des réponses, des clefs aux interrogations que vous pouvez vous poser en tant que femmes, nous qui sommes – pour beaucoup – sujettes aux complexes.

J'aimerais faire gagner du temps à toutes celles qui sont dans la souffrance et partager avec elles mes pistes de réflexion. S'il y a bien une affirmation communément partagée par toutes les participantes, c'est de « se concentrer sur nos qualités plutôt que nos défauts ». Autrement dit: stop à l'obsession sur ce qui n'est pas parfait, valorisons plutôt ce qu'il y a de beau en nous. Et il y en a toujours beaucoup plus en nous quand nous nous donnons la peine de bien nous regarder avec un minimum d'objectivité (bien que la tâche soit compliquée quand il s'agit de soi) que des choses déplaisantes.

Pensons également aux doux mots de ceux qui nous aiment. Rappelons-nous ces phrases qui nous font du bien, écrivons-les, lisons-les souvent et répétons-les à l'infini et à haute voix. Inspirons-nous de leur bienveillance, de leur douceur et tentons d'appliquer la même à notre endroit.

À l'instar de ces femmes avec lesquelles j'ai échangé et qui ont vécu des drames, relativisons... Rien n'est jamais impeccable pour personne. Tout est une question de point de vue et de tendresse que l'on se porte.

Entourons-nous de gens qui nous veulent du bien, qui nous tirent vers le haut, qui mettent l'accent sur nos qualités, qui ne voient d'ailleurs que ça.

Écartons-nous de ceux qui cultivent notre mal-être parce qu'il les rassure, qu'il fait écho au leur ou qu'il apaise leur jalousie.

Aimons-nous toutes. La beauté est plurielle, multiple. Cultivons cette différence. C'est cette diversité qui fait notre unicité et donc notre beauté.

Mettons un terme aux comparaisons, notamment sur les réseaux sociaux. Choisissons qui nous décidons de suivre. Pourquoi entretenir les complexes avec des comptes qui nous rappellent ceux que nous n'avons pas ? Suivons ceux qui valorisent toutes les femmes. Je me suis décidée à « *follow* » chaque influenceuse que j'ai écoutée en entretien. Cela a profondément changé le *mood* de mes journées : une vague d'ondes positives à chaque connexion sur Instagram. Nous sommes finalement qui nous décidons de suivre : enfermées dans la déception de notre imperfection ou en train de sourire à la vie.

Développons nos passions. Lire en a toujours été une. Écrire a été pour moi une découverte, un vrai moment de bonheur. J'avais l'impression d'être dans une bulle, de tenir entre les mains quelque chose de précieux. J'ai d'ailleurs repoussé au maximum le moment de rédiger cette toute dernière page (provoquant un léger agacement de mes éditeurs) ; l'idée de rompre avec cette passion nouvelle m'effrayant quelque peu.

Mais ce n'est pas la fin… C'est juste le début… Le début d'une nouvelle vie où je dis « *Fuck* » une bonne fois pour toutes à la négativité dont j'entourais ma personne pour accueillir chaleureusement la parfaite imperfection qui me constitue, la chérir et chérir celle des autres femmes. Aimons-nous. Soyons solidaires. C'est ensemble que nous nous détacherons du poids ancestral des complexes que la société fait reposer sur nous !

MERCI

Merci à mes éditeurs Adeline et Renaud pour leur patience, leurs conseils et leur bienveillance.
Merci à mon agent Lynda pour sa foi dans ce projet.
Merci à mes amies Nalou et Jenna pour leur écoute et le temps précieux qu'elles m'accordent.
Merci à mon frère Raphaël d'avoir été le compagnon d'aventures de la première partie de ma vie.
Merci à Colette, Jean-Louis et Paul, les trois étoiles que sont devenus mes grands-parents, d'avoir filé dans ma vie pour y laisser une trace éternelle. Je chéris quotidiennement les souvenirs qui me lient à vous.
Merci à ma Maman, l'homme de la famille qui nous a toujours apporté, à mon frère et moi, une sécurité matérielle lorsque nous étions enfants. Et puis, si je n'avais pas vécu ces moments parfois douloureux, je ne serais pas celle que je suis en train de devenir aujourd'hui. Notre relation reste fragile, mais elle a contribué à ma construction. La difficulté à me comprendre m'a finalement permis de développer une analyse particulière du monde et des relations humaines, une volonté farouche d'appréhender l'autre. Tant d'éléments, pour nous tous, tiennent à l'enfance...
Et, enfin, un merci à toutes ces femmes qui ont accepté de me conter leur rapport à elles-mêmes. Merci pour la manière dont ça a pu nourrir mon propre cheminement.

PHOTOS : D.R. sauf © William Cerf (couverture, p.7 et 17), © Adobe Stock/Maria (p.95, 103, 116, 125, 133, 143, 150, 163, 175, 183, 193, 207, 215, 231, 237, 250, 259, 267, 275, 283, 293, 295, 299, 306 et 315), © Emeric Leprince (p.105), © Laura Gilli (p.145), © Mélody Munsch (p.185), © Flavian Couvreur (p.209), © Adobe Stock/ warmworld (p.232), © Franck Gomez (p.261).

bōld
label audacieux
par
AMPHORA

ÉDITRICE : Adeline Di Vito - Amphora
COUVERTURE : Lionel Rousseau - Amphora
MISE EN PAGE : Dessine-moi un Gangster
RELECTURE : Adeline Di Vito - Amphora

Imprimé en Europe par EPEL (Hendaye)

Éditions Amphora - octobre 2020
ISBN 978 275 760 453 3